U0442987

大手笔是怎样炼成的

【修订升级版】

基础篇

谢亦森 著

长江出版传媒　长江文艺出版社

图书在版编目（CIP）数据

大手笔是怎样炼成的. 基础篇：修订升级版 / 谢亦森著. -- 武汉：长江文艺出版社，2023.7
 ISBN 978-7-5702-3053-2

Ⅰ.①大… Ⅱ.①谢… Ⅲ.①公文—写作 Ⅳ.①H152.3

中国国家版本馆 CIP 数据核字(2023)第 071885 号

大手笔是怎样炼成的. 基础篇：修订升级版
DASHOUBI SHI ZENYANG LIANCHENG DE. JICHU PIAN : XIUDING SHENGJI BAN

责任编辑：李婉莹　黄海阔　　　　　责任校对：毛季慧
封面设计：周　佳　　　　　　　　　责任印制：邱　莉　杨　帆

出版：长江出版传媒　长江文艺出版社
地址：武汉市雄楚大街 268 号　　　邮编：430070
发行：长江文艺出版社
http://www.cjlap.com
印刷：长沙鸿发印务实业有限公司

开本：700 毫米×970 毫米　1/16　　印张：18.5　　插页：2 页
版次：2023 年 7 月第 1 版　　　　　2023 年 7 月第 1 次印刷
字数：258 千字

定价：52.00 元

版权所有，盗版必究（举报电话：027—87679308　87679310）
（图书出现印装问题，本社负责调换）

再 版 前 言

　　早在 2019 年，长江文艺出版社就约我对拙著《大手笔是怎样炼成的》进行修订再版。说实话，当时我很是犹豫，觉得修订可不是闹着玩的，4 本书 100 多万字修下来，那还不得把自己"修"掉一层皮？还不如像现在这样天天抱抱孙子、玩玩音乐、喝喝小酒、种种菜，何等逍遥快活！社长听了哈哈一笑，说表示理解，然后话锋一转，说现在年轻人哪，生活节奏快，工作压力大，学艺爱上"速成班"，读书要读"压缩本"，既然您觉得搞修订本太辛苦，那您能否把 4 本书压缩成一本，搞个"精华版"呢？盛情难却，我只好应承下来，一头钻进书斋，增、删、调、改，好一番折腾，"精华版"于 2020 年 2 月正式"出炉"。不料遇上疫情来袭，武汉封城，物流受阻，该书与出版社一同被笼罩在黄鹤楼上空的愁云惨雾之中，直到疫情缓解才得以重见天日。

　　本以为事情至此完结，谁知去年年底又接到社长来电，重提修订再版之事，并承诺无条件提供任何支持。哈，看来出版社盯住我不放，我想甩也甩不脱啦！不过我有点怀疑：再版后是不是还会有市场？社长说，这您就放一百个心吧，请相信读者和我们出版社的眼光！话说到这一步，我只好再次"领命"。

　　由此突然想到：身为作者，真的应该相信读者和出版社。这套书一路走到今天，不正是一步步被读者和出版社"推"着走过来的吗？第一本《理论篇》，成书于 2001 年，不过当时的书名叫"愿你成为大手笔——机关公文写作知识问答 100 题"。那时我刚离开秘书长岗位，业余时间更多属于自己了，于是写成这本书，算是对十几年"爬格子"生涯的一个总结。第二本《实践篇》，成书于 2013

年，但这不是我的本意，而是受身边工作人员鼓动和帮助而成的。那时我任市委书记，一天到晚忙得脚不点地，哪还有时间写书？而几位文秘人员说："书记，不用您写，我们把您在几个地市当领导写过的、改过的、用过的好稿子集中起来，分成几个专题，您取题目、写提示，我们来写学习体会，不是挺好、挺实用吗？"禁不住他们左说右劝，我同意了，并采纳他们的建议，把十年前那本"问答100题"改名为"理论篇"，这一本取名"实践篇"，正好配套，总书名冠以"大手笔是怎样炼成的"。该书出版后，得到读者热情鼓励，加印多次。第三本"语言篇"、第四本"修炼篇"，成书于2015年，是出版社约我写的。那时我已离开市里到省人大工作，社长、总编辑亲赴南昌看望，说前两本书大受市场欢迎，希望我再写续篇，并做了内容提示。于是又有了这两本，与前两本合成四本套装，出版后各方反应也不错。再后来就是《精华版》，然后又是现在的修订再版。您瞧，这不都是拜读者和出版社鼓励、抬举吗！

不过不管怎么说，我对此还是心存感激的。那几本书不过是个人从事公文写作的一些粗浅体会，要说有点用处的话，无非对初学写作者入门上路可能有点参考作用而已，况且后来还发现不少错漏之处。特别是进入修订阶段后，带着怀疑、审视的目光，一本一本、一页一页、一行一行、一句一句、一字一字地"过"，辛苦受累倒无所谓，重要的是这一"过"就"过"出了诸多问题，包括有些观点提法不准确，有些语句不通顺，有些内容前后重复，此外还有错别字、标点符号使用不当等。对它们进行修改更正，等于是出版社给了这套书一次改错补漏、提升完善的极好机会。我甚至有点后悔为什么没有及早利用这个机会，以致这些问题和不足存留到今天。由此我还要感谢读者的宽容，没有因为书中存在的不足而认为它一文不值。

正是由于这种感激之情的驱使，修订中我真的是诚惶诚恐，不敢有丝毫马虎，或大刀阔斧，或精修细磨，力求搞得更好一些。这样一来，说是修订，"动静"还闹得比较大，主要有：

（一）书名的更改。为使修订后名实更相符，原《理论篇》更名为《基础篇》，《实践篇》更名为《方法篇》，《语言篇》不变，原《修炼篇》更名为《磨砺篇》，另增新作《修改篇》。本想把总书名《大手笔是怎样炼成的》也改掉，因为有朋友曾提醒我说，这书名恐被人误解为作者以"大手笔"自诩，但一时想不出更好的名字，再说这套书发行近十年，这书名大家都熟悉了，突然换个书名反而让人莫名其妙，那就还是"将错就错"吧。

（二）例文的调换。主要是原《理论篇》《语言篇》中的例文，因为时过境迁，有些不宜再用，故换成新的，增加了时代感、新鲜感。

（三）内容的调整和增删。调整，即将有关内容跨章节、跨层次挪移、重组，以避免零散和重复。增删，增的是与写作有关的内容，包括在其他报刊发表的文章；删的是某些多余的、重复的内容以及与写作无关或关系不大的部分内容。本想把与写作无关或关系不大的内容全部删去，但考虑到写作与思想作风、为人处世也有一定关系，所以保留了一部分。

此外就是语言文字上的修修补补。第一次搞修订，没想到这么费心劳神，一陷进去就出不来，好像到处都是毛病、到处都是问题。不依不饶地一路改下去，手中的笔好似美容刀在原书上划来划去，直把它们划成了血肉模糊的"大花脸"。尽管如此，面对出版社和读者的期待，心里还是难捺忐忑，就像当年做秘书时改完一篇稿子，带着一脸的疲惫，巴望领导签下那宝贵的"同意"二字。

谢亦森

2022 年 10 月

开 篇 述 怀
——兼致成千上万与我同行的朋友们

  我的田野无边无际地铺展于案桌之上。我在这田野里栽下词汇、标点符号、知识和见解、正义和希望，就像儿时在故乡绿莹莹的大地上栽下一行行生机蓬勃的秧。

  白昼，又一个白昼；静夜，又一个静夜……看哪，一根根白发已向我的青春发出警告，但我无怨无悔，因为我自信我的田野里会长出果实，就像儿时在故乡黄澄澄的大地上收获一片丰腴的秋天。

  而真正到那时候，我将是默无声息的；我如同忍受艰辛的煎熬一样忍受欢乐的撞击，只是悄悄地微笑一会儿，然后，点上一支烟，面对我的无边无际的田野，构思又一次蓬勃地萌生。

——摘自拙著《火炬与花环》

目　　录

第一章　从基本问题谈起 / 001

1. 什么叫"大手笔"？怎样才能成为"大手笔"？/ 001
2. 文字基础好就一定能写好机关文稿吗？/ 003
3. 什么叫"知识恐慌"？文字秘书为什么要有"知识恐慌"感？/ 006
4. 文字秘书应掌握哪些基本知识？/ 007
5. 文学和音乐知识对机关文稿的写作有何帮助？/ 011
6. 文字秘书怎样才能成为"通才"？怎样处理"通"与"专"的关系？/ 012
7. 积累资料有何意义？怎样积累资料？/ 014
8. 思维能力与写作能力之间有什么联系？文字秘书应具备怎样的思维能力？/ 017
9. 文字秘书应怎样从实践中汲取营养？/ 020
10. 文字工作怎样做到"以文辅政"？/ 022
11. 初学写作者怎样才能尽快上"路"？/ 025
12. 什么叫"悟性"？怎样才能有较强的"悟性"？/ 027
13. 为什么说从事机关文秘工作需要有强烈的奉献精神？/ 028

第二章　讲话稿的写作 / 032

14. 讲话稿有哪些类型？有哪些基本特征？/ 032
15. 起草讲话稿有哪些基本要求？/ 033

16. 起草讲话稿之前要做哪些准备工作？/ 034
17. 如何领会领导意图？领导意图不明确、不完善或没有交代意图时怎么办？/ 036
18. 讲话稿怎样安排结构？/ 037
19. 同一个会议上如有多个领导讲话，写法上应注意什么问题？/ 040
20. 怎样给讲话稿取题目？/ 042
21. 起草讲话稿怎样提炼观点？/ 045
22. 怎样制作讲话稿提纲？/ 047
23. 谋篇布局怎样做到详略得当？/ 050
24. 讲话稿怎样开头？/ 051
25. 讲话稿怎样结尾？/ 053
26. 讲话稿的语言怎样运用口语？/ 057
27. 讲话稿怎样讲道理？/ 059
28. 讲话稿要不要引用典型事例？怎样引用？/ 065
29. 起草讲话稿为什么要"换位思考"？怎样做到"换位思考"？/ 067
30. 起草内容不熟悉的讲话稿应如何入手？/ 070
31. 老主题怎样写出新意？/ 072
32. 讲话稿怎样才能把话讲到点子上？/ 074
33. 有些讲话稿为什么越写越长？怎样才能写得短一些？/ 076
34. 部门文秘人员为党委、政府领导起草讲话稿应注意什么问题？/ 079
35. 应急式讲话稿怎样起草？/ 081
36. 怎样整理领导讲话？/ 083

【写作实例之一】/ 087

第三章　调研文章的写作 / 095

37. 调研文章有哪些类型？其作用是什么？/ 095
38. 质量与选题有何关系？调研文章怎样选题？/ 096
39. 调研文章怎样选取材料？/ 099
40. 调研文章怎样克服有"调"无"研"？"研"的基本要求有哪些？/ 101
41. 调研文章怎样安排结构？/ 104
42. 调研文章怎样立观点？/ 106
43. 调研文章的"叙"与"议"是什么关系？应怎样把握？/ 108
44. 为什么强调调研文章一定要说真话？/ 112
45. 调研文章怎样说真话？/ 114
46. 调研文章怎样才能有效地为领导决策服务？/ 116
47. 为什么"点子"式的调研文章备受欢迎？这种文章怎样写作？/ 120
48. "大块头"调研文章的写作要注意什么问题？/ 122
49. 起草调研文章如何避免"做"文章？/ 124

【写作实例之二】/ 126

第四章　决策部署性文件的写作 / 134

50. 决策部署性文件指的是哪些文种？它们有何异同点？/ 134
51. 决策部署性文件和领导讲话有何区别？/ 136
52. 决策部署性文件包括哪些要素？怎样安排结构？/ 139
53. 文件怎样表达领导决策？/ 142
54. 文件中怎样提"指导思想"？/ 145
55. 文件中怎样表述发展战略？/ 147
56. 为什么强调贯彻上级精神的文件要有"干货"？怎样避免与上级文件重复？/ 150

57. 起草文件怎样才能摆脱照抄照搬的不良习惯？／154

58. 起草文件时提出目标任务、政策措施要注意什么问题？／156

59. 对已多次发文布置的工作再次发文，写作上应注意什么问题？／158

60. 文件为什么要有创造性？怎样体现创造性？／160

【写作实例之三】／162

第五章　工作总结的写作 ／ 167

61. 工作总结好像并没有多少人看，作用也不大，为什么还要写？／167

62. 工作总结包括哪些类型？怎样安排结构？／168

63. 起草工作总结之前要做哪些准备工作？／170

64. 工作总结的情况部分怎样排列工作情况？／173

65. 情况部分怎样制作小标题？／174

66. 工作总结怎样准确反映工作情况？／175

67. 工作总结怎样兼顾"点"与"面"？／177

68. 工作总结怎样指出工作中存在的问题？／178

69. 工作总结中怎样写好体会？／179

70. 工作总结怎样写出特色，避免年年老一套？／182

【写作实例之四】／184

第六章　信息的编写 ／ 189

71. 为什么说信息是小块头、大能量？／189

72. 什么样的信息更能引起领导重视？／190

73. 有些信息刊物没人喜欢看，为什么？／192

74. 怎样制作信息题目？／193

75. 信息怎样安排结构？／195

76. 信息的语言有什么特点？／198

77. 党委、政府、部门的信息有何区别？怎样使三者协调一致？ / 199

78. 怎样提高信息上稿率？ / 201

79. "忧信息"的编写和上报要注意什么问题？ / 203

　　【写作实例之五】/ 204

　　【写作实例之六】/ 205

第七章　其他几种常用文稿的写作 / 206

80. 怎样写好工作汇报材料？ / 206

　　【写作实例之七】/ 208

81. 怎样写好经验介绍材料？ / 212

　　【写作实例之八】/ 214

82. 怎样写好学习考察报告？ / 219

　　【写作实例之九】/ 221

83. 怎样写好工作计划？ / 227

　　【写作实例之十】/ 228

84. 怎样写好会议纪要？ / 234

　　【写作实例之十一】/ 236

85. 怎样写好通报？ / 239

　　【写作实例之十二】/ 240

86. 怎样写好请示？ / 241

　　【写作实例之十三】/ 243

87. 怎样写好决议？ / 244

　　【写作实例之十四】/ 245

88. 怎样写好干部考察材料？ / 249

　　【写作实例之十五】/ 251

89. 怎样写好会议主持词？ / 253

　　【写作实例之十六】/ 256

90. 怎样写好公函？/ 259

【写作实例之十七】/ 260

第八章 写作中的相关问题 / 262

91. 格式和模式有何区别？写作中应怎样把握？/ 262

92. 素材与题材有何异同？怎样把素材上升为题材？/ 264

93. 怎样提高写作成功率？/ 265

94. 提高写作能力要经过哪几个阶段？/ 267

95. 写作中为什么要重视审题立意？具体应注意什么问题？/ 269

96. 起草文稿有哪些共性要求？/ 270

97. 当前机关文稿写作存在哪些突出问题？/ 272

98. 改进机关文风，文秘人员应从哪些方面努力？/ 274

99. 文稿写作如何做到与时俱进？/ 276

100. 你从事公文写作多年，有哪些最深切的感受？/ 278

第一章　从基本问题谈起

1. 什么叫"大手笔"？怎样才能成为"大手笔"？

答：所谓"大手笔"，古时是指有名的文章家或作品。如今，凡笔力雄健、根基深厚的大作家、大理论家、大著述家、大记者及规模和名气较大的作品，均可称之为"大手笔"。人们常说的"巨笔如椽""如椽之笔"，指的也是这个意思。不过在习惯上，人们把那些写作能力较强的人都称为"大手笔"，我这里所指的正是其中的一类：各级党政机关和各部门、各单位中那些才华横溢、出类拔萃的文字秘书们。他们默默无闻地干着轰轰烈烈的事业，并从艰苦的磨砺中获得了超人的智慧与才华。他们之所以被称为"大手笔"，是因为——

有较丰富的知识，博览群书，博学多才，古今中外、党政财文等各方面的知识均有所涉猎，并在某一个或几个方面有较深造诣；

有较扎实的文字功底，熟悉谋篇布局、语法修辞等各种要领，通晓机关各种文稿的写作常识并能娴熟运用；

有较敏锐的洞察力和较强的思维能力，能够用正确的立场、观点、方法分析问题和处理问题，善于以文辅政，为领导出谋献策；

有较高的写作水平，不仅才思敏捷，倚马可待，而且文笔精彩，质量优良；不仅善于领会领导意图，而且富有创造性；不仅能出色完成自身的写作任务，还常常担任改稿、统稿任务，发挥"龙头"作用。

笔者就曾见识过数位令人敬仰的"大手笔"。其中一位,某领导机关主管文字工作的副秘书长,从事"爬格子"事业20余年,可谓"识途老马"。有人评论说:"凡是他写出来的文章,别人无法改动,若改一句话,除非把这句话拿掉,要不就难动一个字;若改一段话,除非把这段话删掉,要不就难动一句话。"总之是恰到好处、无可挑剔,让人想起古人形容美人的那句名言:增之一分则太长,减之一分则太短;著粉则太白,施朱则太赤。他修改别人的稿子更是让人觉得不可思议:把撰稿人叫到一旁,一边解释为什么要这样改,一边信手改去,看上去不假思索、漫不经心,实际上字字精确、句句到位,不多工夫就把一篇本来毛病百出的稿子改得漂漂亮亮。正因为他有如此功力,所以只要稿子出自他的笔下,领导从来不动一个字,只管照念或签发就是了。只可惜,这样一位令人钦佩的"大手笔",由于长年伏案辛劳,积劳成疾,刚过天命之年便撒手人寰。一位领导同志为他题写了这样一副挽联:"锦绣文章,字里行间展才智;笔墨人生,呕心沥血见精神。"

类似这种才华出众的"大手笔",真可谓人才难得,难怪要被人们所看重。领导者看重他们,是因为他们用起来得心应手,在上传下达、部署工作、协助决策和处理问题等方面都起着不可替代的重要作用;基层干部看重他们,是因为他们写出来的文章耐看,合乎实际,针对性、指导性较强;同行们看重他们,是因为他们经验丰富,堪为人师,自己的进步离不开他们的传、帮、带。一句话,"大手笔"是领导的得力助手,是秘书界的优秀代表,是保证机关工作正常运转的中坚力量。

不过我们不得不承认:各级机关从事文字工作的人虽然成千上万,但能够称得上"大手笔"的人还是不多,有的单位甚至千挑万选还找不着一个。难怪常听一些领导同志抱怨:找一个过硬的"笔杆子"太难了,简直比找老婆还难!找不着,有些领导同志只好亲自动手写稿,或者列个提纲先到会上去讲,而后让秘书去整理。其实,秘书们又何尝不着急呢?他们也想成为令人羡慕的"大手笔",

但由于种种原因，总是迟迟上不了路，写出来的东西多半被领导"枪毙"掉！

这样就提出一个很现实的问题：怎样加强秘书队伍的建设？怎样使更多的机关文秘人员成为"大手笔"？我想，领导的重视和培养固然十分重要，但起决定作用的还是文秘人员自身的刻苦努力。自身不努力，领导再重视也没用。至于怎样才能成为"大手笔"，这不是一两句话就能说清楚的，但离不开两条最起码的东西。一是要有信心和进取心。文字秘书在写作上要有"出人头地"的雄心壮志。这不是狂妄，而是一种气概。如果自己看不起自己，自己不给自己施加压力，那就永远也成不了"大手笔"。二是要掌握方法。包括怎样读书、怎样积累资料、怎样看问题和分析问题、怎样掌握各式材料的写作技巧等，都有一定的规律可循。掌握了方法，就可以少走弯路，就会成熟得快一些。

2. 文字基础好就一定能写好机关文稿吗？

答：文字基础好，不一定能写好机关文稿，只能说具备了写好机关文稿的条件。为什么这样说呢？起草机关文稿固然离不开扎实的文字基础，包括怎样立意、怎样安排结构、怎样遣词造句等，但光有这些还远远不够。作家、记者、语文教师们的文字基础好不好？当然好，但他们在各自的领域尽可纵情发挥、占尽风骚，却未必能写好机关文稿。这是因为，机关文稿有其独特的性质、特点和作用，起草机关文稿有其独特的思维方式和写作要求，如果把握得不好、不准，纵使你驾驭文字的能力再强，文章也未必能对得上路。而这种"把握"又非一朝一夕之功，要经过一段时间的观察、实践和积累才能完成。为此，有必要将机关文稿与其他文章的特点做一比较：

——作用不同。顾名思义，机关文稿是为领导活动和社会实践服务的，或作为决策的载体，或作为上呈下达的纽带，或作为工作实践的书面反映，因而具有较强的政治性、政策性和指导性、实用性。比如领导讲话和文件的作用，就是对某项工作或某项重大活动做出部署安排；调研报告的作用，是反映情况、分析问题、总结经验或教训，为决策提供依据。而其他文体如文学作品、理论文章、新闻报道等虽然都是为现实服务的，但都各自有其独特的作用，不可混为一谈。

——表达主体不同。机关文稿虽然由文字秘书执笔写作，但不能夹杂个人的感情色彩，不能由个人想怎么写就怎么写，而必须按照领导的意图，站在一级党政组织或一个部门的角度想问题和提出问题。当然，个人的思想觉悟水平、是非观念和好恶爱憎，会在写作过程中有所反映，但最终都得纳入正确的轨道，即充分体现党的路线方针政策，在政治上、立场上、方向上与上级保持一致，而不可能也不应该有个人的完全"自由"。退一步说，即使你在文稿中掺杂了某些个人的不同意见和看法，领导审稿把关时也会给你改掉。其他一些文体就不同了，文学作品可以直抒个人胸臆，学术研究文章可以坦陈一家之言，个人的情感和见解有着广阔的发挥空间。

——文章语气不同。人们常说机关文稿是"官样文章"，如果排除贬义的意思，或者它的确不存在那种令人讨厌的"八股调"，这一说法倒是不无道理的。有的同志进一步说："官样文章"也就是"'要'字文章"。意思是，机关文稿中"要"字出现的频率特别高，"要提高认识""要坚定信心""要真抓实干""要加强领导"等。这也是情理之中的，因为领导的讲话和文件都是用于对下级布置工作的，当然会更多地用到祈使式、号召式甚至是命令式语气。由此还决定了文意表达上的确定性，一就是一，二就是二，不能使用"大概""可能"之类的模糊语言。其他文体则不具备这种特点，不可能也不应该强制读者接受作者的观点，即便是比较严肃的理论探讨文章，也只能仁者见仁，智者见智，把自己的观点告诉读者就可以了，因而语气上也存在相对不确定性，如"笔者认为"

"我觉得""我建议"等。

——语言风格不同。概括起来讲，机关文稿的语言风格应体现为严肃、通俗、明快、朴实、泼辣。所谓"严肃"，就是不脱离政治原则，不脱离上级大政方针和领导意图，不脱离客观实际，行文庄重得体，语句符合规范。所谓"通俗"，就是明明白白告诉人们要做什么、为什么要这样做和怎样做，使人一听就懂，而不能使用那些过于深奥的、人们不常见的晦涩难懂的语言。有的初学写作的同志意识不到这一点，以为写得让人听不懂才叫有学问、有水平，结果只能适得其反。所谓"明快"，就是要开门见山，干净利落，把话说到点子上，而不能拖泥带水，含糊其词。所谓"朴实"，就是遣词造句要做到朴素、实在，不能堆砌华丽辞藻，不能滥用文学化语言。有的同志喜欢动不动来上几句"桃李盛开，春意盎然""秋风送爽，丹桂飘香"之类的句子，不是不可以用，关键看在什么场合、对什么对象用，用多了，用滥了，反而使人觉得别扭。所谓"泼辣"，就是语言要有针对性、穿透力，而不能吞吞吐吐、隔靴搔痒。这一点，与文学作品的生动形象、理论文章的严谨深邃又是大相径庭的。

把握好机关文稿与其他文体的种种不同，我们就会明白文字基础好为什么不一定能写好机关文稿，同时也明白下一步该怎么做了。这里不妨再来点形象的说法：如果说文学是一个爱说爱笑爱哭爱闹的任性女孩，学术文章是一个一边咳嗽一边对真理穷追不舍的倔强老头，新闻报道是一个擂着鼓吹着号到处跑来跑去的精壮小伙，那么，机关文稿就是一个表情严肃、不苟言笑、挥舞着令旗叱咤风云的将军。这种比喻未必恰当，我想说明的只是：文字必须适应不同文章的不同风格，这就同人们穿衣服一样，不同的人须用不同的尺寸、款式和颜色，否则就会显得不三不四、不伦不类。

3. 什么叫"知识恐慌"？文字秘书为什么要有"知识恐慌"感？

答：所谓"知识恐慌"，指的是对于知识缺乏的一种恐惧、紧张感。有这种感觉其实是一件天大的好事，唯我们有"恐慌"感，才会自觉加强学习，以丰富的知识积累去战胜这种"恐慌"。这一点，对于文字秘书尤为重要。细心观察一下就可以发现：没有哪位"大手笔"不是由于勤于学习、善于学习而成才的；反过来看，没有谁是不经勤奋学习、刻苦钻研而成为"大手笔"的。所以，一名文字秘书不能不重视学习，不能不具备多方面的知识。不学不觉"恐慌"，越是勤学越觉"恐慌"，越是"恐慌"越逼迫自己勤学，这样方能日有所进，终成大器。

机关文稿中无论领导讲话、重要文件、工作总结、调研文章等"大块头"文章，还是通知、批复、纪要、信息等"小块头"文章，都必然涉及政治、经济、历史、哲学、文化、教育、法律乃至军事等多方面的知识，每一门知识又包括了基本概念、专用术语、不同时期的任务与要求等大量具体的知识。如果缺乏这些方面的知识，不仅材料写不下去、写不对路，还难免会说外行话，甚至还可能说错话。比如，起草领导在民族宗教工作会议上的讲话，就不能不了解党的民族宗教政策；起草政法工作方面的文件，就不能不熟悉有关法律法规包括必要的法律用语。这一点，对于党委、政府文字综合部门的工作人员尤为重要。因为你的职能在于"综合"，而你的岗位所接触到的材料、信息又不同于专业部门，所以你必须尽可能多地掌握相关的专业知识。也许有的同志会说，专业性会议上的领导讲话和有关文件一般部门会起草好的，我们要懂得那么多干什么？这话不对，因为部门起草好的稿子也要先经秘书核稿把关再送领导，如果你对该部门的工作常识一无所知，核稿把关就无从下手，甚至还可能把对的改错了。更重要的是，如果领导对部门写的稿子不满意，要求秘书推倒重写，而你百分之百是个"外行"，岂不是要干瞪眼了吗？

　　作为专业部门的秘书人员，也许你对部门工作的相关知识烂熟于心，但你也不能不了解其他有关方面的专门知识。因为一个部门的工作不可能孤立运行，而要在党委、政府统一领导下，与其他各部门各单位的工作协调、配合运行。比如公、检、法之间，财政、地税、国税之间，人民银行与各商业银行之间，行政执法部门与经济主管部门之间，各专业部门与党、政综合部门之间，部门与部门之间，党委各部门与政府各部门之间，都存在一种相互依存、相互配合、协调运作的关系。各部门文字材料所遵循的原则、方向是否大体协调一致，实际上是衡量一个地方政令是否畅通、机关工作是否富有效率的重要标志之一。如果各部门文秘人员不努力掌握多方面的知识，仅仅知道或者仅仅强调本部门的工作和利益重要，写起材料来各行其是，那就有可能出现政策打架、步调不一的现象，就会影响机关总体工作的有效运转。

　　同时我们还要看到，一个人的知识是需要不断充实和更新的。不充实，就会枯竭；不更新，就会过时。我们常常会有这种感觉：每当写完一篇大稿子之后，让神经松弛下来，有针对性地读点书，看看有关报刊和网上资料，心里就会觉得充实许多。有时甚至会觉得：某篇稿子如果重写一遍，肯定不是原来那个档次。这就说明了知识"充电"的作用。特别是在市场经济不断发展、知识经济新潮迭起的情况下，新事物、新矛盾、新问题、新知识层出不穷，如果我们不注意不断充实和更新知识，就跟不上时代前进的步伐，就难以胜任本职工作。为此，我们必须以一种强烈的"知识恐慌"感迫使自己：学习、学习、再学习！

4. 文字秘书应掌握哪些基本知识？

　　答：一名称职或者基本称职的文字秘书，除了要掌握语言文字基础知识和各种机关文稿的写作常识外，还要重点掌握以下方面的基本知识：

一是历史知识。以史为镜，可以知替兴。忘记历史意味着背叛，不懂历史意味着浅薄。我们的民族历史悠久、文化灿烂，其中有很多东西值得我们去认识、把握和继承、利用。作为文秘人员，除非你毕业于历史专业，否则不一定对历史有全面的、详细的了解，但对人类社会发展演变的主要阶段、主要历史人物和重大历史事件、重要经验教训等应有较清楚的了解，对党史、新中国史、改革开放史、社会主义发展史更应熟记于心，对地方史和有关专业史也应有所掌握。这不仅是拓宽知识面的需要，也是胜任本职工作的需要。起草文稿很多时候会用到历史知识，不少领导同志发表讲话也会运用有关史实，或用于探讨事物发展的规律，或用于阐释某种道理，或用于印证观点、警示世人，如果我们不懂得一定的历史知识，就常常会陷入对某个问题知其然不知其所以然、想说清楚但说不清楚、想说透彻但说不透彻的窘境，文章就会欠缺深意和厚度而显得单薄、干涩。

二是理论知识。理论来源于实践又指导实践，没有正确的理论就没有正确的实践，而理论的运用又经常地、大量地出现于机关文稿中，所以文秘人员掌握理论知识的重要性是不言而喻的。理论知识的贫乏必然造成思维的苍白，甚至带来是非观念的模糊和政治立场的偏颇。因此必须努力学习和掌握马克思列宁主义、毛泽东思想、邓小平理论、"三个代表"重要思想、科学发展观、习近平新时代中国特色社会主义思想，用科学的理论武装头脑、指导写作。也许有同志会说，我们不是搞理论的吗，干吗要学理论？学了用得着吗？这话大错特错。首先，既然你在机关从事文秘工作，那么理论不能不学，政治不能不讲，否则就要犯错误；即使别人厌学、不愿学或者装模作样地学，文秘人员也非得老老实实、认认真真地学不可。其次，说到用得着用不着的问题，关键看你怎么用。不动脑筋，照抄照搬，当然没用；空洞说教，脱离实际，当然没用；望文生义，牵强附会，当然没用；固守教条，缺乏创意，当然没用。我们所需要的是，通过打牢理论功底，增强对实际问题的理性思考，学会用马克思列宁主义的立场、观点、方法观察问题和分析问题，并以此贯穿于文稿写作之中。

　　三是经济知识。经济建设是党的全部工作的中心，包括起草文稿在内的各项工作都要围绕这个中心来进行。很难想象，一个不懂得起码经济常识的文秘人员能够胜任本职工作。这对于党委综合部门和各职能部门的文秘人员尤为重要，因为党委是对经济社会发展起核心领导作用的，组织、纪检、宣传、统战等各项工作无不与经济工作密切相关，而客观上，文秘人员接触党务工作多，接触经济工作少，但起草文稿又必然接触大量的、多个方面的经济问题，所以在学习经济知识方面应比其他部门的文秘人员更主动、更自觉一些。政府综合部门和专业经济部门的文秘人员似乎好办一些，因为你天天都在和各种经济政策、报表、动态乃至各种矛盾和问题打交道，但也有一个懂得多与少、深与浅的问题。概而言之，无论哪个行业的文秘人员，都必须努力学经济、懂经济。这包括经济理论、经济发展规律、经济政策及常用名词术语等，尤其要注意学习市场经济理论和有关知识，把握市场经济运行的规律和特点；随着我国扩大对外开放，还必须学习有关新理论、新概念和涉外经济知识。有了这些知识，我们才能贴近改革与建设的实际需要，通过起草文稿为加快发展献计出力。

　　四是科技知识。科技是第一生产力。经济和社会发展离不开科技，因而起草机关文稿也离不开对科技知识的掌握。要了解科技革命的历史，了解科技创新对于经济发展的重大意义，了解国内外高新技术发展趋势，以适应推进科技进步、转变经济增长方式的需要。同时要积极掌握现代化办公有关技能，使自己成为学科学、懂科学、用科学的新型人才。

　　五是法律知识。全面依法治国是党中央提出的宏伟治国方略。随着我国社会主义法治的逐步完善，各种法律法规正日益广泛地覆盖全部经济和社会活动，有法必依、执法必严、违法必究也越来越为推动经济发展和社会进步所必需。因此，机关文秘人员毫无疑问要努力学法、懂法，包括基本法和有关专门性的法律法规，即使不可能全部学深学透，也要尽可能地多学、多懂一些。这样，起草文稿时才能体现依法办事的原则，正确使用有关法律概念和规定，不至于出现与法律法规相悖的现象。当然，政法机关和行政执法部门的文秘人员，则应学得更精、懂得更多一些，在学法、守法、用法方面当表率。特别在对外经济交往当中，很多关系需要依靠法律来调整，很多矛盾需要运用法律来解决，所以不仅单位负责人要懂法，文秘人员也应懂法，否则就可能使工作陷入被动局面。

六是领导科学知识。文秘人员虽然不是领导，但所从事的工作是直接为领导服务的，就必须懂得一定的领导科学知识。领导科学所包含的内容很深、很广，文秘人员不可能全部掌握，但对最基本的内容，如决策要素、决策过程和决策实施方面的知识，驾驭全局、组织指挥、化解矛盾方面的知识，市场经济条件下如何改进工作方法、提高领导水平方面的知识等，都应有一定的了解。只有掌握这些知识，才能在起草文稿中全面、准确地领会和反映领导意图，才能在决策中当好领导的参谋助手。实际上，文秘人员天天与领导打交道，包括请示汇报、参加会议、陪同搞调查研究等，对领导的决策过程、领导方法和工作风格等方面可谓耳濡目染，只要你有"心"，这方面的知识不难掌握。怕就怕用心不专、悟性不高，不善于捕捉和积累这方面的知识，自觉不自觉地把自己隔离于领导活动之外，这就难怪写出来的稿子总是上不了档次、达不到领导的要求。

除上述方面之外，还有其他一些必须掌握的知识，各部门也还有各自的专业知识，这里就不一一列举了。总之，学历史可以使人深刻，学理论可以使人清醒，学经济可以使人精明，学科技可以使人聪慧，学法律可以使人严谨，学领导科学可以使人成熟，一句话，有了这些知识，工作中就能得心应手，左右逢源。当然，如果能懂得一些文学和音乐知识，那就更好了。

5. 文学和音乐知识对机关文稿的写作有何帮助？

答：这话听起来好像有点离谱，文学和音乐这浪漫的玩意儿难道与一本正经的机关文稿还存在什么联系吗？难道可以在某篇讲话稿或某份文件中来上几句诗人式的"啊""呀""哦"的抒情语言吗？音乐的作用又从何谈起呢？

首先我得说，具备了前面所说的那些知识，对于起草机关文稿的确基本够用了，但如果能懂点文学和音乐，则更有助于写作，甚至能达到更高的境界。我们先看文学。文学知识在机关文稿写作中的运用虽然不是主要的、大量的，但文稿质量的好与差，必定与一个人的文化底蕴、文学素养有关。写作是需要有"灵气"的，这种"灵气"在很大程度上表现为想象力和创造性。而文学的特点恰恰在于想象和创造，没有想象和创造就没有文学。所以，通过文学知识的潜移默化作用，可以帮助我们扩大视野、丰富思维，使文章多几分"灵气"，少几分"呆气"。这是第一。第二，起草机关文稿虽然主要靠逻辑思维，但并不完全排斥形象思维，相反，恰到好处的形象思维可以为文章增色。如毛泽东同志在《星星之火，可以燎原》一文中预言中国革命胜利时写道："它是站在海岸遥望海中已经看得见桅杆尖头了的一只航船，它是立于高山之巅远看东方已见光芒四射喷薄欲出的一轮朝日，它是躁动于母腹中的快要成熟了的一个婴儿。"这里运用的即是文学中的比喻手法，显得文采飞扬、气势如虹，令人神情激奋、信心倍增。第三，随着领导同志文化水平的不断提高，很多领导已不习惯过去那种就事论事、作古正经的文章格调，而喜欢放开一些、生动活泼一些，适当地加入一点文采和感情色彩，包括引用某个典故、某段名人名言或某句古诗词等。大家可能注意到了，有些讲话稿偶尔会出现"好风凭借力，送我上青云""青山遮不住，毕竟东流去""日出江花红胜火，春来江水绿如蓝"之类的文学佳句，或用于表达某种信念，或用于鼓舞人心，或用于揭示某种道理，既有形象性，又有鼓动性，这种作用就不是一般的机关常用语言所能替代的了。可见，文秘人员的确应该懂点文学，读读中外名著，记记佳句格言，这对于提高思维能力、丰富知识涵养、提高写作水平，必定大有裨益。

比较而言，音乐对于机关文稿写作的作用则较为隐蔽一些，主要表现为提升语言的节奏感。任何文章的语言都需要讲究音韵调节，有一定的节奏感，读起来抑扬顿挫、朗朗上口、铿锵有力，就能给人以美感和感染力。比如"解放思想，开拓进取"，相当于音乐中的2/4、4/4节拍；"讲学习、讲政治、讲正气"，相当于音乐中的3/4、6/8节拍，就能产生一种对称感、气势感。如果二者混用，比如"解放思想，大胆干"，这就没有节奏感了，就像音乐中出现了一个不和谐的音符。长句、复合句虽然复杂一些，但同样离不开音韵的合理搭配，比如"现在的问题是务必要迅速行动起来并下大力气抓落实、务求实效"这样的句子，读起来就很拗口，原因就在于缺乏节奏感。另外我们还可以体会到，写文章要求突出主题，同音乐中突出主旋律是同样的道理，文章的主题不突出，就会显得散乱；音乐的主旋律不突出，就变成一片噪音。当然，音乐对于写作的作用多半是只可意会而难以言传的，懂得音乐的人自可领略其中妙处。

6. 文字秘书怎样才能成为"通才"？怎样处理"通"与"专"的关系？

答：从一般要求来说，文字秘书无论处在综合部门还是专业部门，都应努力使自己成为"通才"。综合部门的工作涉及方方面面，固然要"通"；专业部门内部又有多方面的具体业务，所以也要"通"。不"通"，就难以完成各式各样的文稿起草任务，至少会降低文稿质量。不过，这里所说的"通才"只是相对的而不是绝对的。一个人的时间和精力毕竟有限,古往今来真正的"通才"其实从来没有过,即便是那些绝顶聪明的领袖人物、大科学家、大文学家,也只是在一个或几个领域大有建树,而不可能样样精通。我所说的"通才",是指文秘人员为适应工作需要,各方面的知识都应涉猎,尽可能知道得多一些。"知道"和"精通"当然不是一回事,二者之间有着"量"和"质"的区别。比如,党委机关的文秘人员学习金融知识,懂得基本的金融政策和基本概念就可以了,具体的存贷业务知识不一定要去学;同样地,政府机关的文秘人员学习党建知识,了解有关基本任务和基本要求也就行了,而不一定要去死记硬背有关具体条文。这么说来,文秘人员不就成了"万金油"了?对,也可以这么说,因为你的工作性质决定了你必须"样样都知道一点",知道得太窄、太少不行,知道得太多、太具体又不大可能。

  当然,文秘人员在广泛获取各种知识的基础上,突出学习和掌握一项或几项专门知识,即在"通"的基础上求"专",是可行的,而且是必要的。除了个人根据自己的条件和爱好选择"专"的方向外,有的综合部门把文秘人员分成几个小组,实行对口负责,一些人专门对付党务方面的材料,一些人专门对付经济方面的材料,一些人专门对付科教文卫方面的材料,任务来了,共同研究,分头写作,这也不失为一种好的办法。这样做的好处是:"合"促进"通","分"促进"专","合""分"结合,促使大家"通""专"兼济,既有利于提高工作质量,又有利于培养和造就人才。由此我觉得,不管写作任务有多重,不管组织上提供的学习条件如何,机关文秘人员都应有既成为"通才"又成为"专才"的紧迫感和自觉性。

  至于"通"与"专"的关系如何处理,这主要是学习方法上的问题。有些同志学习积极性很高,一有空就埋头读书,不管什么书都仔细研读,细吞慢嚼,这固然可以获取不少知识,但方法太笨,效率太低。世界上的知识浩如烟海,就是长年累月不吃不睡也学不完,像这种学法,何时才能达到既"通"又"专"的要求呢?正确的方法应当是:第一,根据本人的知识基础和工作需要,采取缺什么补什么的办法,做好学习计划,选定一批必读书目;第二,根据难易程度和与业务的关联程度,把必读书目分为粗读和通读两大类,粗读即一般了解,把主要的东西记住就可以了,哪怕一目十行也不要紧;通读则要逐字、逐句、逐段认真阅读,做到基本弄懂弄通;第三,在粗读、通读的同时,择定个人的主攻领域,即"专"的方向,然后重点研读这方面的书籍,即精读,并结合实践进行思考,举一反三,加深记忆和理解,达到触类旁通、融会贯通的目的;第四,在精读的同时,不能疏忽了粗读和通读有关书籍,即不能片面求"专"而疏于求"通",要通过合理分配学习时间(如零碎时间用于粗读和通读、整块时间用于精读),采用不同记忆方法(如一般内容记大意、重点内容记原意),区别不同理解程度(如全面理解和局部理解、深度理解和一般理解)等,使学到的知识既全面又有重点,既不因过于宽泛而停留于一知半解,又不因过于狭窄而显得孤陋寡闻。

7. 积累资料有何意义?怎样积累资料?

答:积累资料对于文秘人员来说实在是太重要了,这不仅是掌握知识的重要方法,也是做好本职工作的必要手段。同样是读书看报,有些人也许将之作为一种消遣,漫不经心,看过就丢,但文秘人员绝对不可以,而要处处留心,注意积累。所谓积累,就是把学到的、看到的有价值的东西和其他必须掌握的东西通过一定的方式(或工具)集聚起来并使之日渐增多。积累其实就是知识的储蓄。其作用何在呢?一是备查,以防遗忘;二是引用,方便写作;三是启发,帮助思考;四是"营养",充实知识。凡积累了的东西,今天用不上,明天、后天可能用得上,写这篇文稿用不上,写另一篇文章可能用得上;即使有些东西永远也用不上,但由于经过记载,印象加深，实际上对你的知识功底起到了充实、拓展、深化的作用。可见，勤于积累，不仅初学写作者应该做到，就是那些已经达到炉火纯青之境界的"大手笔"也不能忽视。因为事物是不断发展变化的，所以对知识的积累也应是永不停止、永不满足的。

文秘人员需要积累的东西包括很多方面，我认为大致可分为四大类：

一类是大政方针和重要言论。这主要包括党和政府制定的一定时期的方针政策、工作任务和目标，马列主义经典著作中的某些重要论述，党和国家领导人的重要言论，报刊上的重要言论片段，某些工作的规范性提法等。这方面的积累在起草文稿中经常用到，或原文引用，或用于启发思路，或用于结合实际提出问题，而且有助于写作中少犯或不犯政治方向上、观点和提法上的错误。

一类是格言、佳句。这主要指文学作品、史籍和报刊上的某些精辟语言，句子不长，但字字珠玑，意蕴深刻，闪耀着哲理和智慧的光辉。其被引用到文稿中，往往成为"亮点"，引人注目，发人深思。如"水能载舟，亦能覆舟""先天下之忧而忧，后天下之乐而乐""千磨万击还坚劲，任尔东西南北风""其身正，不令而行；其身不正，虽令不从"之类的句子，引用得好，往往使文章增色不少。起草文稿时常常需要提出指导思想、奋斗目标、重要观点等，有些文秘人员常常为寻找合适的句子而煞费苦心，而类似的句子在报刊文章中和网络上应有尽有，只要平时注意积累，看看人家是怎么写的，思路就豁然开朗了。群众中也有不少生动活泼的语言，如"上梁不正下梁歪""打铁先要自身硬"，等等，既通俗易懂又一语中的，对文稿写作大有帮助。

一类是实践中涌现的先进典型和经验。改革和建设事业要向前推进，在很大程度上离不开发现和培植典型，离不开积累和推广经验。反映在文稿写作中，领导讲话、调研报告、工作总结和汇报材料都离不开典型经验，要通过引用典型经验激励先进、阐释观点、启发思路、提出任务和要求。因此，文秘人员平时要注意利用读书看报、调查研究等各种形式、各种机会发现和了解典型，包括地点、人物、事件、成果、主要经验及有关数据等，都要记下来，以便起草文稿时运用。

一类是基本情况和工作运行情况。基本情况指的是一个地方的历史沿革、行政区划、土地面积、地理特点、人口、资源、风俗习惯、发展水平等方面的情况；工作运行情况指的是一定时期内各项工作进展到什么程度，有哪些成绩，还存在什么问题，有什么经验和教训等方面的情况。这两方面的情况都是起草文稿时经常要用到的，其中还有大量的数据需要强记。平时不积累，临时翻资料，势必降低工作效率。更重要的是，一个优秀的文秘人员，理应熟悉全面情况，紧贴改革与发展的脉搏，当好领导的"耳目"和助手。有些文秘人员由于重视积累，不用翻本子就能把本地本部门的情况说得明明白白，这不仅大大有利于写作，而且在某些重要场合能为领导"解围"。能达到这种水平，当然难能可贵了。

值得积累的知识当然不止上面这些，还可根据不同岗位的需要和个人兴趣爱好，积累其他有关方面的知识。知识无穷尽，积累无止境。

积累资料的方法可以有多种。可以用笔记本，一个本子积累一个方面的资料，以便查阅；可以用卡片，随时摘抄，归类存放；还可以用剪贴的方法，整理成为报刊辑要、佳句集锦之类的东西。当然，这些方法现在都过时了，进入电脑时代，积累资料就方便多了。积累的内容当然也可以有所侧重，综合部门的相对要全面一些，专业部门的相对要集中一些，各人在求"通"、求"专"方面又可以有不同的积累方法。总之，怎样有利于增长知识、做好工作就怎样积累，唯一不可取的是偷懒省事，无所用心，视积累为额外负担。

无论学习还是积累，都要有海绵吸水一样的态度、钉子一样锲而不舍的精神、积小流以成江海的耐心和铁棒磨成针的韧劲，做到"四博"：博览群书，博闻强记，博采众长，最终达到博学多才的境界。有道是"读书破万卷,下笔如有神",我们所追求的正是"厚积而薄发",不"厚积"则无以"薄发"。更何况,秘书部门本应是人才荟萃、藏龙卧虎的地方,每一个有志成才的文秘人员,都应通过学习和积累,努力使自己成为"知识的富翁"。

8. 思维能力与写作能力之间有什么联系?文字秘书应具备怎样的思维能力?

答:思维能力与写作能力当然是密切相关、不可分割的。光有良好的思维能力而没有过硬的写作能力,你可以去当领导或干点别的什么,而不能当秘书;反之,光有过硬的写作能力而没有良好的思维能力,就不能全面、正确地认识问题和分析问题,写作中就可能出偏,你也不会是一个优秀的秘书。这就是说,文字秘书只有同时具备这两种能力,才能胜任本职。常听人说:选一个县长、局长、科长并不难,要选一个优秀的文字秘书有时却很难很难。这话不无道理。这当然不是说秘书比他们都高明,而是由秘书的工作性质和特点所要求、所决定的。

这里只说思维能力的问题。起草文稿的过程就是思维的过程,思维能力强还是弱,思维方式对头还是不对头,直接影响着文稿的质量。比如起草讲话稿和文件,虽然领导交代了思路和观点,虽然手头有大量的资料(或素材)可供利用,但还得靠调动自己的思维去完成文章的写作,包括观点怎样阐释,素材怎样选用,形势怎样分析,任务和要求怎样提出。也就是说,一旦进入构思和写作过程,秘书的思维活动也就进入了一个广阔的发挥空间。在有些人看来,当秘书的似乎永远只能当秘书,因为他天天吃饱饭就只晓得埋头搬弄文字,还能干得了别的什么?持这种看法的人不知道,文字正是从思维活动中"搬弄"来的,没有一定的思维能力,哪来的文字?尤其是那些高质量的文稿,不正反映着起草者良好的思维能力和较高的认识水平吗?舍此,领导的意图再正确,也不可能成为一篇高质量的文章。

接下来的问题就是：文字秘书应具备怎样的思维能力？我认为，除了布局谋篇、组织文字本身所需的思维能力之外，更重要的，就是分析问题和认识问题的能力，包括看问题的高度、深度和准确程度以及所提出的解决问题的办法符合实际、科学可行，等等。具体要把握以下几个方面：

一是要全面、客观地看问题，防止片面性和主观随意性。不管我们喜欢不喜欢、承认不承认，事物总是客观存在的，只有尊重客观规律，一切从实际出发，才能找到解决问题的办法，才能使文稿贴近实践需求并起到指导和推动作用。假如片面地看问题，只看到一个侧面而看不到另一个侧面，只看到有利的一面而看不到不利的一面，就容易得出错误的结论。比如写作中常常需要分析经济形势，如果只看到成绩而看不到问题，就会使人们滋长盲目乐观情绪，影响今后的发展；反过来，如果只看到问题而看不到成绩，又会使人们丧失信心，同样会影响今后的发展。只有既看到成绩又看到问题，既看到困难又看到希望，才能使人们正确认识形势，从而以成绩为起点，化压力为动力，朝着既定的目标奋勇前进。

二是要辩证地看问题，纠正和防止"非此即彼"的思维方式。"非此即彼"是过去的一种思维误区，它无视事物发展的内在联系和对立统一规律，好就是绝对的好，差就是绝对的差，不是甲就是乙，不是乙就是甲，绝对化，走极端，还有工作方法上的一刀切、一边倒、一个模式等，都是这种思维方式的产物。时至今日，这种思维方式虽然在很大程度上得到了纠正，但在一些同志头脑中仍未绝迹。这种思维于决策、于发展都十分不利，不仅领导者要注意防止，文字秘书也应注意防止。

三是看问题要深刻，要善于透过现象看本质，防止被表面现象所迷惑。表现在文稿写作中，就是要把话说透，把问题点准，把带有规律性和根本性的东西揭示出来，而不能浮光掠影，流于表面。比如讲到某些干部工作作风不实，仅仅罗列"不实"的表现是不够的，仅仅从外部环境找原因也是不够的，而要从责任心、事业心和世界观方面抓要害、挖根源。又如讲到农民负担过重的问题，若说都是基层干部缺乏政策观念所致，那是片面的、不符合事实的，实际上，多数地方农民负担重都是由于经济基础太差，发展不快，这才是最根本的原因，所以加快发展也才是减轻农民负担的治本之策。类似这样的问题，起草文稿时经常会碰到，所以一定要深入思考，想清楚了、想透彻了再下笔。当然，更重要的是，平常就要注意养成这样的思维习惯，使自己的眼光多一些洞察力、穿透力。

四是强化超前思维，善于把握事物发展的规律和趋势，增强预见性，防止见事迟、反应慢。凡事预则立，不预则废。这对于领导工作、文稿起草工作，都十分重要。领导讲话、工作计划、文件和献策性的调研报告都不同程度地涉及"预"，都需要在预测事物发展走势的基础上提出工作任务和目标；某些带战略性、长远性、全局性的工作，更离不开科学的预测。也许有的同志要说：预见不预见是领导的事，我们按领导的意见写就是了，要"预见"何用？不。文字秘书理应胸怀全局，洞察大势，善于多角度、全方位、超前性地思考问题和提出见解，这对于写好文稿、当好助手和个人成长，都是重要的和必要的。

五是注重对实际问题的系统性思考，防止就事论事、见子打子。人们的社会实践活动是具体而复杂的，每时每地都涌现着大量的新情况、新问题。机关文稿要起到推动社会实践的作用，就不能局限于某一个具体的事物，头痛医头，脚痛医脚，而要善于推理和判断，抓住事物的本质，从特殊中发现一般，从个性中抽出共性，从面上提出解决问题的可行办法。比如某些农村地区社会风气不好，封建迷信活动盛行，宗派活动屡禁不止，民事纠纷时有发生，上级部署的工作难以开展，基层干部说话没人听。产生这些问题，虽然各有各的原因，但必有一种带共性、根本性的原因在起作用。比如：思想政治工作薄弱，农村思想阵地失控，被愚昧、腐朽、落后的思想所占领。找准了这个原因，就可以牵一发而动全身，实行标本兼治，着重治本，通过强有力的思想政治工作提高农民的思想觉悟，从根本上把这些问题解决好。

增强思维能力，除了多学习、多积累，还要"多思"。要勤于思考，凡事多问几个为什么，而不能漫不经心，不动脑筋；要敢于思考，既要掌握"已知"，更要探求"未知"，而不能停留在现成的经验和答案上；要善于思考，见人之所未见，言人之所未言，而不能泛泛而谈，人云亦云；要敏于思考，做到见微知著，举一反三，审时度势，成竹在胸，而不能麻木不仁，反应迟钝。一句话，植下"多思"之树，方能收获硕果。

这里还有一个问题需要提及，即"被动思考"和"主动思考"的关系问题。"被动思考"这个提法不一定准确，我所指的是：文稿起草过程中的思维活动通常是按照领导意图和一定的文章规范进行的，这当然也是由秘书工作的性质所决定的，不可能由个人海阔天空地胡思乱想。但这种"被动"并不像有些同志所理解的那样，只能把思路死死地"框"在领导意图之内，领导说怎么写就怎么写，领导的思路想到哪儿就写到哪儿，不敢越"雷池"半步。其实，这种"被动"当中也可以有而且应该有"主动"，这就是说，要在遵循领导意图的前提下，调动自己的知识积累和思维能力进行扩展、延伸和完善，尤其在起草那些领导意图交代得不明确、不具体的文稿时，在根据调查研究提出决策建议时，"主动思考"更显得必需。由此又可以说，文字秘书的思维活动应该有点"不安分"的劲儿，应该有点儿记者的敏锐、哲学家的深刻、文学家的浪漫，应该开阔而不是狭窄，应该新颖而不是守旧，应该生动活泼而不是死水一潭。

9. 文字秘书应怎样从实践中汲取营养？

答：首先要弄清楚参与社会实践、掌握实践知识对机关文秘工作有何意义。从前有人说"秀才不出门，能知天下事"，实际上根本不可能，除非他是神仙。从现实看也是这样，有些文稿之所以写得空洞无物、脱离实际，就是因为"不出门"，不接触实际，不了解基层情况，不懂得实践所需的基本常识，不明白基层干部和广大群众有什么想法和需求。有的同志以为读了很多书、积累了很多资料、把上级精神也都记得滚瓜烂熟了，起草文稿已经够用了，还要实践知识干什么？不，仅凭这些还远远不够。起草文稿是用于解决实际问题的，而不是就写作而写作、摆摆架子做做样子的，要解决问题就必须切合实际，要切合实际就要懂得必要的实践知识。比如讲到农业产业化的问题，它的概念、内容和基本要求文件上、报刊上都讲得很清楚了，但你光知道这些还不够，还必须从本地实际出发提出任务和要求，包括确立什么样的主导产业、建立什么样的产品基地、龙头企业怎样建设、需要提供哪些方面的服务等，没有这些，哪怕你写得天花乱坠，也是一纸空文。有诗言道——"纸上得来终觉浅，绝知此事要躬行"，说的就是不能光啃书本，还要注重实践。书本知识加上实践知识，才是全面的、实在的、管用的知识。

有些同志说：我并不否认实践的重要性，但整天忙于应付材料，不是看就是写，哪有时间和条件去参与实践呢？这就要看各人参与实践的主动性和方式方法如何了。事实上，文字秘书参与实践和了解实践知识的机会是很多的，比如：

——有目的地介入某项工作，了解掌握该项工作的性质、特点及相关知识。如，你对企业改革不太熟悉，可以到一个企业去了解改制方案如何制订和施行；你对商品流通不太熟悉，可以去考察一个市场或一个商贸企业，甚至可以帮助推销某个产品。总之，可以采取缺什么补什么的办法，只要多介入、多了解，也就慢慢熟悉了。

——通过调查研究，既掌握第一手资料，又从中获取实践知识。调查研究的对象本来就是改革与发展第一线出现的新情况、新典型、新课题，是人们各个方面、各种形式的实践活动，成绩与不足、经验与教训、意见与建议，无不包含着大量的知识信息，只要多留心、善捕捉，调查研究的过程也可以成为丰富实践知识的过程。

——利用接近领导和参加会议的机会获取实践知识。领导者既是指挥者又是实践者，其领导活动既来自实践又指导实践，包括某个问题怎么处理、某项重大活动怎么组织、某项决策怎么形成等，实际上都是一种实践，其中有很多知识值得我们学习。另外，参加决策性的会议、部门的专业性会议和有关的研讨会、论证会等，听领导讲话，听典型发言，包括听不同意见的争论，都是掌握实践知识的极好机会。

——多向专家学者和实际工作者请教，以人之长补己之短。客观上，由于文字秘书毕竟没有直接从事改革与发展第一线的工作，主动介入实践的机会也十分有限，因而大量的实践知识要以间接方式获得，向人请教也不失为一种有效的方法。专家学者和实际工作者一般在一个或几个方面有较深的研究或较丰富的实践经验，多向他们请教，哪个方面不懂就向哪个方面的行家请教，必定大有裨益。在这里，关键是要放得下架子，甘当小学生，虚怀若谷，不懂就问，积少成多，集腋成裘，千万不能不懂装懂，似懂非懂，自己糊弄自己。

实践是一部无字大书，要读懂它，绝非一日之功，唯有持之以恒，锲而不舍，方能日益长进。同时，单位领导也要从爱惜人才和培养人才的角度出发，有意识地安排文字秘书尽量多接触实践，包括安排他们下基层调研、随同领导参加有关活动、驻村驻厂、与有关专业部门建立经常性联系等，使之能经常接受实践知识的辐射和熏陶，从而开阔眼界，增长才干。

10. 文字工作怎样做到"以文辅政"？

答：我认为这里首先要解决一个观念上的问题，即机关文字工作的本质意义是不是以文辅政。有些同志说，搞文秘工作不就是抄抄写写、玩玩文字游戏吗？有什么大不了的？我就曾听过一位领导对秘书这样说："意图都给你交代明白了，你再把文件、报纸找来看一看、摘一摘、凑一凑吧，两小时后把稿子给我。"听那口气，写文章好像比吃花生米还容易似的。

旁人怎么看其实用不着太在意，因为他们多半是由于对文秘工作的特点和难度缺乏了解，或者了解得不多、不深。关键还在于我们自己怎么看和怎么做。如果抱着应付差事的态度，不动脑筋，不求质量，东拼西凑，写完就算，这样的文章当然谈不上辅政，相反还可能成为起不了任何作用的文字垃圾。只有着眼于辅政，文字工作才会有价值。辅者，助也。事实上，机关文字工作从来是和辅政紧密联系在一起的。在讲话稿中体现和完善领导意图，在文件中准确表达重大决策，在调研报告中总结实践经验和提出决策建议，这些难道不是辅政，而只是玩文字游戏吗？是简单地抄抄写写所能做得到的吗？当然不是。毛泽东同志的许多重要战略思想首先都是见诸文字的，如《整顿党的作风》《实践论》《矛盾论》等，不仅文字精彩，妙语连珠，而且字字句句闪射着真理的光辉，成为指导实践的光辉文献。邓小平同志的《解放思想，实事求是，团结一致向前看》一文，篇幅不长，朴实无华，却成为拨乱反正、掀起改革开放大潮的进军号角。文字作为思想和决策的载体而产生如此神奇的力量，就远不是一般地抄抄写写所能达到的了。我们的文章固然不能与此相比，但各级机关中涌现的不少高质量文稿在辅政方面所发挥的重要作用，也是显而易见、不可抹杀的。

认识到了这一点，接下来就是如何以文辅政的问题。我认为要增强三种意识：

一是服务意识。机关文秘工作本来就是为领导服务，为一个地方或一个部门的事业发展服务的，离开服务二字，就变得毫无意义。因此，文字秘书时时都要想到：我能为领导决策做些什么？领导交办的任务完成得好不好？领导没有交办的事有哪些方面我可以而且应该主动去做？要以此来培养服务精神、提高服务水平。比如，除了认真完成领导交办的文稿起草任务外，还可根据平常掌握的情况和自己的思考，主动提出有关决策建议、撰写一些有价值的信息和调研报告等，这些都属于服务的范围，也都会或多或少地对领导决策起帮助作用。

二是参谋助手意识。无论外界怎么看，文字秘书作为领导者参谋助手的地位和作用都是不容置疑、不可替代的。当然，这种参谋助手的作用发挥得如何，还要看秘书本人的素质和能力如何。秘书虽然不是决策者，但其工作性质实际上决定了他们必须成为决策的协助者和参与者，而他们的工作水平又或大或小、或多或少地影响着领导决策的科学性、可行性以及决策表达的全面性、准确性和可操作性。举个例子来说：市委常委会会议就贯彻中央决策部署、推进国有企业改革问题进行研究，布置秘书起草一个文件。秘书在起草文件时如果只是照抄照搬中央文件精神，不认真或者不善于将常委会研究的贯彻意见进行归纳、发挥和完善，不加入自己对于本地国有企业现状的认识和思考，那么写出来的文件就肯定过不了关。这就是说，秘书在起草文稿时应该意识到：写文章也就是写思路、写办法，写文章也是对领导决策和改革与建设实践的一种参与方式，写文章也是一种探索和创造。如果老是让自己游离于服务决策和社会实践之外，只是被动地做做"遵命文章"，不发挥自己的主观能动性，那当然谈不上发挥参谋助手的作用了。

三是质量意识。很显然，以文辅政必然要求文稿有较高的质量，粗制滥造的文稿当然发挥不了辅政的作用。这就要求文字秘书要像工人制造优质产品一样，认认真真地而不是敷衍了事地、创造性地而不是"传声筒"式地对待每一篇重要文稿的起草，使之达到较高的水平。有的同志以为，所谓质量指的就是结构的严谨、文字的精彩以及语法修辞上的无懈可击，于是不惜花费大量时间和精力左推敲、右琢磨。这当然没有错，但这绝不是质量的全部。从以文辅政的要求来看，还必须有鲜明的观点、精辟的见解，必须对决策有帮助、对实践有指导意义，否则文字再漂亮也没用。甚至可以说，即使文字粗糙一点，只要内容对"路"，也更符合质量要求，更容易得到领导认可。所以我们要琢磨文字，更要琢磨问题，这样，才能达到以文辅政的目的。

11. 初学写作者怎样才能尽快上"路"？

答：任何一个刚刚走上文字秘书岗位的人，只要他是热爱这项工作的，都想尽快熟悉情况，尽快独立成文，甚至巴不得一下子就成为"大手笔"。有这种心情是可以理解的，也是难能可贵的。但这种事情急不得，心急吃不得热豆腐，得打牢基础，循序渐进，掌握方法。具体的要领，前面已经谈到了一些，这里概括起来讲，就是要过好"三道关"，坚持"三勤"，做到"三不"：

"三道关"即知情关、适应关、基础关。所谓"知情关"，就是尽快熟悉情况，通过看书看报、阅读文件、参加会议、下基层调研等各种渠道，对本地、本单位的基本情况和工作运行情况有一个基本的了解，这样才能慢慢进入"角色"。所谓"适应关"，就是尽快适应机关工作的"气候"和文秘工作的职业特性，包括工作性质、职责范围、基本要求和有关规章制度，还包括怎样与领导和同事相处、怎样思考问题、怎样与基层干部和群众打交道等。这一点，对于没有从事过机关工作和文秘工作的同志尤为重要。适应得快，工作就能很快上路；适应得慢，上路自然也要慢一些。所谓"基础关"，指的是对机关文稿写作的基本常识，包括机关公文的种类、格式、行文规则、写作要求、处理办法等，都要了解和掌握。多看，多琢磨，多请教，抓住带有规律性、规范性的东西，慢慢就能熟悉了。

"三勤"即勤积累、勤练笔、勤借鉴。"勤积累"前面已经说过了，这里不再重复。所谓"勤练笔"，当然是很重要的"必修课"。因为是初来乍到，拿大稿子毕竟还差火候，还是要老老实实、认认真真地从写"豆腐块""火柴盒"开始，比如信息、简报等，由易而难，由浅而深，反复练习，熟能生巧。当然也可以自我加压：既然暂时还摊不上大稿子起草任务，那就偷偷地按商定的提纲也从头至尾写上一遍，哪怕搜肠刮肚、生拼硬凑也不要紧，毕竟是一种锻炼。然后承担某一部分，然后独立成篇，一次不行两次，两次不行三次，久而久之就摸出其中门道了。所谓"勤借鉴"，就是反复研读那些质量较高的文稿，看看人家是怎么写的，设想如果自己来写会写成什么模样，从中发现自己的不足。还有一个好办法是，把自己起草的、被领导或"大手笔"们改过的稿子好好保存下来，即使改得面目全非也不要紧，然后逐行逐段、逐字逐句地进行对照分析，搞清楚人家为什么这么改，自己那样写为什么不行，从中受到启发和教益。

"三不"即不怕失败，不故步自封，不三心二意。所谓"不怕失败"，是指在初学写作阶段，要有一股子"初生牛犊不怕虎"的锐气和"丑媳妇不怕见公婆"的勇气，大胆地写，刻苦地练，毫无保留地把自己的"底子"亮出来，成功了固然好，失败了也不要紧。事实上，这个阶段往往是失败之作居多，但正是这一次次的失败，成为一步步通向成功的阶梯。有的同志缺乏这种心理素质，好胜心太强，太爱面子，生怕写出来通不过、遭人笑，所以写起来缩手缩脚，老半天憋不出几行字，这样反而成问题。还有的同志看到自己的"作品"被"枪毙"了，或者被改得面目全非了，就垂头丧气，妄自菲薄，这种心理也是很要不得的。所谓"不故步自封"，即不满足于一时之得、一尺之进，而要不断自我加压，朝着更高的目标努力。有的同志刚刚摸到一些门道，就自以为了不起了，学习放松了，口气也大起来了，甚至搞起"文人相轻"那套东西来，这种骄慢情绪必然成为前进的绊脚石。要知道，山外有山，楼外有楼，强中更有强中手，更何况你才刚刚上路呢？只有永远把成绩当作新的起跑线，才能不断有新的进步、新的突破。所谓"不三心二意"，就是要干一行，爱一行，心无旁骛，专心致志。说句实在话，秘书虽然算不得什么官，但毕竟身在行政界，在这种情况下，为秘书者特别要做到"心静"二字，不静则浮，不静则躁，不静则难以成大器。

12. 什么叫"悟性"？怎样才能有较强的"悟性"？

答：按规范的解释，悟性就是对事物的理解力和认识能力。其实这也属于思维能力的范畴，不过仅从写作而言，它又有其独特的表现。毫无疑问，较强的写作能力离不开较强的悟性，具体表现为这样几个方面：

——接受新生事物快，吸收知识的能力强，能将学到的东西及时消化并运用到写作实践中。如果学而不用，食而不化，就是悟性不强。

——思维敏捷，反应迅速，响鼓不用重槌敲，稍加点拨就能心领神会，并能触类旁通。如果反应迟钝，指一下动一下，甚至三番五次还弄不明白，就是悟性不强。

——善于总结经验教训，让经验得以不断发扬和完善，教训亦能成为正确的先导，每一次写作都较过去有新的提高。如果没有进步，水平依旧，甚至一再重犯过去的错误，就是悟性不强。

——富有主动性和创造性，善于把上级大政方针与本地实际结合起来，把原则性与灵活性结合起来，把贯彻领导意图与发挥个人的主观能动性结合起来。如果墨守成规，拘谨刻板，只知依葫芦画瓢，就是悟性不强。

悟性并不是神秘莫测、高不可攀的东西，关键在于多动脑筋，刻苦钻研，努力适应，悉心培养，悟性就会从无到有、从弱到强。当然，也有少数同志虽然从事秘书工作多年，但悟性仍然不太强，写出来的东西总是缺乏一种灵性和活气，如果排除用心不专的原因，那就与个人的素质有关了。不过这也并不奇怪，十个手指尚有长短，我们不可能强求所有秘书的悟性都达到同一个水平，而应允许有些人"悟"得快一些、深一些，有些人"悟"得慢一些、浅一些。基于这种差别，在布置写作任务时就可因人而异：让悟性强一些的人去写难度较大的材料，让悟性差一点的人去写难度较小的材料，这也叫量才而用吧。同时也要看到，悟性差并不是一成不变的，有些同志通过锻炼和积累，慢慢也可以使悟性强起来；还有的同志可能在某一领域悟性较强，在另一领域悟性则不强。从这个角度说，秘书部门负责人对这些同志要多压担子，多加指点，把他们的悟性充分发掘和利用起来。如果对他们另眼相看，总是抱着一种"稀泥糊不上壁""榆木脑瓜不开窍"的成见，就会使他们的悟性和工作积极性受到压制。

13. 为什么说从事机关文秘工作需要有强烈的奉献精神？

答：文字秘书由于所处的岗位特殊、所从事的工作意义重大，加上接近领导和接触机密的机会很多，所以一定要有过硬的思想品质。这包括坚定的信仰、崇高的理想追求、强烈的事业心和责任心、任劳任怨的工作态度等，这里就不一一展开说了。我只强调一点：作为文字秘书，一定要有强烈的奉献精神，缺乏奉献精神的秘书就必定不会是一个优秀的秘书。为什么这样说呢？

其一，大家知道，当文字秘书就得一天到晚"爬格子"，"爬格子"当然是"苦差事"。只一个"爬"字，就形象地道出了其中艰辛。我记得听过这样一段顺口溜：

> 一沓稿纸桌上摆，
> 弯腰弓背爬呀爬！
> 爬呀爬——
> 字是脚印密密摆，
> 句似长路步步跨，
> 字字句句皆心血，

好比上坡攀山崖；
　　爬呀爬——
　　咬碎笔帽捻断须，
　　尝遍酸甜苦又辣，
　　顾不得眼角起皱纹，
　　顾不得青丝变白发；
　　爬呀爬！爬呀爬！
　　抽了多少烟，喝了多少茶，
　　流了多少汗，熬了多少夜，
　　顾了公家忘了"小家"，
　　怎不气坏了孩子妈！

　　这话多少有些调侃的味道，但说的也是大实话，同行们大概都有过这种体验。怕苦就别来当秘书，当了秘书就不能怕吃苦，要甘于吃苦，善于吃苦，苦中求乐，以苦为荣。笔墨伴人生，甘苦寸心知，每一个繁忙的白昼都有一串鲜为人知的动人故事，每一个灯火通明的不眠之夜都有一支激越的进行曲在无声地奏响，它们的主题就是：奉献。

　　其二，同样是"爬格子"，作家、理论家和其他许许多多爱好写作的人，文章写成后可以署上自己的名字，文章发表后可以拿到稿酬，可谓"名利双收"。但秘书不能，除非你瞅空子搞"业余"，否则只要你是起草机关文稿，哪怕你写得再多、再漂亮，永远只能署上某个领导或某个集体的名字。这没有办法，这是由你的工作性质和职责所决定的。这还不算，当你绞尽脑汁终于完成一篇"大作"之后，你可千万不要自鸣得意，而还得忐忑不安地等待你的领导和领导的领导层层审改把关，只有当稿纸头上终于出现"同意"二字时，你才可以松一口气。这两个字也就是付给你的最高"稿酬"了。当秘书写材料就是要甘当无名英雄，没有奉献精神是当不了的。

其三，有人说干秘书这一行的是"政治上的红人，工作上的忙人，经济上的穷人"，这话有一定的道理。说到"穷"，当然不是穷到缺吃少穿，而是生活上相对清苦一些，没有稿酬可拿，只拿几个硬工资。还有，领导机关挑选秘书的条件通常都比较高，又要思想品质好，又要笔杆子过得硬，一旦选中了你，用顺了手，有些领导是不舍得放的，非要搞个三年五载再说，甚至过了三年五载还不肯放。这倒不是领导不关心你，而是太关心了，关心得离不开了，因为千军易得，"秀才"难求呀！这样就会出现一种情况：有些不会写材料或者压根没写过材料的人倒是被提拔了，或调到较为理想的岗位去了，而你还在那儿吭哧吭哧"爬格子"，有的甚至"爬"了几十年还在没完没了地"爬"。没办法，因为你会写材料呀！有的人也许还会说：因为你只会写材料呀！这时候你的家人也许会怪你没出息，你的朋友也许会笑你太迂腐，你的同事也许会为你抱不平，那么你做何感想？一边是个人得失，一边是工作需要，你如果缺乏奉献精神，工作积极性就必然受到影响。

总之，由于机关文秘工作是一种高强度的脑力劳动，由于苦乐不均的现象在机关不同程度地存在，又由于改革开放后人们的思想观念发生了深刻而复杂的变化，在这种情况下，能否始终保持强烈的奉献精神，就成为文字秘书所面临的严峻考验。曾听一位办公室负责人抱怨："我这几位秀才出什么毛病了？本来材料写得蛮不错的，但这一两年来越写越糟了，明明交代得清清楚楚，写出来还是废品或半成品！告诉他怎么改，他嘴上答应好好好，交回来一看，基本上没动，只改了几个词语和标点符号！气死我了！"为什么会这样呢？我想原因可能是多方面的，但与缺乏奉献精神肯定有关系。缺乏奉献精神，就不可能树立正确的价值观和苦乐观，就不能正确对待个人的荣辱得失，就会被安逸、金钱、名位所诱惑。由此，初学写作的人就不会奋发努力、力求上进，正在上进的人就会止步不前、安于现状，连已经成熟了的"大手笔"也会心灰意冷，有力不出、有才不用。似这样，工作怎能不受影响呢？

至于如何增强奉献精神，我想不需多说。这里只强调一点：要正确看待得与失。奉献虽然是一种付出，但同时也是一种获得。获得什么呢？获得了进步的压力与动力。大凡有奉献精神的人，必定对事业专一，敬业精神较强，实现自我价值的意识也较强，这样就会自然而然地自我加压，自求奋进，也可以叫作自讨"苦"吃，自找"麻烦"，但最终，知识丰富了，水平提高了，也就在奉献的同时造就了自己，成为有用之才。当我们能够驾轻就熟地谋篇布局的时候，当我们的决策建议被领导采纳的时候，当我们用心血换来的劳动成果得到领导的肯定和听众与读者的好评的时候，不也可以享受到收获的喜悦吗？反过来讲，如果患得患失，斤斤计较，不思长进，不学无术，即使赢得了轻松安逸，或者捞了个一官半职，又有什么值得骄傲的呢？

　　印度大诗人泰戈尔有这样一段名言："鲜花的事业是美丽的，果实的事业是尊贵的，但是，让我做一片绿叶吧——绿叶的事业是默默地垂着绿荫的。"我觉得用"绿叶的事业"来形容秘书的事业是再恰当不过的。为了鲜花盛开、硕果累累，让我们乐于做一片谦逊的绿叶吧！

第二章 讲话稿的写作

14. 讲话稿有哪些类型？有哪些基本特征？

答：讲话稿是机关文稿中使用频率最高也是最重要的文种之一，因而又是秘书们为之付出最多心血的文种之一。它的样式有多种，按用途分，大致可分为以下几类：

一类是部署性讲话，如党建工作会议上的讲话，经济工作会议上的讲话以及财税、政法、宣传、教育等各类工作会议上的讲话。其内容是就某一阶段的工作进行部署，提出目标任务和措施要求。

一类是总结表彰性讲话，如经验交流会、各种表彰会、庆功会上的讲话。其内容是总结经验、激励先进，并提出今后的努力方向。

一类是例行性讲话，如党代会及其全委会上的工作报告，人代会上的政府工作报告，人大常委会工作报告和人民法院、人民检察院工作报告，政协会工作报告，还有妇代会、团代会、文代会、职代会工作报告等。其内容是向与会代表报告前阶段工作情况，提出下一阶段工作意见。

一类是讨论交流性讲话，如研讨会、座谈会、协调会上的讲话。其内容是根据会议主题发表个人的观点、见解，给与会者以启发。

一类是指导性讲话，如领导听取下级工作汇报或检查基层工作后的讲话，应邀出席某地、某部门工作会议所做的讲话。这类讲话一般首先肯定该地该部门的工作成绩，指出存在的问题，而后提出有针对性的工作意见。

一类是应景礼仪性讲话，大都为应对某个重大活动或重要仪式所作，如重要节日纪念大会上的讲话、重要庆典仪式上的讲话，还有对外交往场合的贺词、欢迎词、欢送词、答谢词等。

至于讲话稿的基本特征，我们可以这样来看：第一，它是领导者进行领导活动、行使领导职能的一种重要载体，是领导者思想和意志的书面体现；第二，它具有鲜明的倾向性和针对性，是为实现一定的目标任务、为解决一定的矛盾和问题服务的；第三，它具有独特的语言表达体系，在总体保持机关应用文语体风貌的前提下，又体现出领导者的不同个性。

15. 起草讲话稿有哪些基本要求？

答：不同的讲话稿有不同的写作要求。从总体上来说，要把握好以下几点：

（1）要符合上级的方针政策和指示精神。任何一个地方和单位的工作都是在党中央和上级党委、政府领导下进行的，所以讲话稿中必须贯彻党的基本纲领、基本路线和方针政策，贯彻上级的工作部署和指示精神，以此为依据来表达观点和见解，提出任务和要求；即使提出带创造性的政策措施，也要与上级精神相吻合，而不能相违背。

（2）要贯彻和符合领导意图。讲话是领导的讲话，而不是起草者的讲话，所以要按领导的意图包括思路、观点和提示去写，发挥、创造也要依据领导的意图来进行，而不能自己想怎么写就怎么写。这是因为，无论党政领导也好，部门领导也好，主要领导也好，分管领导也好，他对所管辖的范围和领导的工作负有责任，他看问题有自己的高度和角度，做工作有自己的思路和办法，甚至在文字表述上、语言风格上还有自己的独特要求，更何况多数领导的思想水平、政策水平和理论水平毕竟要比一般人高,脱离领导意图,就可能做"无用功",吃力不讨好。

（3）要有较强的针对性和说服力。所谓针对性,就是紧扣会议主题,该解决什么问题就讲什么问题,讲深、讲透、讲到点子上,不要不着边际地泛泛而谈。所谓说服力,就是在提出某项任务或要求,解决某个问题时,要有理论依据、政策依据和事实依据,讲清道理,以理服人,以使听众能够理解和接受。

（4）要切合本地本部门的工作实际。无论提思路、亮观点,还是交任务、提要求,都要坚持从实际出发,着眼于解决实际问题,千万不能照抄照搬,不能人云亦云,使讲话稿变成一堆没有任何实际意义的空话、废话。

（5）要有简练、朴实的文风。"简练"就是篇幅要合理控制,有话则长,无话则短,不要动不动洋洋万言,像懒婆娘的裹脚布一样又长又臭。"朴实"就是文字要质朴、通俗,使听众一听就懂,这也是讲话稿与其他文稿在语言风格上不同的地方。

（6）要精心组织文字,追求高质量。这主要包括:结构要严谨、和谐,立意要新颖、深刻,观点要鲜明、确切,句子要凝练、明快,用词要准确、得当,还包括层次要分明、逻辑要严密、起承转合要紧凑,等等。

以上各点,因为后面还将涉及,这里就不展开细说了。

16. 起草讲话稿之前要做哪些准备工作?

答:主要有以下几项:

一是领会领导意图。或者听取领导个别交代,或者听取会议集体研究,了解领导想说什么,主题、内容、目的是什么,以此作为写作的根本遵循。

二是吃透上级精神。根据会议主题和讲话内容,先把上级有关文件、领导讲话和报刊上有关重要文章找来看一遍,搞清楚上级对某项工作有什么要求、什么政策措施、什么新的提法等，重要部分还要画上记号或摘抄下来。但是要明确，所谓"吃透"，不是叫你照抄一遍，而是要理解，要"消化"，以供写作时运用。

三是收集素材。领导讲话必然涉及本地本部门的实际情况，或对政治、经济形势和社会动态进行分析判断，或引用有关数据和典型事例，或宣扬某项工作经验，或揭露和批评某种不良现象，所有这些，都离不开对素材的掌握，而且掌握得越多、越详细、越准确越好。因此，起草之前要根据会议内容认真想一想：这篇讲话稿要涉及哪方面的实际情况？对这些情况我清楚不清楚？如果不清楚，赶快把有关工作汇报、总结材料、信息和报表找来看一看，如果还不清楚，就利用通信工具把有关情况"调"过来，或到实地去调查了解。特别对有关的重要典型、重要数据等，要认真核实，使之经得起检验和推敲，以防引用了假典型、假数字。把情况集中之后，还要进行比较、筛选，把最有价值、最能说明问题的部分保留下来，视需要而引用。

四是调动积累。平时所做的知识积累、资料积累，这时候就派上用场了。根据讲话内容，你感到哪个问题不好把握，哪个提法不太明确，或者哪个地方需要引用一段史实、一段经典论述、一段精彩言辞，如果平常注意了这方面积累的话，就可以把它们"调"出来加以利用。当然，并不是每写一篇讲话稿都要去翻阅积累，要根据需要而定。有些人平常注意学习，加上记忆力好、理解能力强，虽然不翻积累，但不知不觉中也用上了积累。

最关键的准备工作是审题立意，即根据领导给出的题目进行分析、构思，明确中心思想、选材范围、内容安排、表现手法等。走好这一步，写作就有了方向、有了主线，而不至于打乱仗。

17. 如何领会领导意图？领导意图不明确、不完善或没有交代意图时怎么办？

答：大凡领导者将要在某个会议上发表讲话，都会把有关文秘人员找来"面授机宜"，即把意图交代清楚，如讲几个什么问题、着重强调什么和解决什么等。这时候你必须认真听，认真理解，最好把领导的话一字不漏地记下来。因为这里边可能有两种情况，一种是，领导事先已经过缜密思考，打好了腹稿，讲出来的思路已经很成熟、成系统，稍加整理就成为很理想的文章框架了，所以你当然要全盘记下，这样写起来就会省事得多；另一种情况是，领导虽然事先做了认真思考，但说出来时可能不够连贯、不成系统，甚至可能零零碎碎、重重复复，即使这样你也要全部记下来，而后经过加工使之连贯起来、顺畅起来。

领导的意图很明确、很完整那好办，如果不太明确、不太完整怎么办呢？这种情况我们常常会碰到。领导同志由于工作太忙，有时来不及做系统周密的思考，所交代的只是一个大致的轮廓、一个粗略的想法，或者只点到现象而没有形成观点，或者只提到观点而没有串成一条清晰的思路，或者连点到的现象和提到的观点本身也未必准确。在这种情况下，秘书同样要把领导的原话记录下来，然后认真琢磨：领导心里想的是什么？他说的那些话想表达的是什么意思？还有什么话想说而没有说出来？琢磨清楚后再加以梳理、完善和发挥，使领导的思路由不清晰到清晰，由不完整到完整。从这方面说，秘书的头脑应该是领导的头脑的扩张，秘书的思维应该是领导的思维的延伸。

还有一种情况比较难办，就是领导事先没有交代写作意图，叫你先列出提纲来再说。这里有几种可能：或者领导的确腾不出时间来考虑；或者他有意发挥秘书的主观能动性，考考你的能力和水平；或者他相信秘书的能力和水平，觉得无须多做交代。这种时候怎么办呢？把握住两条：一条是，根据会议主题和上级有关要求、本地本部门的实际情况，揣摩和推测领导可能要讲什么；另一条是，根据该领导历次讲话的特点和平常与领导的接触，弄清楚领导喜欢讲什么。把这两方面捏合起来，再加上自己的知识积累和分析思考，就有可能八九不离十，容易得到领导认可。当然，能够做到这一点的多半是那些已经驾轻就熟的"大手笔"。这里还涉及一个问题：所谓领会领导意图，不只是起草讲话稿之前，包括平时也要多加留意。与领导交谈，陪同领导参加各种活动或下基层调查研究，听领导在一些场合的即席讲话，都是捕捉领导意图的极好机会。因为一般来说，领导在考虑什么问题，对什么事情感兴趣，对当前和下步工作有何打算，不仅在正式场合，平时也会在言谈和行动上有所表现，特别是那些脱口而出的话，往往是他真实思想的表露，其中不乏真知灼见、妙语佳词。把这些看似零散的东西记录下来、集中起来，加以综合分析，就不难发现领导的"关注点""兴奋点"，不难把握领导的思想脉络和思维习惯。这样，即使领导没有交代写作意图，你也能做到临阵不慌了。

应当注意的是，领会领导意图，并不是绝对地"奉命行事"，领导说怎么写就一定怎么写，哪怕说得不对也坚决照办，不能有丝毫更改。实际上，有些时候领导同志也会以商量的口吻交代意图，这时候秘书固然要认真听、认真记，如果发现有什么不妥，有什么疏漏，也可以而且应该大胆提出，只要领导认可，那么你的意见也变成了领导意图。即使领导不是以商量的口吻交代意图，你也要敢于发表个人意见，只要你讲得有道理，领导还是会采纳的。这其实也是秘书发挥参谋助手作用的一个很重要的方面。如果唯唯诺诺，见误不纠，看似尊重领导，实际上是对上级、对工作的不负责任。

18. 讲话稿怎样安排结构？

答：所谓结构，即文章的组织方式和内部构造，是围绕讲话主题的需要，通过层次与段落对题材进行合理的组织与安排，使各层次与段落之间紧密衔接、彼此呼应，共同为主题服务。结构的方法因讲话稿类型的不同而不同。党代会、人大会、政协会、团代会等例会上的工作报告，其结构的模式化较强，即前一部分报告工作，后一部分提出工作意见，几乎篇篇如此，所以这里不做讨论。要讨论的是无一定模式的、用于布置工作的各类讲话稿的结构方法。这类讲话稿的结构因会议的主题、内容、对象而异，甚至因讲话者的兴趣、风格而异，所以结构方法也最为灵活多样。在这里，关键要把握以下几点：

第一，以内容定结构。当我们接到起草任务时，首先要考虑清楚的是：这篇讲话稿的主题是什么？根据主题，要写进哪些内容？大致讲几个什么问题？考虑清楚后再进行结构设计。这就是说，内容是起决定作用的，是内容决定结构，而不是结构决定内容，结构是为内容服务的。举个例子来说，某篇讲话稿只讲安全生产问题，篇幅限制在3000字左右，如果也像写大块头文章一样，一二三四五地拉上个庞大的架子，就很难把文章写短、写实，就会像瘦个子穿宽大衣服一样显得空荡荡。反过来讲，如果讲话稿涉及党政财文各个方面，而"架子"设计得过于狭小，那么内容就会铺展不开，就会像大胖子穿紧身衣一样显得别扭。所以，内容与结构的关系就像身材与衣服的关系，必须合身、得体才好看，离开内容考虑结构，往往弄巧成拙。

第二，不固守模式。因为这类讲话稿的结构不需要也不应该有某种模式，一旦形成某种模式，就造成结构雷同，就显得呆板和僵化了。所以在考虑结构时要注意比较一下我现在搭的这个"架子"和以前搭过的或别人搭过的"架子"是否相同，如果相同，则应避免。这就好比做房子，如果所有的房子都是一样高矮、一种模式，当然不能给人以新鲜感和美感。现在有些讲话稿的结构就存在雷同的问题，比如大家熟知的"三段式"：第一段是提高认识统一思想，第二段是提出任务和措施，第三段是加强领导，以至于与会者一听到"加强领导",就知道快要讲完了。当然,这样写并不是不可以,但如果每篇讲话稿都是这样安排结构的,就难免给人以陈旧感。一些同志养成了习惯,凡领导讲话都要讲三个以上的问题,而很少讲两个以下的问题,似乎没讲到三个以上的问题就不完整、不过瘾。说起来,"三"真是一个神奇的数字,三足鼎立、事不过三、三思而行、三生有幸、三顾茅庐、三缄其口、三人行必有我师等,都与"三"有关,于是写文章也是三个问题,每个问题里边又是三个小问题,好像无"三"不成文了。其实这只是习惯使然。为什么一定要讲三个问题?讲两个问题、一个问题不可以吗?当然可以。关键还是要从内容出发,当讲几个问题就讲几个问题,既不要削足适履,把该讲的问题落下,也不要生拼硬凑,把不该讲的问题硬搭上去。

第三,力求紧凑、集中。这里指的是文章的内部构造要严谨、周密,使各部分之间形成有机的、紧密的联系,从而使整篇文章有一种整体感、和谐美,把主题烘托出来。有些讲话稿的结构就存在这方面的欠缺:(1)内容设计不集中,有些方面是为主题服务的,有些方面则偏离了主题,变成东拉西扯;(2)所设计的内容虽然与主题相吻合,但顺序安排失当,以致各部分内容之间缺乏有机联系,显得杂乱无章;(3)内容设计贪大求全,大事小事一锅煮,眉毛胡子一把抓,什么问题都想讲到,实际上什么问题都不可能讲清楚。这些问题集中到一点,就是"散"。散则无序、杂乱,必然破坏表达效果。

第四,合理安排段落和层次。段落是文章的基本组成单位,是为划分层次服务的;层次分明,就能使文章脉络清楚,便于听众理解。怎样才能使层次分明呢?直白一点说,就是哪个问题先讲、哪个问题后讲,要按逻辑关系、按轻重缓急进行排序,不能错乱,不能颠倒。常见的排序方法有:

(1)并列式排序法,即各层次是"平起平坐"的,不存在谁主谁次、谁轻谁重的问题,都是直接对主题负责。比如一篇布置经济工作的讲话稿，第一部分谈农业，第二部分谈工业，第三部分谈财政，三者就是一种并列的关系。

（2）递进式排序法，即各层次之间存在相互作用的逻辑关系，是循序渐进式地铺展开来的。比如一篇谈加强理论学习的讲话稿，第一部分谈为什么要加强学习，第二部分谈怎样加强学习，第三部分谈学习要同实践相结合，这三者之间的关系就是递进式的。

（3）主从式排序法，即把主要层次摆在前面，把非主要层次摆在后面，为主要层次起烘托和服务作用。比如一篇布置农业和农村工作的讲话稿，把稳定粮食生产、优化产业结构、拓宽农民增收渠道、推进农业科技进步等作为主要层次，后边跟上一段谈改进工作方法、做好服务工作、减轻基层负担等问题，这些内容就属于从属层次，是为实现主要层次的目标任务提供保障和支持的。

（4）交互式排序法，即在各层次内容有所交叉的情况下，把其中的共性问题抽出来，集中成为另外的层次。比如某篇讲话稿部署国有企业、民营企业和外资企业的发展问题，其中每个方面当然各有各的内容，但都涉及推进科技进步和搞活产品销售两方面的问题，在这种情况下，就可以把这两方面的内容集中起来，排在后面写，以免重复累赘。

（5）总分式排序法，即先集中说，再分开说。如一篇部署事业单位改革的文稿，它需要提出改革的指导思想、目标任务和基本原则，显然不能与后边的具体措施和要求相并列，而要摆在前面先交代清楚，再展开改革的步骤、方法、要求等具体层次，这样逻辑上更顺当，也便于听众把握。

19. 同一个会议上如有多个领导讲话，写法上应注意什么问题？

答：从道理上讲，一个会议上不宜有多个领导讲话，否则必然出现重复，弄得下边不知贯彻谁的讲话好。但实际上这种情况有时又很难避免，这就需要从结构和内容上进行一些技术处理。这里通常有以下三种情况：

一种情况是，两个领导的讲话不分主次，都是就某一项或几项工作进行部署。在这种情况下需要特别注意的，就是避免内容和结构的雷同与重复。无论雷同还是重复，却是不动脑筋、不负责任的表现。而现实中这种情况比比皆是，两个领导所讲的观点、内容甚至连结构都基本相同，无非在某些提法、语句上有些差异，这样给人的印象就是重重复复，颠三倒四，无端浪费时间，还不如由一个人集中讲更好。如何避免这种现象呢？如果两个领导都非讲不可的话，那么首先要从内容和结构上有所区别，有所侧重，撰稿者事先要通好气，做好分工。比如综合性经济工作会议，党委领导可以讲得宏观一些，不涉及具体的问题，或着重在就为经济建设提供组织、思想保证和舆论支持以及协调各方形成合力等方面提出要求；政府领导则可讲得微观一些，就经济工作的各个方面提出具体要求和措施。还有一种办法是，政府领导讲全面，党委领导强调重点，这样也可以区别开来。

另一种情况是，一个地方或单位的正副职同时在一个会议上讲话，这样就必然要有个主次之分，包括内容上、角度上、语气上都要有所区别。比如宣传思想工作会议，分管领导可以讲具体的任务和要求，而主要领导则可站得更高一些，从改革、发展、稳定的全局对宣传思想工作提出要求，这样就不至于重复，而且可以相互补充，相得益彰。

再一种情况是，同一个会议上有两个领导讲话，一个做主体报告，一个做会议总结。这里同样要力戒雷同和重复。有些会议总结根本不像总结，主体报告中已经讲得明明白白的事情，它还要啰里啰唆地讲上一大通，生怕人家不明白，甚至比主体报告讲得还要长，以致喧宾夺主，主次颠倒。所谓会议总结，顾名思义，就是概括会议情况和会议收获，解答与会者在讨论中提出的问题，在此基础上提出工作意见。但这种工作意见不是叫你去重复主体报告讲过的东西，而是主要就如何贯彻主体报告和会议精神提出要求，其中还包括：对主体报告中提到的重点工作进行强调，以加重它的分量；对主体报告中没有提到而工作中必须注意的事项进行"拾遗补缺"。这样，两篇讲话稿就可达到呼应配合的效果了。

顺便指出一个问题：不少会议总结都是在会前与主体报告同时起草，会议还没有开始，秀才们就在那里海阔天空地想象"这次会议开得很好，很及时，同志们一致认为，通过这次会议，明确了方向，坚定了信心，开阔了思路，鼓舞了斗志，会议达到了预期目的……"如此这般。这实在是滑稽可笑的。会议还没开，与会者的反映根本无从知道，会碰到什么问题也不清楚，怎能说会议就开得很好了呢？这样也很容易造成在内容和结构上与主体报告大同小异，因为你是凭主观想象写的，而不是根据会议情况写的。正确的办法是，在会议即将结束时再写会议总结，这样针对性就会强一些，内容也实在一些，且可避免与主体报告重复，当然起草者要辛苦一些就是了。但即便是赶写出来的，可能粗糙一些，也比那种事先想象出来的八股文章要好得多。

20. 怎样给讲话稿取题目？

答：取题目是一道重要工序，一般在考虑结构和列提纲时完成。有些讲话稿不需要另取题目，直接标明在什么会上讲话就行了，如"××同志在省委十届三次全会上的讲话""××同志在全县经济工作会议结束时的讲话"等。有些讲话稿则有专门的题目，如"抢抓机遇，苦干实干，奋力开创我市经济建设新局面"，下面加上副题"××同志在全市经济工作会议上的讲话"。那么，什么情况下需要取题目呢？通常是：（1）部署重要工作，提出奋斗目标，通过题目亮出主题，凝聚人心，如"加大改革力度，实现国有企业三年脱困目标"；（2）就某项重大活动进行动员，在题目上体现鼓动性和号召性，如"全市人民行动起来，为创建全国文明城市而奋斗";（3）面临重大转折，包括班子换届、行政区划调整、部署新一年工作等有关会议上的讲话，通过题目表达某种新的主张和信念，如"不负人民期望，把本届政府建设成为廉洁高效的政府""以撤县设市为契机，加速新型工业化、城镇化进程"。无论面对何种情况，有了一个好的题目，一篇讲话稿就有了旗帜，有了统帅，能让听众一听就明白主旨是什么。

但制作题目绝不是一件轻而易举的事，马虎了事、随意为之，决然找不到好题目。人们常常为找一个好题目而冥思苦想，反复推敲，这是应该的，也是值得的。这里需要注意四点：

第一，题文要相适。这就好比做帽子，尺寸必须与脑袋大小相一致，尺寸大脑袋小不行，尺寸小脑袋大也不行。比如讲话内容为推进农业产业化，题目就不能套上农业农村现代化的大帽子；反之亦然，如果讲话内容为推进农业农村现代化，题目就不能套农业产业化的小帽子。

第二，立意要高。即高屋建瓴，富有内涵，思想性强。比如部署新一年的农业工作，稳定粮食生产、发展高效种养业和农副产品加工业、加强农业基础设施建设、推进新农村建设、打赢脱贫攻坚战和提高农民收入等方面都要提到，那么取一个什么样的题目为好呢？如果随便一点，以"发展农村经济，做好农村工作"为题，当然未尝不可，但显得平了一些。如果换成"推动农业高质量发展，加快农民奔小康进程"，内涵就不一样了，立意就高多了。

第三，句子要精巧。"精"即精练，不拖沓；"巧"即讲究艺术性，用得恰到好处。有些讲话稿的题目太长，如"高举邓小平理论伟大旗帜，坚持党的基本路线一百年不动摇，解放思想，大胆创新，努力把我市经济社会事业推上一个新台阶"，意思当然没有错，但严格地说，这不像题目，而是几句凑在一起的话，或者说更像一句口号，给人以"散"和"乱"的感觉。一个好的题目，除了句子精练之外，在技巧上还须把握四点。（1）节奏美，即句子富有节奏感，双音词和单音词合理搭配。如"抓管理，强内功，打好企业扭亏增盈攻坚战",节奏感就很强,听起来也舒服。如果把后一句改成"打好企业扭亏增盈攻坚战役",仅多一个"役"字,节奏感就不强了。(2) 句式美,即讲究句子的匀称、整齐和长短句科学组合。如前边这个例子,"抓管理,强内功",是一对字数相等、结构相同的短句,再加上"打好企业扭亏增盈攻坚战"这个长句,就有点像宋词的长短句,朗朗上口,浑然天成。如果都改成短句,如"抓管理,强内功,扭亏增盈,提高效益",味道就差得多了。(3) 气势美,即句子要有气魄和力度,富有鼓动性和号召力。仍用前边的例子,把"抓管理,强内功"改为"加强管理,苦练内功"行不行?当然也行,但"抓"较之于"加强","强"较之于"苦练",显得更有动感和力度。后边一句同理,其中"攻坚战"三个字,既体现了工作难度,又体现出一种迎难而上、务求必胜的气概。如果把这句改成"做好企业扭亏增盈工作",意思当然也说得过去,但气势上就明显不如前者。(4) 逻辑美,即题目中各句之间的"黏"性要强,要合乎逻辑,不能前言不搭后语。像前面这个句子就是一种逻辑关系,"抓管理,强内功",是指要做的工作,"打好企业扭亏增盈攻坚战",既是内容又是目标,前后意思紧密相连,逻辑严密。如果把它改成"抓管理,强内功,加快工业经济发展步伐",后半句的内涵扩大了,前后的关联度就不大紧密了。

第四,语言要新颖,要别致,忌雷同,忌平淡。题目有新意,首先就能吸引听众的注意力;题目没有新意,人家一听又是老调调,首先就没了兴趣。有些讲话稿的题目正是存在这个问题,讲经济工作,说来说去离不开解放思想,真抓实干,为实现什么什么目标而奋斗那几句;讲党建工作,说来说去离不开加强思想作风建设,为经济建设提供强有力的组织保证那几句。这样取题目不是不可以,但重复的次数多了,人家看起来就烦。如同人的面目千差万别一样,文章的题目也应是千姿百态的,这就需要从技法上刻意求新,灵活善变。可以从角度上求新,如"落实政策,强化服务,促进民营经济大发展""进一步优化发展环境,力促民营经济再上新台阶"，两个题目意思一样，但角度不同；可以从提法上求新，如"把握改革、发展、稳定大局，夺取经济社会发展新胜利""把握大局，突出重点，开创以经济建设为中心的各项工作新局面"，两个题目意思也差不多，无非换个提法而已；还可以从句式上求新，或长句，或短句，或对仗句，或非对仗句，只要新颖、准确就行。如一篇专门谈解放思想的讲话，题目可以是"解放思想，更新观念，为新一轮改革开放铺平道路"，也可以是"再来一次思想大解放"，或者更朴素、更直白一些——"谈谈解放思想问题"。三个题目说的是同一个意思，但句式和风格各不相同。在取题目的问题上，毛泽东同志堪称"高手"，他的一些讲话题目如"反对自由主义""为人民服务""改造我们的学习"等，句子精练，主旨鲜明，很值得我们学习。

讲话稿的题目一般是在起草之前就取好的，但也有些是在完稿之后再最后敲定的，因为文章完成后有时会出现内容与题目不一致的情况，或者发现原定的题目并不精彩，需要修改或推倒重来。无论何种情况，做题目必须一丝不苟，精益求精，直到满意为止。

21. 起草讲话稿怎样提炼观点？

答：观点和题目一样，一般也在构思阶段完成，也有一些是先有个"坯子"，在写作过程中或修改时再修正完善。所谓观点，即对事物的看法或态度，在讲话稿中，就是领导者对某个事物怎么看、觉得应该怎么办，是他想传达给听众的最重要的信息，也是他借以引导或统一人们认知与行动的一种思想信号。观点类似于议论文的论点或结论，是基于材料而产生的，或者先亮出观点然后以材料进行印证，或者先列出材料然后概括出观点。

说到观点，人们常常强调"提炼"二字，说明观点不是可以信手拈来的，而要经过反复思考、推敲。一个好的观点就是一个亮点，几个好的观点就能使一篇讲话稿熠熠生辉，甚至可以说，只要观点立得住，即使文字平淡一些，这篇讲话稿也还是成功的；反之，文字再精彩，但没有几个过硬的、经得起推敲的观点，这篇文章也很难说是成功了。所以不少同志宁可文字平平，而绞尽脑汁去琢磨观点，这不是没有道理的。

提炼观点要注意哪些问题呢？

一是要充分占有材料。我们常说某个观点能不能成立，就看它的依据充分与不充分，这个依据就是材料。材料充分，观点就立得住；材料贫乏，观点就立不住，这是谁都明白的道理。比如某篇讲话稿中提出"打造核心竞争力是振兴我省旅游业的根本出路"这样一个观点，为了说明这个观点是正确的，就需要通过分析旅游业的现状、特点、趋势来印证它、支撑它，这样人们才会信服，才会照着领导指引的方向去做。

二是要认真思考和推导。材料再充分也不会自动生成观点，而要靠认真地思考、分析、归纳、升华，沿着一条清晰的逻辑路线，最后让观点"水到渠成"。在此过程中，我们可能还会碰到补充相关材料、删减多余的材料、在诸多的材料中选用最有说服力和支撑力的材料等种种情况，或者还会碰到依据材料分析反过来修正或调整观点的情况，这些都离不开缜密的理性思考。

三是要善于表达。再好的观点也要通过文字表达出来，不同的文字就会有不同的表达效果。要力求做到准确、鲜明、新颖、凝练。准确，不言而喻，领导同志表明态度和看法不仅不能出现政治上的偏差，而且要一语中的，能够说到点子上。鲜明，即分明而确定，关于提倡什么，反对什么，该做什么，不该做什么，态度明确，直截了当，绝不含含糊糊，模棱两可。观点不鲜明是领导讲话之大忌。新颖，即有主见，有创意，不人云亦云。僵化的思维，陈旧的语言，雷同的表达方式，必然表达不出好的观点。凝练，即文字简洁，话不在多在于精，达到言约意丰的效果。领导讲话中有很多很多的观点，话不多，寓意深，如"思路决定出路""只要精神不滑坡，办法总比困难多""发展是破解一切矛盾和问题的'金钥匙'""没有等出来的成功，只有干出来的辉煌"等，让人印象深刻，深受教育和启发。显然，不经过精心提炼，就出不了这样的精辟之言。

22. 怎样制作讲话稿提纲？

答：事实上，前边所讲到的结构、题目、观点等几个问题，都是与制作提纲同步进行的，只不过为了把问题说得集中和清楚些，就把它们分开来讲了。这里所说的，只是相关几个带补充性和技术性的问题。

结构是提纲的基础，结构设计基本完成之后，要通过列提纲进行具体化、条理化并固定下来，以便写作时有所遵循。有些同志不大注重提纲，以为明确讲几个什么问题就行了，铺开稿纸就匆匆动笔；还有些同志虽然意识到提纲的重要性，但仅仅把它看作一道程序，而没有花心思去精心制作，随便列出几个层次就算了。这两种做法都是不利于写作的，对初学写作者尤其不利。要知道，磨刀不误砍柴工，制作一份精美、准确、完整的写作提纲，文章就等于成功了一半，所以大凡有经验者，都不惜花时间和精力去琢磨提纲，列出提纲后还要交领导审定再动手写作。这样做有什么好处呢？第一，提纲既经领导同意，文章成功率一般都较高，省得完稿后"翻烧饼"；第二，写作按提纲进行，要比没有提纲顺利得多，而且可以避免脱离主题、层次混乱、前后矛盾等问题的发生；第三，在一篇讲话稿由几个人分工合作的情况下，提纲可以起到制约和协调作用，以免写作时出现冲突和重复现象；第四，有利于初学写作者练习写作，有提纲"管"住，只管把内容装进去就是了，即使他"跑调"也跑不了多远，次数多了就可以慢慢熟练起来。

除前面已经提到的方面外，制作提纲还有哪些注意事项呢？

首先，从程序上走好三步。第一步，在理清层次的基础上，分别列出小标题，作为一级提纲。一级提纲根据主题而展开，是为主题服务的。第二步，根据一级提纲列出二级提纲，二级提纲又是为一级提纲服务的。这里有两种情况。一种是，根据一级提纲的小标题再列出若干细标题，使条理更分明一些，比如一级提纲是"认清形势，明确任务，增强加快发展的紧迫感"，为什么强调加快发展呢？可以从几个方面来说明，如"加快发展是大势所趋；不加快发展就要继续落后；我们已具备加快发展的许多有利条件"，用这样一组细标题来支撑一级提纲的小标题。另一种情况是，不列细标题，仅列出几个层次，一个层次一层意思，组合起来，也能达到同样的目的。第三步，根据二级提纲，安排好具体要写的内容。在这里，内容又是为二级提纲服务的，必须紧紧围绕二级提纲来展开，包括讲什么道理、提什么要求、举什么例子等，要先进行初步构思，并将要点记下来，有时还要把事先想到的或领导提示的关键性的话记下来，以防遗忘。总之，提纲制作是循着"主题——一级提纲——二级提纲——内容安排"的顺序进行的，这就像上下级的关系一样，顺着看是一级"领导"一级，倒着看是一级对一级负责。

其次，在提纲制作过程中，还要注意把握几个细节问题：

第一，精心制作小标题。各标题之间既要互相呼应，又要朴实自然，不要生拼硬凑，牵强附会。在这方面，尤应注意对仗句、排比句的合理使用。这两种句式的好处是，句式整齐，易于记诵，但如果用得太多太滥，或者明明对仗排比不成也非要凑成对仗排比，那就没多大意思了。如这样一组小标题"进一步解放思想，更新观念；进一步振作精神，坚定信心；进一步突出重点，强攻难点；进一步加强领导，落实责任"，看上去整齐倒是很整齐，条理也清楚，但说来说去都是"进一步"，而且意思平淡，还不如不排比的好。还有这样一组："农业稳市，工业强市，三产旺市，民营兴市，改革活市，开放富市。"这里边几个动词，有的很自然，有的则不自然，且意思表达上也欠准确。如"改革活市"，难道改革就不能"强市""兴市"吗？改革就是解放和发展生产力，比较起来还更带根本性呢！又如"工业强市"，工业化是经济发展的主要标志，工业提供的税收是财政收入的主要来源，难道就不能"兴市""富市"吗？所以对于对仗句、排比句，能用则用，不能用则千万不要勉强，否则就是作茧自缚，别扭得很，拘谨得很，把句子的生动性都扼杀掉了。

第二，在制作小标题和安排段落、层次时，要合理使用序号。使用序号的目的是使文章眉目清楚，脉络分明。有的同志认为序号随便怎么用都可以，不必为这样的枝节问题费心劳神，这话不对。序号的使用也要讲究技巧、灵活多变，不能僵硬呆板、千篇一律。比如有的讲话稿在标序号时，从头至尾都是"第一、第二、第三"，或"一是、二是、三是"，或"首先、其次、再次、又次"。有的用序号用得太多，有些地方不该用序号也用序号，以至于满篇都是序号，看起来反而觉得费劲。有的用序号显得很别扭，如"第一是要提高认识"，应要么不用"是"字，要么不用"第"字；又如"（1）是要突出重点"，后边的"是"字就可以不要。

序号的使用要注意几个具体问题。一是把握什么时候该用什么时候不该用的问题，如果不用序号也能使层次分明，则可以不用，尤其在篇幅不长、内容集中的讲话稿中，要尽可能少用或不用。在所有的机关文稿中，讲话稿最不宜多用序号，用得越少越好。二是在需要使用序号时，方法上要灵活一些，各种标序方法可变换使用，比如一个大层次中用的是"第一、第二"，另一个大层次则可换用"一是、二是"，不要拘泥于某一种方法。三是要掌握在不用序号的情况下照样使文章层次分明的多种方法，如在段落开头用破折号，在并列的内容之间用分号，在每说完一层意思时用"要"字带出另一层意思。

第三，要周密安排文章的起承转合。"起"即开头，"承"即层次与内容之间的前后承接与呼应，"转"即从一个层次转到另一个层次，"合"即归纳和总结。要形成一篇好文章，这四个方面缺一不可，要精心筹划，不可粗疏。比如"承"，就要考虑下一层次的内容与上一层次的内容是否紧密连接，前后贯通，不"承"则会出现内容松散、层次混乱的现象。又如"转",就要考虑层次转换时如何向下一层次自然过渡,不至于跳跃性太大、文章的连贯性不强,这就需要合理使用过渡词、过渡句和过渡段。写作中我们常常用到"另外""此外""值得注意的是""还须提及的是"这样一些过渡词和句,其作用就是在转折处把层次或段落粘连起来。当然,更重要的"转"还在于结构设计的内部逻辑性要强,是一种顺理成章的"转",而不是生硬做作的"转"。

23. 谋篇布局怎样做到详略得当?

答:这个问题也是制作提纲时就要充分考虑的。所谓"详略得当",就是对材料进行科学合理的分配,区分哪些方面详写,哪些方面略写,该详写的就写得具体一些,甚至不惜占用较大篇幅;该略写的就写得简单一些,或者干脆一笔带过,点到即止。详略得当的好处是,使文章内容有轻有重,有主有次,疏密有致,重点突出,同时还节约篇幅。反之,如果详略不分,就必然主次混淆,淹没重点,使篇幅拉得很长。那么,"详"与"略"应怎样把握呢?

——重点的部分要详写,非重点的部分可略写。如一篇讲话稿涉及经济工作的方方面面,如果调整结构、创新科技、脱贫攻坚是当前工作的重点,则予以详写,其他工作可略写。

——听众不太熟悉的东西要详写,熟悉的东西可略写。如供给侧结构性改革、资本运作、大数据、云计算、区块链等新名词、新知识,在听众接触不多、知之不深甚至完全陌生的情况下,就要讲得具体、明白一些;而听众所熟悉的知识和道理,就不必多花笔墨。

——新任务、新要求要详写,强调过多次的工作可略写。比如推进经济高质量发展、实施乡村振兴战略,这是党中央做出的新的决策部署,全局性、战略性很强,所以在阐释其重大意义和提出贯彻意见时,就要讲得详细、透彻一些;其他经常在抓的常规性工作，强调一下就可以了，不必展开讲。

——与本地本部门实际相符的东西要详写，不相符的东西可略写。这主要指在贯彻上级有关文件和会议精神时要把握好。上级指示精神是面向全局的，但有时与你这个局部的情况不一定完全符合，在这种情况下，对上级精神当然要全面宣传和贯彻，但要与本地实际相结合。比如上级部署国有企业"抓大放小"改革，如果你这个地方压根儿就没有大型企业，那就重点谈如何放开搞活中小型企业，使之在市场经济规律的作用下实现优胜劣汰，这样才与实际情况合拍。

——实质性的东西要详写，过程性的东西可略写。尤其在回顾总结工作和引用典型事例时要注意这一点。比如回顾某一阶段的工作，当然不能用记"流水账"的办法，而要突出重点、抓住特色、找出最有价值的东西，这样才能使听众从中得到启示。

——关键性的段落要详写，一般性的段落可略写。所谓关键性的段落，即文章的主要层次、与主题关系密切的段落，要浓墨重彩，把话说足。而一般性的段落，如帽子段、过渡段，则要惜墨如金，尽可能简略些。

24. 讲话稿怎样开头？

答：俗话说"万事开头难"，写文章也一样。讲话稿的开头看起来没什么奥妙，其实不然，在方法上、语言上还是有些讲究的。

——点题式，即开门见山点明会议主题，如"我们这次会议的主题是，传达贯彻中央、省经济工作会议精神，就如何做好明年经济工作，特别是如何加大改革力度、优化经济结构、提高利用外资水平和推进县域经济发展等问题，进行研究部署"。

——依据式，即道出会议的由来，如"根据市委、市政府关于深化改革的部署，经局党组研究决定，召开这次全市教育改革工作会议，重点研究部署调整教育结构、鼓励社会力量办学等项改革工作"。

——动因式，即由会议目的牵出话题，如"为了深入开展'严打'斗争，维护社会稳定，保障改革开放和经济建设顺利进行，经县委同意，召开这次全县政法工作会议"。

——引入式，即从某项工作的进展情况引入主题，如"自从市委、市政府做出'兴果富民'的战略部署以来，全市果业生产由点到面迅速铺开，进展情况总的来说是好的。但也存在发展不平衡、质量不统一、经营形式不活等问题。为了解决这些问题，促进果业生产更快更好地发展，根据市领导的意见，召开这次全市果业生产工作会议"。

——归纳式，即概括会议的性质或特点，如"我们这次文代会，是全市文艺工作者的群英会，是一次跨时代的文艺盛会，是开创我市文艺事业新局面的动员会"。

——承接式，这种方法常见于继一位领导讲话之后的又一位领导讲话，一般是首先肯定前一位领导的讲话，如"刚才，××同志就如何深化供销体制改革讲了很好的意见，请各单位认真贯彻落实。下面，我再补充几点意见"。

总之，开头的方法是多种多样的，无论取何种方法，只要能做到开门见山、开宗明义、朴实自然就行，不必拘泥于某种模式或方法。为了证实这一点，我们还可以从反面来指出讲话稿开头应注意的几个问题：

——语句拖沓，会议主题"千呼万唤始出来"。如这样的开头："近年来，我们全市××系统广大干部职工认真贯彻党的路线、方针、政策，坚持党的'一个中心，两个基本点'的基本路线不动摇，解放思想，锐意进取，经济效益和社会效益不断提高，思想作风建设不断加强，形势总的来说是好的……"啰唆了大半天，还不知道会议主题是什么。

——句式呆板，套话空话一大串。如这样的开头："近年来，我区的改革与建设事业在中国特色社会主义理论的指引下，在省委、省政府的正确领导下，在干部群众的共同努力下，在离退休老同志的关心支持下，在各兄弟单位的大力帮助下……"这么多的"下"，不仅毫无必要，而且令人厌烦。

——辞藻华丽，别别扭扭书生腔。如这样的开头："在新世纪的太阳冉冉升起的时候，在春回大地、万木争荣的大好季节，我们隆重召开这次全县生猪生产会议。"如果猪们有智，恐怕也要忍俊不禁的。

当然，在一些应景场合如欢迎仪式、庆典仪式上的讲话和欢迎词等，其开头方法则可有所不同，可以恰到好处地运用一些文学语言。如招商仪式上的欢迎词："在这阳光明媚、春暖花开的季节，我们高兴地迎来了各位嘉宾、各位朋友。"又如庆典仪式上的讲话："今天，历史翻开了新的一页，我们怀着无比激动的心情迎来这一重要的时刻——××铁路竣工通车了！"类似这种开头方法，为的是渲染气氛，调动人们的情绪，语言太严肃了当然不行。

25. 讲话稿怎样结尾？

答：同开头一样，结尾也是大有讲究而不可随意为之的。好的结尾如同一杯醇酒，能使人激动、振奋，留下美好的回味。但有些讲话稿的结尾让人实在不敢恭维，常见的毛病有：

（1）陈旧，写来写去都是那么几句老话。如："回顾过去，豪情满怀；展望未来，任重道远。让我们在……领导下，在……指引下，解放思想，坚定信心，抓住机遇，开拓进取，为……而奋斗！"话都很对，但除了这种写法就没有别的写法了吗？当然不是，问题在于有些同志不肯多动脑筋，把重复过多少次的句子随便拿过来，应付式地为文章画上个"句号"就算了。

（2）拖泥带水，本来没有多少话可说了，硬要七拼八凑拉上一大段。如"刚才我讲的三个问题，即进一步解放思想的问题、进一步明确发展思路的问题、进一步加强领导的问题，是现实中急需解决的问题，也是上级要求我们认真解决的问题，尤其是解放思想的问题，前面我说了，不解放思想，就不能冲破'左'的思想的束缚，就不能正确对待和处理发展市场经济过程中出现的新情况、新问题，就不能在激烈的市场竞争中赢得主动，希望同志们一定要引起高度重视，一定要摆上重要位置，一定要……"如此絮叨不休，没完没了。

（3）语言苍白无力，平淡乏味，缺乏结束语应有的气势和力度。比如这样的句子："总之，整顿干部作风很重要，十分重要，非常重要，各级党委要自觉抓，认真抓，反复抓，坚持不懈地抓，要拿出切实可行的措施，取得看得见的成效。"语言干巴巴的，给人以平淡乏力之感。

（4）文不对题，节外生枝。比如会议主题明明是推进生态文明建设，最后还要带个"拖斗"："除了要大力抓好生态文明建设以外，企业改革问题，财税改革问题，农业产业结构调整问题，社会治安问题等，都要认真抓好，都要抓出成效。要坚持务实创新、踏实苦干，为夺取改革发展新胜利而努力奋斗！"这样结尾就显得庞杂，与会议内容不符，反而把主题冲淡了。

（5）不分场合，不分对象，不看会议规模大小，每篇讲话稿都要弄一个气势宏伟的结尾。如："同志们，我们这次财税改革座谈会就要胜利结束了，希望大家继续努力，锐意创新，把各项改革措施落到实处，共同创造美好的明天！"这种结尾用在人数较多、场面较大的会议上还差不多，而所谓座谈会，一般是人数较少的小型会议，在结尾处如此吊起嗓门高呼口号，未免显得有点装腔作势了。

讲话稿结尾还有其他一些常见的毛病，在此就不一一列举了。

那么，怎样的结尾才是好的结尾呢？概括地讲，就是要达到"自然、紧凑、凝练、精彩、新颖"10个字的要求。所谓自然，就是在语气上要与整篇讲话前后呼应，一气呵成；所谓紧凑，就是要紧扣会议主题，与前面讲的内容相一致；所谓凝练，就是语句要简短有力，篇幅不宜太长；所谓精彩，就是句子要精美，要有一定的气势和节奏感，念起来富有号召力和感染力，以便把整篇讲话推向高潮；所谓新颖，就是不同内容、不同场合的讲话要有不同的结尾方法，通过不同角度、不同句式和不同语言给人以新感觉。下面列举几种常见的结尾方法：

（1）结论式结尾，即根据前面所讲的内容进行概括和升华，以结论的语气加重内容的分量，以求给听众留下深刻的印象。如这样的句子："总之，改革才有出路，改革才能加快发展；不改革，就无法摆脱困境，就只能是死路一条。因此，我们一定要以更大的气魄、更大的决心和更有效的措施推进改革大业，掀起新一轮以改革促发展的热潮。"

（2）号召式结尾，即以召唤的口吻提出要求，希望听众呼应，共同行动。如："各级干部积极行动起来，抢抓机遇，扎实苦干，为加快发展再创佳绩，再立新功！"

（3）鼓动式结尾，这种方法常用于提示人们看到有利条件，增强必胜信心。如："虽然国有企业发展面临很多困难，扭亏增盈任务艰巨，但只要我们加大改革力度，落实各项改革措施，带领干部职工扎实苦干，就一定能开创国有企业发展的新局面！"

（4）提问式结尾，这里虽然用的是问句，但不是疑问，也不需要回答，而是一种肯定式的提问。如："党把我们放在如此重要的岗位上，人民群众对我们寄予如此深切的期望，我们还有什么个人利益不能抛弃，还有什么理由不奋发努力呢？"这种句式有时比正面号召更有力度，更发人深思。

（5）平实式结尾，即话到完时自然收尾。如："我就讲以上几个问题，请同志们认真研究，抓好这次会议精神的落实。"还有一些研讨会、座谈会上的讲话也用这种方法，而且还带有谦虚、商量的口吻，如："我上面讲的几点意见不一定对，供大家参考。"因为这类会议不是布置任务而是探讨问题，与会者可以各抒己见，领导者出面讲话虽然也带有指导性质，但不宜用号召、要求式口吻，这样听众会觉得更好接受一些。

　　这里顺便讲一讲结尾段的遣词造句问题。既是结尾，它的句子、语言与开头和主体部分应当有所不同，特别是一些大型会议如动员大会、总结表彰大会上的讲话结尾，领导者一般都会加重语气，提高声调，就像指挥千军万马发起冲锋，这时的句子就要与之相适应，否则就达不到这种效果。这就要求在遣词造句上认真斟酌。一要富有动感，如"开拓""前进""奋斗""拼搏"等，以使句子生动起来并具有形象性。二要用肯定语气，以增强语言的力度，如"务必""坚决""一定""只要……就"等，表示某项工作非做好不可，不能有丝毫的怀疑和犹豫。三要讲究意蕴，具有启迪性和号召力，如"坚冰已经打破，航道已经开通"，用比喻手法向人们展示光明的前景；"差距也是一种潜力，竞争也是一种机遇"，用哲理式语言给人们以启迪；"只为成功想办法，不为失败找理由"，用对比式语言增强人们克难制胜的信心。四要有节奏感，即句子念起来铿锵有力。如"我们一定要强化公仆意识，坚持廉洁自律，弘扬实干精神，以实际行动为党的旗帜增辉添彩！""希望同志们急起来，动起来，干起来，团结拼搏，再立新功！""只要我们团结一致，振作精神，真抓实干，克难攻坚，就一定能夺取经济建设和社会发展的新胜利！"这几个句子有短句、长句、排比句，它们结合使用，就像一支雄壮的队伍在奋勇挺进，步伐整齐，铿然有声，势不可当，号召力和感染力溢于言表。在这里，最后一句收尾处如何用词也值得讲究，有用3个字的，如"实现……新突破"；有用4个字的，如"为……努力奋斗"；有时也在后边再分别加上相同字数的词，以加强句子的气势和力度，变为"实现……新突破、新跨越""为……而努力奋斗、再创辉煌"。这说明字数的合理搭配是很重要的。

26. 讲话稿的语言怎样运用口语？

答：前面讲到，机关文稿与其他体裁的文章在语言风格上大不相同，而在机关文稿中，讲话稿的语言风格又与调研报告、工作总结、文件等文种有所不同，其中最大的不同就在于语言的运用。为什么呢？因为领导讲话是直接面对听众的，口语的好处在于：通俗易懂，生动自然，便于领会，富有亲切感。领导在讲话中布置任务，提出要求，虽然是一件很严肃的事情，但也不能老是板着脸孔，发号施令，也不能文绉绉地搞一些让人似懂非懂的词句，而要以深入浅出、生动鲜活的语言循循善诱，以理服人。毛泽东同志的许多讲话就是这方面的典范，如《反对党八股》，历数党八股八大罪状，这本是很严肃的，但语言平白如话、生动活泼，间或用上一两句形象化语言，如"老鼠过街，人人喊打""懒婆娘的裹脚布，又长又臭""语言无味，像个瘪三"，显得庄重而又诙谐，贴切而又自然，令人百看不厌。

运用口语须把握以下几点：

一是用词要通俗易懂，戒深奥、生涩。同样的意思，用不同的语言来表达，效果是不一样的。如"只要思想解放了，就能找到克服困难的办法"，这是口头语，意思一听就明白；改成书面语就可以是"唯有解放思想，方可克难制胜"，这就"文"一些了，不过意思还容易懂；如果再"文"一点，变成"砸碎思想桎梏，必能所向披靡"，乍一听，就有点不知所云了。有的同志以为用一些平常少见的生涩词汇就能显示自己有水平，其实是大错特错。同样的道理，在讲话稿中引用名言、格言时也要挑选那些一听就懂的句子，如"水至清则无鱼，人至察则无徒""水能载舟，水亦覆舟"，就比较好懂，若用"慢藏诲盗，冶容诲淫"之类的生僻句子，就让人莫名其妙了。

二是语气要亲切自然，戒生硬、蛮横。既然是面对听众讲话，哪怕是揭示很深刻的道理，哪怕是对某些人和事提出很尖锐的批评，语气也与书面语不同，它需要一种能让人接受、与人沟通的口吻，使人感到你是在那里讲道理、说心里话，而不是拿出领导的架势教训人。比如这样的句子："同志们想想看，不刹住这股浮夸虚报的歪风，怎么得了呢！"问题提得很尖锐，但前边一句"同志们想想看"，听起来就很顺耳、很亲切。如果换成"你们想想看"，就变成指责的口气了。类似的句子还有一些，如"正如我们所知道的那样""我们大家都要时时扪心自问：我为党和人民贡献了多少？""我们要清醒地认识到"，这里第一人称的用法很起作用，虽然是要求听众怎样怎样，但听起来就是领导者把自己也摆进去了，感觉就好得多。还有一些批评不良现象的句子，语气不同效果也不同，比如："的确，基层工作十分辛苦，要做的工作很多、很具体、很复杂，但是，这能成为我们某些同志不思进取、得过且过的理由吗？"这话"火药味"够浓的了，但有前边几句表示理解、体贴的话，被批评者就比较容易接受。比较一下，如果没有前面几句，即使"火药味"再浓一点，也未必能达到很好的教育效果。

　　三是句子要生动鲜活，戒古板、陈旧。要尽可能多一些常见常用的语言，多一些生活气息，多一些贴近实际和贴近人心的话，少一些书生腔和学究气。举个例子来说，"村看村，户看户，群众看干部"和"干部一定要模范带头"，两句意思差不多，但前一句明显生动得多，后一句则显得一般化。要使句子生动鲜活，可以有多种手法，比如用隐喻手法揭示某种道理——"上梁不正下梁歪，下梁不正倒下来"；用明喻手法鼓舞士气——"困难像弹簧，你强它就弱，你弱它就强"；用群众语言教育干部——"吃人家的嘴短，拿人家的手软""当官不为民做主，不如回家卖红薯"；用归纳手法和简短易记的语言抨击不良现象——"有的干部一天到晚考虑的只是位子、房子、车子、票子，唯独不考虑发展经济的路子、帮群众致富的法子"；此外还可用幽默语言调和气氛，用情感化语言打动人心，等等。当然，并不是每篇或通篇讲话稿都可以采取上述方法，要看具体情况而用，用得恰到好处。

四是句式要轻松爽口，戒拖沓、做作。稿子念起来要轻松、顺当，不觉得拗口、别扭和疲累，听众听起来也觉得清爽、舒服。这就要求，句子要尽可能简短、明快一些，说一句是一句，该断开的时候就要断开，千万不能黏黏糊糊的，搞一些让领导念得上气不接下气的长句，更不能搞一些让人头昏脑涨的复式句和欧化句，比如这种句子"正因为反腐败斗争和党风廉政建设事关党和国家的生死存亡我们才不能不引起高度警觉并采取断然措施"，就是相声演员念起来也会觉得费劲，不如改成："反腐败斗争和党风廉政建设事关党和国家的生死存亡，我们一定要高度警觉，采取断然措施。"

不过需要指出，讲话稿的口语并不是纯粹的大白话，也不是领导不用稿子即席讲话那种轻松随便的口语，而是一种书面化的口语，或者说，是介于大白话和书面语言之间的一种语言，是大白话的自然、活泼和书面语的庄重、严谨的结合体。纯粹用书面语行不行？前面说过，不行。那么，纯粹用大白话行不行？当然也不行。比如领导即席讲话，屡屡用到"嘛""呀""啊"等语气词，个别基层领导甚至冷不丁冒出来"他妈的"这样的"国骂"，生动是生动，甚至还让人觉得接地气，但如果把它写到稿子里边去，岂不让人笑掉大牙。这种差别是需要我们细心把握的。再举个例子："同志们，打好脱贫攻坚战，不能光动嘴皮子，摆摆花架子，而要多动脑子，想出法子，扑下身子，甩开膀子，带领乡亲们闯出增收致富的好路子！"这段话，既浅显易懂，又带有较浓厚的生活气息，较好地体现了口语的特点。

27. 讲话稿怎样讲道理？

答：这的确是个很实际的问题。讲话稿不能不讲道理，不把道理讲清楚人们就不理解，布置的工作就难以贯彻下去；有时候道理还须上升为理论，常言道"理论指导实践"嘛，领导者不懂理论、不讲理论怎么行？有些会议上的讲话还得大段大段地讲理论，比如理论研讨会上的讲话，领导要指导人家搞理论，也得表现出点理论素养才行。不过，人们通常所说的"道理"与"理论"差不多是同一个意思，道理即理论，理论即道理，反正都是一个"理"字，都是告诉人们一个"为什么"。但怎样讲道理又是一件棘手的事情，讲多了人家烦，讲少了人家不明白，讲浅了等于白费劲，讲深了又让人搞不懂。而目前人们对讲话稿讲道理较普遍地存在一种厌烦情绪，一听到"进一步提高认识"或者"提高领导干部的理论素养"之类的话题就皱眉头、不愿听，要不就认为"这样的道理听过千百遍了，不讲也知道"，要不就认为"讲那么多理论有什么用？能给我项目和资金吗？能解决群众生活困难吗？"之所以有这些说法，除了他们本身的某些原因以外，我以为与某些讲话稿讲理论、讲道理讲得不当也是大有关系的。其主要表现有：

（1）深奥玄妙，晦涩难解。有的同志为了显示自己读过很多书，有学问、有水平，在讲话稿中有意搬进一些人家从来没听过也没见过的新名词、新概念，比如这样的话语："为了解决好经济发展、交通运输、人口控制、能源消耗等一系列相互联系、错综复杂的社会问题，必须善于运用系统分析方法加以研究，包括对系统的科学含义、结构、功能、熵、随机性以及如何运用数学语言描述各种不同系统的理论研究。"前半段好懂，后半段有多少人懂？什么"熵"，什么"数学语言"，一般人听来简直如听天书。还有的同志认为，讲理论就要深刻，要深刻就要运用深奥的语言。殊不知，最深刻的东西常常也是最朴素、最实在的东西。如邓小平同志的著名论断"贫穷不是社会主义""发展才是硬道理"，深入浅出，一语中的。如果用所谓"深奥"的语言来阐述，免不了要把一大堆理论、概念搬出来，折腾老半天，人家还不一定能听懂。

（2）空洞说教，脱离实际。有些讲话稿中道理归道理，实际归实际，道理与实际成为"两张皮"，好像一个大理论家坐在那儿喋喋不休地高谈阔论，对解决实际问题一点也不起作用。比如这样的论述:"能不能解决好农民负担重的问题,实际上是能不能巩固党的执政地位和国家政权、能不能使生产关系适应生产力的发展、能不能保持党同人民群众的血肉联系、能不能保护和调动群众积极性的大问题。前事不忘,后事之师:陈胜、吴广起义,黄巢起义,李自成起义,各地农民群起响应,原因盖出于广大农民不堪重负,生活于水深火热之中……"这些道理当然没有说错,但接下去没有分析农民负担重的原因,没有从当地实际出发提出解决问题的措施,只是干喊几句"对违规加重农民负担者,一律从严查处!""出了问题,追查党政一把手的责任"之类的话,人家当然不感兴趣了。

(3)照抄照搬,套话连篇。有的同志为了省事,需要讲道理、讲理论时就从上级领导讲话、报刊文章和网络上,大段大段地照抄;更可笑的是,有时省、市、县三级领导人对同一项工作的讲话竟如出一辙,除了把"我省"改为"我市"、"我市"改为"我县"之外,差不多全盘照搬,特别是讲道理、谈认识的部分几乎一字不改。比如讲到国有企业的重要性:"国有企业是我国国民经济的支柱,国有企业改革是整个经济体制改革的中心环节,搞好国有企业改革和发展是实现国家长治久安和保持社会稳定的重要基础。"层层都讲这样的大道理,好像除此再没有别的道理可讲,好像大家都成了党和国家领导人似的。为什么不结合你这个市、你这个县的实际谈谈国企改革和发展的重要性呢?比如你这个地方多数国有企业半死不活,工业占国民经济的比重太低,由此来分析搞活企业的重要性和必要性,不是既符合上级精神,又更实在、更对路、更有说服力吗?

(4)不着边际,空发议论。有的同志似乎天生爱讲理论,或者以为不多讲几句理论就不够水平,所以无论布置什么工作、提什么要求,都要先来上几大段重要性、必要性、迫切性之类的论述,接下去再谈具体的事情。比如讲到农业问题,首先讲的是"农业是国民经济的基础,农业不发展,就不能提高农民收入,就没有农村的进步与繁荣,就会影响农村社会稳定,就不能与全国同步进入小康，所以各级党政一定要高度重视农业"；接下去讲到林业，讲的又是"林业事关生存环境，事关生态平衡，事关可持续发展，所以各级干部一定要牢固树立'绿水青山就是金山银山'的理念，坚持不懈地把这件功在当代、利在千秋的大事抓好"。你看看，这些讲过千遍万遍的、大家都很明白的道理，讲多了能起什么作用？当然，对这些工作也需要不断地深化认识、不断地讲清道理，但不能关在屋子里想当然，老是重复那些老掉牙的东西，而要根据不同阶段人们的不同思想实际，把问题找准，有的放矢地讲道理。比如对农业的认识问题，有人认为搞农业不能致富，也有人认为搞工业化、城镇化就可以丢掉农业，针对这些具体的认识问题来讲清道理，就生动和实在得多了。

从以上指出的问题可知，讲话稿阐述道理的最起码要求是：深入浅出，富有新意，有的放矢，切合实际。其中，"切合实际"这一点最带根本性，如果不注意多深入基层、多接触实际，光凭闭门造车，是不可能写出好文章的，讲理论讲不好，讲实践也不行，这样的讲话怎么会受欢迎呢？

要把道理讲好，除了注意避免上述问题外，还须在技巧上把握几点：

第一，博采众家之长。逢到要讲理论和认识问题时，如果自己把握不准，需要参照他人的说法，千万不能被一两篇文章或一两个领导人的讲话"套"住，"套"住了就会钻不出来，想来想去总觉得人家讲得好、讲得妙，自己再也想不出新的语言，于是只好照抄照搬。那怎么办呢？这时你不妨多看几篇有关文章或"大手笔"们写的稿子，看看对同一个问题大家是怎么说的，从多个方面、多个角度受到启发，这样思路就会开阔多了。你会发现，同一个道理完全可以用不同的方法来阐述；假如你这时仍然形成不了自己的观点，那就来个"移花接木"，把几个方面的好观点、好句子有机糅合起来，这样也便成了自己的东西，人家也看不出抄袭的痕迹。这样做多少有点"投机"的味道，但总比原封不动地照搬某一个人的说法好得多。

第二，用自己的语言。无论谈什么理论问题、认识问题，无论参阅了什么大部头著作或重要讲话、重要文章，都最好通过自己的语言把意思表达出来。但要做到这一点并不容易，因为这种"自己的语言"并不是信口开河、信马由缰的话，它同时还必须贯穿和符合科学的理论、上级的大政方针，因而它是一种不带抄袭痕迹的、建立于对上级精神理解与消化的基础上的个性化语言。比如上级领导讲话中有这样一段话："只有坚持解放思想、实事求是，一切从实际出发，社会主义现代化建设才能顺利进行。"这话够"经典"了吧？如果起草时需要讲到这层意思，完全可以用自己的语言把它变过来："我市改革开放的实践已经证明：解放思想是加快发展的头道工序，实事求是是加快发展的根本保证，只要我们始终坚持、扎实践行，就没有过不去的难关，没有办不成的事情！"这一变，不但没有背离上级精神，而且是结合本地实际讲道理。

第三，从实际生活中找到切入点。就是前面提到的，讲理论、谈认识，不能把自己关在屋子里想象可能存在哪些认识问题、哪些方面需要加以理论引导，不能"以己之心，度人之腹"，否则要么是放"空炮"，要么是不对路。正确的方法是，如果你对某个认识问题、理论问题的确感到无从写起，千万不要勉为其难，而首先要了解干部群众的思想实际，看看存在哪些理论上的迷惘和认识上的偏差，以此为切入点，写起来就会感到有东西可写。不妨举个例子：党中央要求"领导干部一定要讲政治"，各级党委都召开会议进行学习、贯彻，这时，领导讲话稿中怎样阐述"讲政治"的重要性呢？如果照抄中央领导讲话和报刊言论，省事倒是省事，但那是面向全党全国的，人家多半已经听过了也看过了，你重复一遍没多大意思；如果不照抄，按中央领导和报刊言论那种口气来阐述，也不行，你怎么写也未必写得过上头那些大理论家、大笔杆子们，弄不好还弄出点纰漏来。在这种情况下，最好的办法是从本地干部的思想实际中找切入点。好，有了，的确有些同志认为："讲政治中央的事，我们市、县干部需要讲什么政治？把经济工作搞上去就行了。"抓住这种片面认识来写，从基层干部同样需要讲政治来展开论述，不仅内容充实，角度新颖，针对性也会强得多。

第四，把理论和认识问题融汇于谈实际工作之中。这种方法最宜用于对基层干部和一般群众讲话，因为他们处于改革与建设的第一线，不习惯也不喜欢听纯而又纯的高深理论，他们所需要的是朴素的、实在的、管用的道理。从写作要求上来说，这种"道理"必须是认识与实践的结合体，听起来既像在讲道理，又像在谈工作，二者之间没有截然的分界线，而且要讲得入情入理，令人信服。怎样做到这一点呢？让我们看两个例子：

其一，某篇讲话稿开篇就谈加快发展的必要性，这当然属于认识问题了。如果作为纯认识问题来写，那就是"海阔天空"了，包括巩固党的执政地位、体现社会主义制度的优越性、落后就要挨打等大道理可以滔滔不绝讲上大半天，但这没有必要，即使要讲，也不宜用太多笔墨。因为这是地方领导人的讲话，没必要站到大理论家的高度去讲，讲清、讲透你这个地方为什么要加快发展就可以了。这样，你就可以扣紧本地实际来讲，比如将经济总量、人均占有量、城乡居民收入水平指标与周边地区或发达地区做一对比，从存在的差距来说明不加快发展就要继续落后的问题，听众一听就理解了，思想也通了，认识和行动就能统一得起来。

其二，某篇讲话稿谈到如何认识农村工作面临的困难、树立必胜信心的问题，同样地，如果就认识谈认识，可以列举有中国特色社会主义理论的指引、有党中央的正确领导、有改革开放的政策等一系列有利条件，可以指出害怕困难、消极悲观所带来的一大堆危害，甚至还可以从矛盾运动规律中找到克服困难的理论依据，但光这样讲不行，太玄了，太空了，还是讲实一点为好。这篇讲话稿是这样写的："存在困难是事实，消极畏难不应该。同样的困难，为什么在××县却不难？如农产品一度滞销，他们想方设法打开了广东、福建、江苏等地的市场，外销率在80%以上，没有出现卖难问题。这说明，只要思路宽，务实精神强，就没有克服不了的困难。"这是通过摆事实来讲道理，用的又是身边的例子，说服力就很强，也很有启发作用。

28. 讲话稿要不要引用典型事例？怎样引用？

答：首先我们要弄清引用典型事例的作用是什么。有的同志认为，讲话稿中不宜引用典型事例，既占篇幅，也没多大必要。这种说法不全对。有些讲话可以不引用，有些讲话则需要引用，引用的作用主要在于四个方面。一是用于印证观点。任何观点都不可能孤立地存在，要把观点表达清楚，除了有必要的叙述以外，有时也需要用典型事例来证明该观点的正确性。比如在"团结出战斗力、出生产力"这个观点下，引用某地党政班子成员团结一致、拼搏进取，从而很快改变面貌的例子，就能说明这个观点立得住，听众就会信服。二是用于阐释道理。比如讲话中强调加快发展要有清晰的、科学的思路，有思路才会有"出路"，执笔者固然可以洋洋洒洒议上一大段，但如果能有实例为证，效果肯定会更好。如举例某个县因思路对头而发展加快、面貌大变，某个县因思路不对头而停滞不前、面貌依旧，这样一对比，说服力就很强。三是用于树立榜样。常言道"榜样的力量是无穷的"，有时领导在大会上表扬先进，不仅是讲话内容本身的需要，同时也是一种工作方法。如表扬某单位工作出色、某领导干部政绩突出、某劳模对事业发展有重大贡献，号召人们向先进看齐，不仅让受表扬者备受鼓舞，更重要的是能起到"点燃一盏灯，照亮一大片"的效果。四是用于教育干部。如某篇讲话稿强调领导干部一定要廉洁自律，此时可以引用正面典型——某领导清正廉洁，赢得群众爱戴，值得人们学习，也可以引用反面典型——某官员不注意自律自省，贪欲日益膨胀，最终走上了违法犯罪的道路，值得人们引以为戒。这样用正反两方面的典型来说明廉洁自律的重要性，听众所受的教育就会深刻得多。

另外，在讲话稿中恰当地引用一些典型事例，也可以使讲话更生动、更实在、更有可读性和吸引力，而不至于满篇都是干巴巴的说教、硬邦邦的要求。

接下来就是如何引用典型事例的问题。

首先，要精心筛选。同一方面的典型可能有几个、十几个甚至几十个，需引用时就必须挑选其中最有代表性、最具说服力的一个或两个，而不能信手拈来，引用了次要的，丢掉了主要的，这样就会使人不服气，甚至引起某种猜疑。比如引用招商引资工作的先进典型，有一个县成绩最突出，另外有三个县也搞得不错，那当然是选择第一个。

其次，务必把事实搞准。既然是作为典型来引用，那么它的业绩、经验包括有关数据都必须是真实的、站得住脚的、有借鉴和推广意义的，这样才能令人信服。这就要求我们一定要有严肃认真、一丝不苟的态度，把典型的情况搞准，情况不明就要调查核实，直至确信可以把它作为典型为止，千万不能道听途说，不能听信一面之词，不能仅凭"据说""据反映"就下定论，否则就可能使工作陷入被动局面。

又次，典型事例要引用得恰到好处。特别在用于印证某个观点和启发某方面思路的时候，更要注意这一点，不能用歪了、用偏了。当然，凡有一般写作常识的同志都不至于"歪"到风马牛不相及的程度，而是需要在准确不准确、贴切不贴切的问题上把握好度。比如某篇讲话稿谈到"发展区域经济必须力创特色"的问题，这个观点的核心显然是"特色"二字，如果需要引用典型事例，就要选择某个县或某个市通过创特色实现大发展的例子，这样就显得准确和贴切。而如果举这样的例子："××县大胆解放思想，务实创新，力创特色，农业产业化、民营经济、招商引资等各项工作都取得了长足发展……"很显然，文中虽有"特色"二字，但内容并没有体现"特色"，人们听不出这个县的工作"特"在哪儿，所以这个县的工作虽然做得很好，但用于印证这一观点显然是不合适的。

再次，典型事例的引用应视需要和篇幅容量而定，不能用得太多、太滥，不能机械地为每一个观点、每一个问题都套上一个例子；同时，文字要尽可能精练，不要讲故事似的把这个典型的全盘情况都端出来，把精华部分点到就可以了，以免挤占其他内容的位置，把篇幅拉得太长。

另外还要注意一点：引用正面典型时，要适当地照顾到"面"。一般说来，基层的同志都很在乎上级领导对自己工作的看法与评价，如自己能在领导讲话稿中作为正面典型受到表扬，那无疑是一种莫大的荣耀和鼓舞。所以"秀才"们有时会听到基层同志提这样的要求："怎么样，我们某项工作做得不错，让领导讲话时点一点吧？调动积极性嘛！"基层同志有这种心情是可以理解的，但他们的要求不能都被满足，讲话稿毕竟不是光荣榜呀，怎么办？有几种办法可供选择。一是并列法，比如有三个单位工作成绩都很不错，可以把最好的那个单位摆在前面，再跟上另两个，写成这样："××局、××委、××办等单位在治理'三乱'中成绩突出……"二是附带法，即主要讲成绩最突出的那个，讲完后再带上一笔"××委、××办这方面工作也做得很好"，这样就行了，不必再展开。三是兼顾法，即同一个典型不宜每次讲话时都引用，如果还有类似的几个典型，可以分别在几次讲话中点到它们，以调动多方面的积极性。不过要指出，这三种办法无论采取哪一种，都要坚持以事实为准，不能简单地搞平衡，不能照顾关系，更不能任意拔高。

29. 起草讲话稿为什么要"换位思考"？怎样做到"换位思考"？

答：所谓"换位思考"，指的是起草讲话稿时，秘书人员要站在领导的位置上来提出问题和思考问题。为什么要这样做呢？

首先，从外在形式来讲，讲话稿是领导的讲话稿，秘书只不过是用文字把领导的思想和意图表达出来，其中虽然需要做大量的完善和发挥工作，但也是基于领导的思想和意图之上的；同时，领导无论是以个人名义还是代表一级组织发表讲话，都会冠以领导本人的名字，以示负责，而秘书则是以良好的文字组织能力和参谋助手作用对领导负责。

其次，从内在要求来讲，不进行"换位思考"，就写不出让领导满意的稿子，就容易出"废品"。什么原因呢？因为领导出于责任的驱使和职业的习惯，他总是围绕驾驭全局，科学决策，组织指挥，实现既定工作目标来展开思维活动，因而看问题有他特定的角度和高度，有他独特的思维方式。比如对同一个问题，你从这个侧面看，他可能从那个侧面看；你从低处看，他从高处看；你从局部看，他从全局看。语言表达也是这样，因为他站在指挥者的位置，所以习惯了使用肯定式的、祈使式的、判断式的、号召式的语气。这不是把领导神秘化，而是一种带有必然性的思维和语言现象。由此我们知道，如果在起草讲话稿时仅仅以秘书个人的身份来想问题，就容易出现放不开、站不高、观点不对路、语言不合味和气势不足、力度不够等诸多不足。举个例子：对于干部队伍中的腐败现象，如果仅以秘书的身份来看，大凡有正义感的人，都会感到痛恨和担忧，甚至巴不得多撤几个、多法办几个。这种出发点是没有错的，但将这种话写到讲话稿中行吗？当然不行。因为从领导的角度来看，他固然也会感到痛恨和担忧，但第一，他首先会肯定整个干部队伍是好的，腐败的只是极少数；第二，他要分析形势，提出对策，实行标本兼治，让人们增强反腐败的信心；第三，对腐败问题的处理，他要强调执行政策，依法办事，惩治极少数，教育大多数。这就说明，站位不同，看问题的角度也不同，秘书的"换位思考"无疑是必要的。

怎样进行"换位思考"呢？我觉得，首要的是从心理上进行"角色训练"。开个玩笑就是，每次写稿子时自我"提拔"一下，设想着："现在我就是领导，我正坐在主席台上对各级干部发表讲话，我看这个问题应该怎么样怎么样，我希望你们怎么样怎么样。"如果这样不行，你还可以这样想："假如我是领导，我应该怎么看这个问题，应该怎样提出任务和要求，应该采取什么对策和措施。"其实这不是开玩笑，不是表示狂妄，当然更不是欲取领导之位而代之，而是出于工作需要，设身处地为领导着想，要不然就无所谓"换位思考"。初学写作者要做到这一点需要一个过程，但习惯成自然，慢慢你就适应了。

当然，仅有这一点还不够，更重要的是，平常要充分利用接近领导的机会，注意观察和掌握领导同志是怎样分析问题和处理问题的，他的思维习惯和办事风格怎样，他喜欢怎样表达思想、喜欢用哪些个性化语言，他最关注的、最感兴趣的是哪些问题，等等。掌握了这些，"换位思考"才有基础、有底气，写起文章来就比较容易进入角色。

此外还有几点需要注意。第一，注意把握领导活动的特点、规律和形成决策、指导工作的基本方法，这有助于跳出秘书个人的思维定式，为"换位思考"提供知识支持。第二，在平常工作中，注意掌握本地、本单位各项工作的进展情况，并进行必要的综合分析，找出带规律性、倾向性的东西，设想下一步该怎么办。事实上这也是一种"角色训练"。第三，"换位思考"并不排斥秘书个人的创造，例如对某些情况的补充、对某种思路的完善、对某些观点的发挥，否则就无以体现秘书的主观能动性和服务作用。只不过，这仍须基于"换位思考"来进行，是融秘书之"小我"于领导之"大我"的一种思维和创造活动。第四，"换位思考"要把握分寸，不能"换位"过了头，把自己的意见强加于领导头上，或者把不适合于该领导讲的话硬塞进去；语气上也要把握好"度"，遣词造句既要符合领导讲话的特点，又不能装腔作势、盛气凌人，以免破坏听众情绪，损害领导形象。

30. 起草内容不熟悉的讲话稿应如何入手？

答：这种情况的确会碰到，特别是党委、政府办公室和某些综合部门的文秘人员碰到得多些。通常"两办"和综合部门所掌握的是各部门、各行业的总体情况，是宏观的、粗线条的情况，而不可能对每个部门、每个行业的情况都掌握得很清楚、很具体，所以秘书接触较多的也只是综合性会议和某些专业性不太强的工作会议上的讲话稿，在这些领域他们才得心应手。但他们有时也会接触某些专业性较强或者平时了解不多的领域，如某书记在民族宗教工作会议上的讲话、某市长在金融工作会议上的讲话、某综合部门的领导在发展数字经济会议上的讲话或发言。这样问题就来了：我对这方面的工作完全陌生或知之不多、不深，连一些专用名词、术语都搞不大懂，而相关部门又未提供初稿，或虽然提供了但领导又不满意，那我该如何动笔呢？

遇到这种情况，最基本的办法有三个。（1）赶快查阅资料，包括相关部门的简报、汇报材料、工作总结等，以求对该项工作的运行情况有一个总体印象，尤其要把有关该项工作的方针政策、目标任务、基本要求以及带关键性的词句、提法、术语搞清楚。（2）与相关部门的领导取得联系，了解他们需要领导在会上讲些什么，或请他们提供素材，以供写作时参考；如果该部门事先提供了初稿，哪怕再粗糙也是"宝贝"，你可以对它进行加工处理，或将其有用的部分取出，搬进你的稿子里去，以弥补你专业知识的不足。（3）向同事们请教，或参阅别人写过的同类稿子，从中受到启发。

以上讲的是基本方法，另外还可以运用某些技巧来掩盖自己的"缺陷"：

（1）多写宏观的东西，少接触微观。哪怕专业性再强的工作，也有宏观与微观之分，宏观的东西较容易理解和掌握，微观的东西则只有专业人员才清楚。比如金融工作中，严肃金融纪律、加强金融监管、以利率为杠杆调节经济活动、金融工作要支持经济建设，等等，就属于比较宏观的东西，而具体的存贷业务则属于微观的东西，你完全可以回避它。同时要知道，上级领导就某方面工作发表讲话，也不必讲得太微观、太具体，否则就变成了部门领导讲话，人家还可能议论你这个领导婆婆妈妈的太没水平。你只要把基本的、原则性的东西讲到就可以了，这样反倒合乎上级领导的身份。

（2）多写熟悉的东西，少提及不熟悉的东西。所谓"熟悉的东西"包括两层意思。一是，你既然处于综合部门，哪怕再不熟悉，对该单位的工作也应知道个大概，比如对税务工作，税收是财政收入的主要来源、税收应该及时足额征收、发展经济必须注重培植税源等问题，难道你还不知道？知道这些也许就够用了，至于具体的税种名称、税率和计税方法等，如果你不熟悉，就不要去碰它，也没有必要去碰它。二是，既然是上级领导去部门会议上讲话，他就绝不可能就事论事地从头至尾都讲部门工作，而肯定要站在全局的高度来展开思维，比如可以谈谈整个经济形势，帮助人们放宽视野；可以谈谈部门工作如何服从和服务于经济建设这个中心，使人们增强发展意识和大局意识；可以谈谈如何加强队伍建设，让与会者受到一次思想政治教育。写这些东西，当然就是你的"拿手好戏"了。

（3）多花笔墨突出重点，少在一般问题上牵扯不清。领导讲话有时也会涉及某个部门的具体工作，特别是工作风格比较细致的领导可能会这样做。这种情况下怎么办？除非该部门会提供有关素材，要不最好的办法也许只有一个：抓住一两个重点问题来写，而不必面面俱到。什么是重点呢？这就要具体看了，有的因处于中心位置而重要，有的因阶段性安排而重要，有的因取得经验或出现问题而重要。比如某县于11月底召开财政工作会议，很显然，这时处于组织财政收入，实现全年目标的关键时期，目标能否实现又直接关系全县经济发展的大局，这时领导讲话就可选择以"确保实现财政增收目标"为重点，从目的、意义、方法等方面集中把这个问题说清楚，而财政工作的其他方面则可省略不讲，或点到即止，这样既抓到了关键，又避免了陷入具体问题。当然，或许你对于如何组织财政收入这个重点问题也并不熟悉，但你可以集中时间和精力把它搞通弄懂，这虽然也会有一定的难度，但比起同时了解和把握多个具体问题，毕竟要省事得多。

（4）多运用易懂易记的"行话"，少触及难以弄懂的专业术语。领导在部门工作会议上的讲话虽然是提重点、讲宏观，但有时也需要提及一些带有一定专业性的东西，这样做也有一定的好处：让听众觉得该领导知识面广、对该部门工作很了解并且很重视。这就迫使我们要熟悉一些"行话"。但选择什么"行话"为好呢？当然是选择那些易懂易记的，比如金融方面的存贷比、流动性、不良资产等，工业方面的增加值、固定资产折旧率、投入产出率、质量认证体系等，农业方面的有机农业、农业产业化、农民人均纯收入构成等，都属于浅显易懂的东西，你作为综合部门的文秘人员，平时也要注意掌握。而对于某些专业性太强的名词术语，如果你不熟悉，则不提及为好。

需要说明的是，上述所谓"技巧"，是在你对某些方面工作不熟悉的情况下不得已而使用的，而搞文字综合工作的同志，不管用得上用不上，平时尽可能多学一些专业知识，总是有益处的。

31. 老主题怎样写出新意？

答：的确，我们天天都在面对这个难题：同一项工作，领导讲话多次部署，怎样避免重复，写出新意呢？结构方法、材料运用、语言表达，等等，能变的都变过了，能换的都换过了，简直山穷水尽，无计可施了……

不用急，办法还是有的。

首先请你留意：上级文件、上级领导讲话中对该项工作有什么新要求、新提法？实际上我们常常能从中找到"突破口"，因为上级部署某一项工作也不可能年年老调重弹，而总是随着形势的变化和实践的需要不断提出新的要求。比如经济工作，早些年提的是"加快发展"，后来提的是"又好又快发展"，再后来是"科学发展"，现如今是"高质量发展"，不同的提法有不同的内涵，不同的内涵就为我们提供了新的思考空间，只要善于领会、敏于应变，从观点到内容再到语言，就都可以焕然一新。怕只怕不认真了解"上情"，耳目闭塞，关起门来想呀想，想来想去还是那么几条，怎能不头痛呢？

　　其次请你留意：某项工作经领导前几次讲话布置之后，落实的情况如何？哪些落实了，哪些没有落实？有什么新进展？还存在哪些问题？实际情况也是这样，任何工作都不可能一下子做得尽善尽美，而总是呈阶段性、波浪式发展；领导讲话虽然不断推动着该项工作，但由于种种原因，总会在某些方面或某种程度上存在不落实的问题，这样，我们就可以根据不同阶段的进展情况和存在的问题，找到新的话题。如推进农业产业化建设，其中要做的具体工作包括选择主导产业、建立原料基地、培植龙头企业、搞好技术服务、拓宽销售渠道等，领导在讲话中可能提过多次了，但不一定所有工作都能齐头并进，也不一定所有基层单位都落实得很好，而总会有一个不平衡的问题，这样我们就可以从存在的不足方面切入——或者是主导产业选得不准，或者是龙头企业没有建立起来，或者是其他哪项工作没有跟上，这样写起来就不至于老是重复过去说过的话。但这里要有一个重要前提，就是对该项工作的进展情况要做到了然于胸，平时就要注意观察、积累，即使平时未加注意，临时抱佛脚也还来得及，可以通过看材料、向有关部门了解或直接下基层去调查等方法，把情况弄清楚后再下笔。

　　接下来，再请你考虑一下"角度"问题。就像同一个意思可以用多种方法来表达一样，同一个问题当然也可以从多个角度来观察和分析。有位同志跟我谈道，他写招商引资方面的讲话稿简直写怕了，推介会、洽谈会、调度会一个接一个，主要领导、分管领导的讲话稿一篇接一篇，但写来写去不外乎那么几个问题，提高认识、摆上位置啦，主动出击、以诚招商啦，优化环境、落实政策啦，加强领导、高位推动啦，等等，除此还有什么可写的呢？有这种苦恼可以理解，但关键的问题就在于思路钻进了死胡同，不懂得、不善于找角度。角度可以从几个方面来找：可以突出谈其中一个问题，比如从优化环境、以诚招商的角度展开，以此覆盖或兼带其他；可以从总体上提出更高要求，比如从提高利用外资的质量和水平的角度展开，从而赋予各项具体工作以新的内容；可以从启发思路入手，比如介绍招商引资先进典型的经验，在此基础上提出工作要求，使听众既明确任务又受到启迪；还可以运用先破后立的手法，比如针对人们在招商引资工作上存在的模糊认识和不当做法分析危害，再从正面进行引导，这样就显得既贴近实际，又富有新意了。

32. 讲话稿怎样才能把话讲到点子上？

答：所谓讲到点子上，就是讲得准确、透彻、明了。我们常说的"一针见血""一语中的"，指的就是这个意思。反过来看，讲话讲不到点子上，那就是偏颇、肤浅、含糊，使听众要么产生误解，要么不得要领，这样的稿子就必然是失败的。比如这样一段话："学风问题是一个很重要的问题。改革开放事业的迅速发展，为我们提出了许多新情况、新课题，需要我们认真对待，努力解决。我们党历来十分重视学习，一个不重视学习的领导必定不是一个清醒的、成熟的领导，所以我们要坚持学习、学习、再学习……"这段话究竟想说什么？也许想谈学风问题，想强调学习要联系实际，但后面谈的又是学习的重要性，变成东拉西扯了。

当然，出现类似的一些问题，绝不是写作者有意为之，他们也想写得准一些、深一些、漂亮一些，但到了动笔时又力不从心，要么离题万里，要么语无伦次，洋洋洒洒一大段，绕来绕去就是绕不到点子上。这里既有知识面和观察力的问题，也有基本功和方法的问题。这里只从方法上谈谈"深、准、实、精"几个字的要求。

所谓深，即分析问题要深刻，要善于透过现象看本质，而不能停留于表面。特别是在形势错综复杂、困难和矛盾很多、人们的思想认识存在诸多困惑的情况下，领导者的讲话，更应该明察秋毫，抓住根本，使人们辨明方向，增强信心。比如上级发出关于坚持实事求是，反对在统计数字上弄虚作假的指示精神后，某些欠发达地区的部分干部产生了误解，认为这回可以松口气了，用不着担心排位落后了，于是工作也放松了。对此，有篇讲话稿是这样说的："不错，我们的确要毫不动摇地坚持实事求是，反对浮夸虚报，但是，慢就是实事求是吗？快就是弄虚作假吗？能争取的有效益的快速度也不该争取了吗？不对！我们要提醒某些同志，不能以实事求是为幌子来掩盖自己的不思进取、无所作为。"这话就击中了要害，比起泛泛而谈地批评，分量就要重得多。

所谓准，就是表达意思要准确，包括展开观点、做出结论、指出问题、剖析原因等方面，都要力求一个"准"字。当然，"准"是相对的而不是绝对的。表达某一个意思可以有多种方法，但其中必有一种是比较准的。我们来看一个例子：某县一度强迫农民大种油菜，农民不肯种，乡村干部就用牵牛、抬猪、挑谷子等土办法、蛮办法去"逼"，结果油菜是种下去了，但不仅没赚钱反倒赔了本，干群关系也变得十分紧张。有篇讲话稿是这样总结经验教训的："实践证明，这是以最良好的愿望、最艰苦的努力、最愚蠢的办法，做了最得不偿失的事情。"这话"准"得近乎尖刻，几乎是一种自嘲自虐的口吻了，但字字千钧，促人警醒。还有一篇讲话稿在批评某些乡村党员队伍严重老化时说："七个党员八颗牙。"七个人当然不止八颗牙齿，这里是用了夸张手法来指出问题，既准确，又形象，使人捧腹之余又觉沉重。

所谓实，就是实实在在，不含糊其词，不弯弯绕绕，说一句是一句，让人一听就明白。我们常常发现这种现象：工作中的很多事，如果是平常言谈议论，会有不少有见地、有价值的观点见解，而一旦写起稿子来，就复杂多了，这个规范那个规范、这个注意那个注意的，反而说不到点子上去。这说明，实话实说，该怎么说就怎么说，反倒简单省事，能把话说准说好。

所谓精，就是精练、简洁、不啰唆。在快节奏的现代社会，人们没有时间也没有兴趣去听那些喋喋不休、毫无意义的空话、废话，对领导讲话也是如此，无论你讲道理还是谈思路、谈见解，他们都希望你字字句句精准到位，简明扼要。短而精的话，才是人们喜欢听、能记住的话。这个道理其实我们都懂，写稿子时也很想句句说到点子上去，但有时话太多，越想把它说清楚就越说不清楚，反倒把精华部分"稀释"掉了，使得人们领会不到了。可见，学会长话短说也是一门很重要的艺术。

33. 有些讲话稿为什么越写越长？怎样才能写得短一些？

答：这种现象的确普遍存在。很多讲话稿动辄上万言、万余言，甚至还有两万余言的，简直够得上中篇小说的规模了，印出来都是厚厚一大本。稿子太长，领导念得苦，听众坐得苦，有时好不容易熬到下班时间了，领导还说："请同志们坚持一下，还有最后一个大问题的三个小问题没讲完。"但同志们已坚持不住啦，嘴上不好说，心里却把"秀才"们骂个半死：都是那些臭笔杆子们害的，写得这样又长又臭！

照这么说，真是"秀才"们的责任了？难说。其实他们又何尝不想把文章写得短一些，那样还省了多少挑灯夜战之劳、搜肠刮肚之苦，但是……

那么，是领导们的责任了？也不一定。应该说，绝大多数领导者并不喜欢成天泡在会议上念稿子，念得唇干舌燥、头昏脑涨，那种滋味难道好受吗？但是……

那么，是因为要求不严、约束不力吗？也不是事实。这些年，各级机关下过多少回文件，领导强调过多少次：开短会，说短话，短些，短些，再短些！但是……

那么，究竟是谁的责任呢？

实事求是地说，这不是哪一个人的责任，而是大家共同的责任。但承担这种责任似乎又有点"冤枉"，因为在通常情况下，大家都不是出于主观故意，而是在实际操作中，往往自觉不自觉地被某种习惯力量所左右，想短短不了，不想长也得长，总是事与愿违。那么，这是一种什么样的习惯呢？现在我们来看看：

——习惯于说空话、套话，挤占了大量的篇幅空间。比如有些稿子，不管会议内容和实际工作是否需要，大段大段地照抄上级文件和上级领导人的讲话，或大段大段地评价上级某项决策如何如何英明正确，或大段大段地论述人们早已熟知的某项工作的重大意义，看起来与上面保持了高度一致，说得都很正确，但很多都是"正确的废话"，而且使文章显得冗长、沉闷。又如某些会议总结讲话，前面一段几乎千篇一律："刚才，××同志做了一个政治站位非常高，思想内涵非常深，信息量非常大，指导性、针对性和可操作性非常强的重要讲话，既符合上级精神，又切合本地实际，对于我们统一思想认识、明确努力方向、把握发展大局、实现各项工作目标任务，具有十分重大的意义。希望同志们深刻领会，认真贯彻落实。下面，我就如何贯彻落实本次会议精神，特别是××同志重要讲话精神，讲三点意见……"有些报告的确很好，当之无愧，而有些报告好不好只有天晓得，但不管怎样都要这么恭维几句。当然，有些时候你不这么说还不行，人家会以为你对该领导不尊重，或者是两人之间有摩擦。那就只好随大流吧，反正习惯成自然了。

——习惯于面面俱到，把文章的框架拉得太大。这里边既有领导者的原因，也有起草者的原因。从领导方面来说，有的领导责任心非常强，考虑问题非常周到细致，什么问题都要讲到，包括每一个方面、每一个环节怎样做都要交代得清清楚楚，生怕人家不明白，生怕会遗漏了什么，这样一来，文章怎能不长？从起草者方面来说，他有时是因为受领导的影响，有时是自身的原因，所以落笔就是一副庞大的架势，动不动就是三个问题甚至五个问题、八个问题，大问题里边还有若干个小问题，小问题里边又有若干个A、B、C、D、甲、乙、丙、丁。架势拉到这么大，想短也不可能了。

——习惯于以会议贯彻会议，以讲话贯彻讲话，或者以会议时间和讲话篇幅的长短来衡量对某项工作的重视程度。在一些同志看来，对于某项工作，开了会就是重视，不开会就是不重视；开长会就是很重视，开短会就是不太重视；领导讲话篇幅长就是重视，篇幅不长就是不太重视。于是，领导讲话的篇幅也随着会议时间的拉长而拉长，多则半天，少也有两个小时，如果领导不临场发挥，这得要有多少文字来念呢？有这样一则故事。某秘书把一份刚写好的稿子送给领导审阅，该领导接过后看也没看，只是两指夹住掂了掂，说："才这么薄薄几张纸，怎够我讲一个上午呢？"该秘书只好拿回去，左拼右凑，把文章拉长到一万多字了，领导还不满意；于是再次拼呀凑呀，抄呀摘呀，还悄悄把一篇社论差不多全部塞了进去，把篇幅拉长到两万多字，领导才满意了。这样做当然是不妥的。决定领导讲话长短的，应该是会议主题和实际需要，而不是会议时间；决定领导对某项工作重视程度的，应该是讲话的内在质量，而不是篇幅的长短。

找到了上述原因，我们也就找到了解决问题的办法，这就是：戒空话、套话，多说实话、管用的话；戒大包大揽，力求内容集中、重点突出；戒"马拉松"会议，尽量把会开短、开精、开得有质量。事实上，这些办法多数同志都明白，关键还是敢不敢、能不能照此去做。前面所说习惯种种，其实是一种由来已久的厚重积习，在某种情况下甚至是一种顽固的"势力"，一下子要打破它，没有足够的勇气和智慧是不行的。除此之外，还需要熟悉和掌握把讲话稿写短、写精的一些具体要领，比如：开门见山，不绕弯子；突出重点，详略得当；句子干净、凝练，力戒拖沓；注意前后照应，避免重复；等等。

当然,讲话稿的长与短并没有截然的界限。内容充实,主题突出,虽长犹短;内容贫乏,主题平淡,虽短犹长。这就需要注意形式与内容的统一、篇幅与质量的统一,该长则长,该短则短,防止走极端。

34. 部门文秘人员为党委、政府领导起草讲话稿应注意什么问题?

答:部门文秘人员为党委、政府领导起草讲话稿,一般出于两种情况:一是该讲话内容为某一方面工作,"两办"因为不了解具体情况,要求相关部门先提供一个初稿;二是部门召开有关会议或举办有关活动,邀请党委、政府主要领导或分管领导到会讲话,部门先拿初稿,再交"两办"或领导本人审定。起草这种稿子,要注意把握好几个"问题":

第一,要提高站位。党政领导是把握全局的,所以他当然要站在全局的高度来看问题、提要求,而且这种要求只能是粗线条的、原则性的要求;即便是分管你这个部门的领导,讲得可能要相对微观一些,也不可能而且不应该讲得像部门领导那样具体,否则就把党政领导与部门领导混为一谈了。这是最基本、最重要的区别,即所站高度和角度的区别。有些部门文秘人员由于所处位置和所接触的情况的局限,往往习惯于站在部门领导的角度来为党政领导起草讲话稿,或者虽然意识到这样不对,但层次、气势又上不去,想来想去总是打不开思路,总是跳不出部门工作的小圈子,问题就出现了。比如某县教育局为县委书记提供了一份讲话稿,讲的是巩固"两基"成果、加大中小学危房改造力度、进一步提高教学质量等三个问题,很显然,这就不像是县委书记的讲话了。作为县委书记,他肯定是站在全县经济社会发展的高度来看教育工作的,所以他应当从科教兴县的战略上、从办好教育的大政方针上、从组织领导和改善外部环境方面来谈教育,或者只从某个带关键性、全局性的问题来展开谈，而不可能过多地提及具体问题。这说明，部门文秘人员起草这类讲话稿，光着眼于部门工作进行思考还不够，还要着眼于全局工作进行思考，首先在考虑结构和制作提纲时就要把思路打开、把视野放开。

第二，要顾全大局。任何一个部门的工作，哪怕是要害部门的工作，都不可能孤立地存在和运行，而总是与其他各个部门的工作和党委、政府部署的中心工作相互联系、相互促进的。这就要求起草者，要跳出部门看部门，用事物发展相联系的观点看问题，无论下任务还是提要求，都要注意与全局工作协调一致。特别要注意的是，在提出有关政策举措时，首先要看与党委、政府一定时期总的发展思路、政策方略是否一致，不能相违背、相脱离；其次要看与有关职能部门的政策措施是否相协调，不能相矛盾、相冲突。

第三，要把握分寸。部门工作能够进入党委政府领导讲话，或者部门能够邀请到党政领导到自己的会议上讲话，这都是让部门领导觉得很有面子的好事，也是做好部门工作的机遇。但也要会用、善用机遇，不能用过了头。一些部门的文秘人员乃至部门领导，想通过党委、政府领导讲话来抬高本部门的地位，达到某种目的，虽然是为了工作，但也不太合适。比如，有的部门要求把自己的工作列为党委政府的中心工作，由各级党政一把手负总责，各部门齐抓共管，这能做得到吗？有那么多中心工作吗？有的部门希望就自己这个系统的工作开展"达标升级"活动，制定名目繁多的考核标准，开展无休无止的检查督导，岂不要把基层坑苦了？有的部门要求财政给予倾斜、税收给予减免，但财政承受得起吗？有的部门要求机构升格、增加编制和领导职数，能做得到吗？类似这样的问题，都要把握好分寸，不能乘机塞"私货"，不要给领导出难题。当然，确实需要通过领导讲话来提出或解决的问题，也可以实事求是地写进去，但一定要合法合规，合情合理，切实可行。

35. 应急式讲话稿怎样起草？

答：所谓应急式，即事发突然，要在短时间内拿出稿子。这种情况一般不会发生，但偶尔也会碰到。比如：上级有新的指示精神，领导觉得原来准备的稿子不行，要推倒重来；某个会议上某领导本来没有准备讲话，突然又觉得应该讲一讲；某个应景仪式，本来没有安排某领导讲话，但某领导突然又答应了去讲话；某次汇报会上，领导原来打算即席讲一讲，后来又觉得要有个稿子。类似这些情况下，起草稿子的时间就非常短，可能是一天，也可能只有两三个小时，甚至更短。有些同志可能就要犯难了：我的天，就是神仙也不可能写这么快呀！

笔者见识过这么一位经验丰富的"大手笔"：凡接到写稿任务，他不像别人那样提前几天就进入紧张忙碌的状态，相反倒像没事儿似的，把有关的材料看上一遍，然后就去散步、串门子聊天、听音乐了。直到会议召开前夕，他一头扎进办公室，左手一支烟，右手一支笔，且见他吞云吐雾，才思泉涌，笔底生风，几小时过去，一篇大稿子就出来了，而且连标点符号都不用改动一个，领导也照念不误。

此公的"上乘功夫"固然不是每一个人都能达到的，这种近乎怪诞的写作方式也并不值得提倡，但至少有一点值得我们重视并仿效，这就是：注重平常的积累和思考。看得出，如果不是平常注意学习，注意掌握上级精神和本地本部门的工作运行情况，注意思考、分析有关问题，他能在这么短的时间内一气呵成吗？即使他思维再敏捷，文字水平再高，也是"巧妇难为无米之炊"呀！由此推及应急式讲话稿的起草，之所以"急"，我觉得首先还不是急在文字上，而是急在脑子里边有没有现成的材料可调用。如果没有，查资料、搞调查又来不及，那就真要急得团团转了。所以，无论材料急不急，平时都要注意学习和积累，基本的、重要的东西还要强记，在脑子里边建起一座内容丰富的储备库，以供随时调用，这就叫作"手中有情况，临阵不慌张"。这是其一。

其二，应急式任务一来，也许容不得你仔细考虑结构和提纲了，只能先抓主题和大的层次。首先是主题，即这次会议的主要内容是什么，领导讲话要围绕什么问题来展开；明确了主题，再考虑分哪几个层次来讲。走好了这两步，文章的基本框架就有了，就可以动手写了，至于各层次内部具体讲什么，只能边写边想。举个例子：某领导临时决定要在政研工作会议上讲话，限半天交稿。这时你的当务之急不是考虑怎样开头，而是赶快找准和抓住主题，比如"政研工作要为优化决策、促进发展服务"，然后围绕这个主题设计三个层次："一、时代呼唤高质量的政研工作；二、政研部门要成为党委政府的智囊；三、实事求是是政研工作的生命。"这样，大的框架确定了，写起来就会比较顺手，而不至于手忙脚乱，也不至于前后颠倒重复。有的同志不懂这一要领，心里一急，提笔就写，结果要么越急越写不出，要么语无伦次，层次混乱，写到后边又来推倒前边，反而浪费了时间。

其三，抓住关键观点、关键内容和关键词句，把主要意思表达清楚。在时间紧迫的情况下，不可能像平常那样仔细考虑起、承、转、合的每一个细节，也不可能把每项工作的具体内容都说全，只能拣主要的、关键的东西来写。事实上，能做到这一点，文章也就基本成功了。仍以上面这个例子说明：确立主题、设定层次之后，每一层次怎么展开？可行的方法是：先不管哪一个段落怎么开头、哪一句话怎么说，先把关键的要点抓住，比如第一层次主要讲新形势、新任务对政研工作提出了什么新课题、新要求，第二层次主要讲如何加强政研队伍能力建设，第三层次主要讲政研工作要摸实情、报实况、献实策、谋实效。把这些方面讲到了，基本能做到八九不离十。

另外有些应景式的讲话，如欢迎词、祝贺词等，通常都有大致的模式和一些基本用词，如欢迎某兄弟单位代表团前来考察，其大致层次是：表示欢迎——介绍本地概况——赞扬对方业绩，表示向对方学习——希望多多批评指导、传经送宝，祝考察成功。又如某领导到下属单位的表彰大会上讲话，其大致层次是：向获奖单位和个人表示祝贺——肯定该单位所做的工作——原则性地提几点要求，希望再接再厉，再创佳绩。凡起草类似这种讲话，我们脑子里要立即闪现这样的轮廓和线条，然后依次把有关的内容"填"进去，写作速度就可以快一些。

最后还要注意，既然是应急式，思维就要力求快捷连贯，文字要尽可能一气呵成。如果字字斟酌、句句琢磨，那就是舍本逐末，时间也来不及。只要主题突出、层次清楚、基本的和重要的东西讲到了，即使文字粗糙一点也没关系。如果这篇稿子需要印发，就可以在领导讲完后再来仔细打磨。当然，如果你能够写得既快又好，那就更难得了。

36. 怎样整理领导讲话？

答：这里有两种情况。一种是，领导在讲话稿的基础上做了某些发挥，或加进了几个重要观点，或插进了某些重要内容。这种情况比较好办，在领导讲话时把它们原原本本地记下来，等领导讲完后再加进去。如果观点欠准确、层次不顺当、句子不通顺，做一些技术处理就行了。另一种情况是，领导是在没有稿子的情况下作即席讲话（包括事先打了腹稿或按提纲发挥），有的可能顺当一些，稍加整理就成为一篇文章；有的则可能讲得随便、零乱一些，要整理成为文章就有一定的难度了。在这种情况下，最基础的工作是把领导所讲的话通过记录或录音全部记下来，这样整理起来就会有充分的材料依据。有的同志只记要点，整理时再来发挥，这其实是自找麻烦：即使你发挥得很好，也要费时费力，何况你未必都能发挥得准确、能符合领导的原意。所以在这个环节上，还是忠实于领导的原话、原意为好。到了整理阶段，我们再来研究和推敲——

层次顺畅不顺畅？因为是即席讲话，所以可能出现层次不顺的情况，比如：本应作为第一层次的摆到了第二、三层次，层次之间联结不够紧密，各层次的内容相互穿插、重复。在这种情况下就要把层次理顺，该是哪个层次的就调整到哪个层次，该属于哪个层次说的话就集中到哪个层次之内。比如某领导就加强基础设施建设问题谈了四点意见："一、加强领导，提高认识；二、制定并落实优惠政策，激励外商和民间投资；三、突出重点，集中力量抓好电网和公路建设；四、落实领导责任制，确保各项任务完成。"这四个层次的摆布就存在两个问题：第一层次的"加强领导"会与第四层次重复，不如把它并入第四层次，第一层次集中谈认识问题；第二层次与第三层次应该对换，先讲重点再讲投入，前者是任务，后者是措施，逻辑上更顺当一些。

观点准确不准确？如果不准确，就要予以修正，使之准确。为什么说"修正"而不是"改正"呢？这是因为，除非这个观点完全错误，要不就必须尊重和保留领导本来的意思，只是在该观点的表述方法欠妥的情况下，进行必要的技术处理，这就像木工用刨子刨木料，目的是使之平整光滑，而不是把木料废掉。我们来看一个例子：某领导即席讲话中有这样一句话——"广大工会干部要坚决维护职工权益，真正成为职工可信赖的'娘家人'"，粗看没有毛病，而且既有力度，又有温度；细看就有漏洞，应当在"权益"之前加上"合法"二字，才是规范的。另外，之所以强调"修正"而不是"改正"，其中还有一层含义，即尽可能让领导的真实思想得到充分表达。比较一下我们就会发现：只要该领导具备了一定的口头表达能力，最精彩的、听众最喜欢听的讲话其实还是他的即席讲话，因为它不像写好的文稿那样要受到某些条条框框的束缚，有时还不得不讲几句空话套话，它可以在一定的空间内自由发挥，所表达的往往是领导同志的实话、真话，是他独到的、不入流俗的、不是八面玲珑打官腔的、能表现个人真实思想的观点，其中不乏真知灼见。从这个意义上说，我们平常起草、修改或者整理讲话稿，引经据典，寻章摘句，左推敲右琢磨，把每一层意思、每一句话都"磨"得很正确，有时候却把领导思想中的"亮点"也给磨掉了，让它变成一篇无可挑剔而又毫无生气的官样文章，真是好心办了傻事。

语句通顺不通顺？不通顺的情况肯定是会有的，就像平常说话一样，哪怕是思维再敏捷、口齿再伶俐的人，也免不了会有缺词漏字、词不达意、颠倒重复的时候。而即席讲话的好处恰恰又在于：它是以纯粹的口语化而深受听众欢迎的，偶尔的停顿、重复和频频出现的语气词，反而让听众觉得自然、亲切；更重要的是，不少领导在即席讲话时生动幽默，妙语连珠，使会场气氛轻松活跃，让听众在笑声中受到教育和启迪，其效果比板着脸念稿子当然要好得多了。所谓"整理"，"整"即调整，"理"即理顺，而不是叫你去推倒重来。所以在整理讲话时一定要注意：只要层次基本清楚、语句基本通顺，就要尽量保持原貌，尤其要注意保持该领导原本的语言风格和语言中的精华部分；我们的责任仅仅在于，把明显不顺的地方理顺，把明显不当的用词改过来，千万不可自作主张把它改成文绉绉的八股调、书生腔。举个例子：某领导即席讲话中有这样一段话——"我们有的干部，喝起酒来一斤两斤不醉，打起扑克麻将来三天四夜不累，可做起工作来呢，五年六年不会！这样下去，你不感到卑鄙吗？"这话说得生动形象，仅"卑鄙"一词用得不够贴切，将之换成"问心有愧"就可以了。而如果把它改成"有的干部成天沉醉于吃喝玩乐，工作上却平庸无为……"当然也说得过去，但那种生动的语气就没有了。

意思完整不完整？即席讲话不仅要求思维敏捷，而且要有连贯性和逻辑性，一句一句、一层一层地把意思表达清楚、表达完整。但有时由于思维出现跳跃，忽略了前后照应，或由于说话的节奏太快，语言运用不够周密，就会出现意思表达不连贯、不完整的现象。来看两个例子。例一："群众批评我们，甚至骂我们。群众的批评是一面镜子，让我们把脸上、身上的脏东西清除掉，我们就可以变得干净一些、漂亮一些了。"这两句话之间就出现了跳跃，中间应插入一句"我们应当正确对待",意思就连贯了。例二:"对部分乡镇干部不安心在基层工作的问题,我觉得要从两方面来看。一方面,在乡镇工作,条件的确比较差,工作压力的确很重,但是,这难道就能成为甩手不干的理由吗?大家都要求进城,那么基层的工作谁来做?农民生产生活中的困难谁来解决?……"如此这般说下去,本来前边说"从两方面来看",但只说了"一方面",接下去没有了"另一方面",意思就残缺不全了。整理时我们就要顺着领导的思路想下去:这"另一方面"可能是什么呢?可能是上级对乡镇干部关心、教育和支持不够,也可能是上级有关部门的土政策导致乡镇负担太重。择其中一种补上去,意思就完整了。

句子干净不干净?所谓干净,指的是句子要尽可能凝练、简洁,不重重复复,不拖泥带水。不过这里所说的"干净"是相对的而不是绝对的,因为即席讲话不可能像写文章那样斟字酌句,既然是口语化,就不可避免地要出现一些与主题关系不大的语句,如语气词、关联词、过渡词以及某些毫无必要的重复用语,等等。这样就给整理工作带来了难题:句子不干净固然不行,因为整理出来的文章也必须是文章,不能原封不动地把那些枝枝蔓蔓的东西也搬过来;但太干净了也不行,太干净就失去了口语化的特点,变得不生动、不自然了。这里就有一个如何把握好"度"的问题。比如这样一段话:"我们有的同志也太不像话了吧,啊?洪水都快冲到家门口了,他老先生还在那里搂着老婆睡大觉!这样下去还得了吗,啊?这究竟是警觉性不高呢,还是责任心不强呢,还是这个这个……对人民生命财产漠不关心呢?"很显然,这段话就要予以必要的"修剪",把无关紧要的话去掉,变成:"有的同志也太不像话了吧?洪水都快冲到家门口了,他老先生还在那里搂着老婆睡大觉!这究竟是警觉性不高呢,还是对人民生命财产漠不关心呢?"这样,既保留了口语化的特点,又使句子简洁多了。

也有一些即席讲话在层次、观点、语言表达等方面存在较多问题,需要动"大手术"才能整理好,有时还须加入秘书本人的发挥与创造。在这种情况下，就要将稿子送领导审阅并将有关问题汇报清楚，等领导同意后再印发。

【写作实例之一】

涵养"四气"升华自我做堪当大任的合格领导干部
——×××同志在中青年干部培训班上的讲话

市委决定举办这个培训班，非常重要，很有意义。在座的都是中青年干部，是事业的骨干，是未来的栋梁，市委对你们寄予重望，全市人民对你们寄予重望。为办好这个班，市委组织部、市委党校作了精心安排，我今天主要是来看看大家，并就加强中青年干部自身修养谈谈个人的一些看法和想法。具体要谈的是，中青年干部要十分注重涵养"四气"，升华自我，使自己成为一名堪当大任的合格领导干部。

第一，要涵养正气，驱除邪气，永葆思想作风健康无恙。

所谓正气，狭义上是指正直无私、光明正大的作风或风气，广义上则包括一切积极的、健康的、向上向好的精神、情感和力量所汇聚的正能量。而对于我们党员干部来说，正气应有更深的内涵和更高的要求，包括坚定不移的理想信念、公而忘私的家国情怀、廉洁自律的品德操守、公平公正的行事风格、光明磊落的心境胸怀、一心为民的公仆精神，都是正气的应有之义。

正气贯中华，浩荡天地间。古往今来，正直的品格一直为人们所敬重，"正人先正己""己不正，焉能正人""政者，正也。其身正，不令而行；其身不正，虽令不从"等道德信条一直为人们所信奉和传承，"一身正气，两袖清风"也一直是人们对为官清正者的美好赞誉。狄仁杰、包拯、海瑞、于成龙等历代清官能臣，焦裕禄、孔繁森、牛玉儒、杨善洲等当代公仆楷模，都是正义的代表、正气的化身，值得人们永远敬仰和学习。

的确，作为党员干部，我们不能缺少正气。正气是做人之本，更是为官之魂。正气可以使人纯洁、健康、高尚，抵挡住歪风邪气的侵袭；可以使人坚定、刚毅，始终充满阳刚之气，为实现远大理想而奋斗；可以使人无私无畏，秉公用权，匡扶社会公平正义，营造风清气正的政治生态。事实上，正气还有一个重要作用，就是为我们营造强大气场。所谓气场，是指一个人的性格气质对周围的人产生的影响。领导干部都掌握着一定权力，一般来说，有权力就会产生权威，就会令人敬畏，从而形成一定的气场。但事实告诉我们，仅靠权威形成的气场是不稳固、不持久的，只有自身充满正气，能够产生不怒自威那种效果，这样的气场才会有影响力、凝聚力，才会令人信服和敬仰。

这些道理，其实大家都懂，关键是能不能真正做到。从我市干部队伍实际情况看，拥有正气者当然大有人在，但不可否认，也有极少数党员干部不讲正气、缺少正气，嘴上喊得响亮，纸上写得漂亮，但没有落到实际行动上。有的领导干部为什么会走上腐败变质的不归路？就是因为挡不住诱惑、守不住底线，导致正气消退，邪气入侵，最终不可救药。值得警觉的是，有的同志虽然还没有出问题，但面对全面从严治党的新形势新要求，思想认识上存在差距，一时觉得难以适应。有什么难以适应的呢？是因为纪律约束更严了吗？是因为用权不可任性了吗？是因为形式主义、官僚主义、享乐主义、奢靡之风不能搞了吗？而这一切，恰恰是端正党风政风所需要的，也是保持党员干部正气所需要的。如果不能正确认识和适应这种变化，就是头脑不清醒、政治上犯糊涂，发展下去是十分危险的。

可见，正气不是说来就来、说有就有的，而是需要涵养的。一方面，要坚持不懈地涵养。《黄帝内经》说："正气存内，邪不可干。邪之所凑，其气必虚"。中医理论也认为：人之所以会生病，道理其实很简单，就是守护人体健康的正气亏虚了，或者侵袭人体的邪气太盛了。我们防范思想作风"生病"也是这个道理。保持正气,一时容易长远难,顺境容易逆境难,唯有通过经常的、长期的涵养,才能长盛不衰,永不"亏虚"。另一方面,要主动自觉地涵养。纪律约束、组织教育、同事帮助、群众监督,这些都是涵养正气必不可少的,但这只是"他律",是外力作用,与此同时,我们更要注重"自律",发挥内因的决定性作用,敢于自我革命,坚持刀刃向内,自觉刮骨疗毒、扶正祛邪,这样才能永葆思想作风健康。

第二,要涵养才气,远离平庸,造就过硬的履职本领。

所谓才气,是指一个人的才能、才华、才干。毫无疑问,每个领导干部都应具备一定的才气,以适应胜任本职的需要。年轻领导干部尤应注意涵养才气,因为你们来日方长,任重道远,有足够的才气,方能远离平庸,不辱使命,不负众望。

不过我们要搞清楚,这里所说的才气是指什么样的才气?是指文化水平高吗?当然不是。如今各级干部的文化水平普遍提高了,尤其在座的各位,我看了一下花名册,最低的学历都是本科,还有不少硕士生,甚至有几位还是博士生,文化水平这方面的才气已经很足了。那么,是指文艺爱好、琴棋书画方面的特长吗?也不是。这些东西当然也算得上是才气,而且领导干部也可以有这方面的才艺和高雅情趣,但它不是主要的、非有不可的,有当然更好。那么,是指能说会写吗?也不完全是。如果仅指这方面能力的话,那现在很多同志都已经具备了,论说,不用稿子也能滔滔不绝说上几个小时;论写,文思泉涌妙笔生花一气呵成就是一篇好文章。有这方面的才能当然很好、很难得,也是工作所需,但如果认为这样就可以当好领导干部,那也是片面的。

那么,我们需要的是什么样的才气呢?简单地说,就是文才+口才+干才,三者缺一不可。只有文才、口才而没有干才,不会办事,不会决策,不会操作,不能解决实际问题,那就不是一个称职的领导干部;只有干才而没有文才和口才,不善于表达思想,不善于做动员说服、沟通协调的工作,那也不是一个素质全面的领导干部。需要强调的是,领导干部在具备一定文才、口才的同时,具备足够的干才尤为重要。因为我们都肩负着领导和推动一个地方改革发展的重任，特别是我市作为一个欠发达地区，加快发展的任务十分繁重，我们只有敢干、肯干、能干、干则必成、干而有效，才算有真本事，才能证明自己是称职的。

干才包括多方面能力。从大的方面讲，首要的是政治能力，即能够认清方向、把握大势，具有较强的政治判断力、政治领悟力和政治执行力，坚决维护以习近平同志为核心的党中央权威和集中统一领导，不折不扣落实好党中央大政方针和各项决策部署。这是干才的核心和根本。具体来说，干才还应体现在以下主要方面：

要有科学决策之才。决策是领导者的首要职能，善不善于科学决策是衡量领导者称不称职的根本标准。无论改革还是发展，无论党务、政务还是其他社会事务，每月每日都有大量的矛盾需要化解，有大量的实际问题需要解决，这都需要领导者在调查研究的基础上权衡利弊，作出决断。如果缺乏基本的决策常识和决策本领，或犹豫不决、优柔寡断，或脱离实际、主观臆断，或草率行事、盲目乱断，就有可能给工作带来损失。

要有创新创造之才。敢于创造、善于创新，也是领导干部应有的硬核本领。要善于把中央大政方针与本地实际结合起来，创造性地开展工作，而不能照抄照搬，人云亦云；要顺应信息时代科技迅猛发展的热潮，把握新机遇，培育新动能，建立新产业，孵化新业态，推动经济高质量发展，而不能因循守旧、抱残守缺；要适应国家治理体系和治理能力现代化的要求，改革旧的体制机制和方式方法，不断提高治理效能，而不能陷入"新办法不会用、老办法不管用、硬办法不敢用、软办法不顶用"的困局中不能自拔。

要有执行、操作、抓落实之才。三分部署，七分落实。很多时候，我们并不缺少科学的部署，而是缺少有力的执行、有效的操作和不折不扣的落实。究其原因，除了作风不实之外，还有办法不多、方法不当的问题，有些同志主观上想把事情办好，但不懂得怎样把决策部署进行细化、分解，怎样具体执行和操作，怎样解决落实过程中遇到的各种实际问题，最终导致部署落空。对这一点，年轻干部尤其是没有经过基层历练的同志要引起高度重视。我们基层干部无论处于什么职位，都处于改革发展第一线，都需要面对面、实打实地解决实际问题，光会耍嘴皮子、摇笔杆子是没用的，要通过勤于实践积累实操经验，使自己成为干实事、善操作、抓落实的行家里手。

要有凝聚人心之才。要把党委、政府的决策部署落到实处，要让改革发展的各项目标任务得以实现，离不开充分调动广大干部群众的积极性创造性，因而也离不开做好统一思想、凝聚人心的工作，尤其要做好新形势下的群众工作。保持同群众的密切联系，及时解决群众的急难愁盼事项，这是一方面；还有很重要的一个方面，就是要掌握做群众工作的方法和艺术，包括怎样同群众打交道、怎样理顺群众情绪、怎样说服教育和团结引领群众，等等，都是摆在我们面前的"必修课"和"必答题"。如果缺乏凝聚人心共图大业的本事，即使个人有再大的能耐，也很难干成什么大事。

总之，年轻干部应当自我加压，自求上进，发挥优势，补齐短板，尤其要注意补齐干才不足这块短板，使自己的才气足以支撑职责使命。

第三，要涵养虎气，克服懦弱，顶起自己头上该顶的那片天。

所谓虎气，就是像老虎那样有力量、有气势，虎气生生、虎气十足、虎气冲天等形容词，就是用来形容那种雄壮威猛、充满活力、不畏艰险、一往无前的精神气质的。虎气对于我们领导干部，无疑也是必不可少的。首先在外表上、在精神状态上，有虎气就会给人以有勇气、有魄力、有干劲的印象，他也就会有较高的威望；缺少虎气就会给人以精神不振、魄力不足、胆小怕事、懦弱无能的印象，那么他的威望肯定高不到哪里去。年轻干部正值青春韶华，更应朝气蓬勃、生龙活虎，如果缺少虎气、四平八稳、谨小慎微、暮气沉沉，那还有什么威望可言？

当然，虎气应更多体现在工作上，体现在干事创业上。当前经济社会发展和意识形态、党的建设等各方面工作都遇到不少深层次矛盾和问题，要解决好这些问题，除了要拿出智慧，还要拿出虎气。要有敢于担当、勇于负责的虎气，任了这个职，就要尽好这份责，干好这份事，顶起自己头上该顶的这片天，说干就干，敢作敢为，不怕担风险，不推卸责任，出色完成各项工作任务。要有披荆斩棘、攻坚克难的虎气，困难面前不退缩，矛盾面前不回避，挑战面前不让步，压力之下不弯腰，坚定信心，迎难而上，以"不为失败找借口，只为成功想办法"的拼劲和韧劲，破解难题，攻克难关。要有旗帜鲜明、敢抓敢管的虎气，坚持按党性、按原则办事，对歪风邪气敢于抵制，对损害党和人民利益的行为敢于亮剑、敢于斗争，对一切违纪违法违规的人和事敢于批评和处理，决不听之任之，决不和稀泥、当老好人。有了这几方面的虎气，各级干部才能大有作为，各项事业才能顺利推进。

　　但我们要看到，涵养虎气也是不容易的。联系实际来看，在当前严格纪律约束和加强监督的大环境下，要特别注重解决好各级干部如何继续保持干事创业激情和勇气的问题。据组织部反映，在对县市区领导班子年度考核中发现这样一种现象：有的同志抱着"宁可不干事，只求不出事""多一事不如少一事"的错误观念，该担的责不敢担了，该干的事不敢干了，该处理的问题不敢处理了，该批评的不良现象不敢批评了，不作为，慢作为，甚至干脆"躺平"，无所用心，无所事事，无所作为，满足于混日子、当"太平官"。究其原因，就是"怕"字当头，怕违纪踩线，怕犯错误，怕担风险，怕得罪人，怕被人"告状"。这种现象值得我们高度警觉。如果任其发展下去，"躺平"现象就会继续蔓延，导致更多干部丢失虎气，消极泄气，毫无生气，这样下去还能干成什么事？现代化建设还能有什么希望？所以，党员干部自身要打消顾虑，保持定力，只要做到"老老实实做人，清清白白做官，踏踏实实做事"，就没有什么好怕的。各级党组织要坚决贯彻落实中央精神，敢于为担当者担当，为负责者负责，为干事者撑腰，积极营造有利于干事创业的良好环境。也就是说，党员干部要继续涵养和保持虎气，组织上要理直气壮地支持和保护虎气，让干事创业的虎气在现代化建设中不断发扬光大。

第四，要涵养大气，摒弃狭隘，汇聚众志成城的磅礴力量。

所谓大气，是指一个人心胸开阔，容人容事，宽宏大量。古话说的"宰相肚里能撑船""海纳百川，有容乃大"，也是这个意思。党员干部当然也需要大气，特别是"一把手"更应注重涵养这种大气。大气才会有大视野、大格局、大容量，大气才能干大事、创大业、成大器。在座同志中，有很多都在"一把手"位置上，其他同志将来也有可能成为"一把手"，你们对此应有清醒的认识。

维护班子团结需要大气。事实证明，一个班子团结不团结，与"一把手"大气不大气有着直接关系。"一把手"大气，能用人之长、容人之短，能做到大事讲原则、小事讲风格，能待人以诚、与人为善，工作中能带头做到相互理解、相互尊重、相互支持、相互补台，这个班子的团结就出不了什么问题，班子成员也会心情舒畅、心齐劲足、合力干事；反之，如果"一把手"心胸狭窄，缺少度量，凡事斤斤计较，班子团结就肯定搞不好，甚至可能产生"内耗"现象。

发扬民主需要大气。民主集中制是党的根本领导制度和工作制度，民主作风是领导干部应有的优良作风。无论作决策还是办事情，任何个人的智慧和能力都是有限的，只有发扬民主，集思广益，才能减少失误，取得成功。这就要求"一把手"强化民主意识，虚怀若谷，博采众长，善于听取各方面的意见建议，尤其要有"开门纳谏"、闻过则喜的气度和胸怀，听得进不同意见乃至批评意见，只要是合理的就予以采纳。其实这也是大气的表现，缺少大气就不会有民主作风，就会唯我正确，刚愎自用，听不进真话实话，容不得逆耳忠言，就难免造成工作失误。

科学用权需要大气。"一把手"总揽全局、位高权重，能否做到科学用权，关乎能否充分调动各方面积极性，关乎权力运行的效率高低，关乎事业兴衰成败。而科学用权同样离不开大气。也就是不揽权、不专权，大权管住，小权分散，让班子成员和各有关方面有责也有权，这样才能形成"众人拾柴火焰高"的局面。有的同志总是把权力看得太重，总是对别人不放心、不放手，把什么权力都死死抓在自己手上，什么事情都得自己说了算，以致"班长"变成了"家长"，"一把手"变成了"一霸手"，结果不仅挫伤各方面积极性，更严重的是降低工作效率，制约事业发展。

此外，提高人格修养、树立良好形象也离不开大气。常怀大气，就会淡泊名利，宁静致远，保持一份难得的淡定与从容；就会慷慨大方，充满爱心，上善若水，产生强大的亲和力；就会爽直豪迈，举重若轻，拿得起、放得下，始终保持阳光心态。可见，大气其实是一种大智慧，它可以让我们的心地更明亮、气质更高雅、人生更美丽。

最后要说的是，以上"四气"，相辅相成，不可偏废。只有正气而缺乏才气，就会陷入本领恐慌，肯定干不成事；反过来讲，只有才气而缺乏正气，同样干不成事，而且可能会坏事、出大事；有了正气、才气，还不能缺了虎气和大气，因为虎气可以生威，大气可以得众，只有"四气"兼备，才能担当大任、成就大事。我希望并相信，大家一定会坚持"四气"兼修，全面升华自我，在各自岗位上展现出正气浩然、才气横溢、虎气十足、大气磅礴的过硬素质和良好形象！

评析：

事业兴衰，关键在人，关键的关键又在于各级干部是否具有堪当重任的过硬素质。这篇讲话围绕年轻领导干部如何加强自身修养，从涵养正气、才气、虎气、大气这四个角度展开阐述，立意新颖，寓意深刻，循循善诱，语重心长，具有较强的教育和指导意义。写法上，结构严谨，层次分明，文字朴实而清新，笔法灵活而流畅，特别是不打官腔、不人云亦云、不生硬说教、不说空话套话，用自己的个性化思维、语言和真情实感表达思想见解，这种文风值得提倡。

第三章 调研文章的写作

37. 调研文章有哪些类型？其作用是什么？

答：所谓调研文章，即通过调查研究而形成的文字材料。它的作用，从总体上来说，就是通过反映现实生活中某一方面的情况以及作者的分析与思考成果，为实现一定的目标服务。具体来说，不同类型的调研文章又有其不同的作用：

总结经验的调研文章，即通过反映某地、某单位工作上的突出成绩，总结经验，树立榜样，以此推动面上的工作。通常在某项工作由试点向面上推开的时候，在人们对某项工作普遍感到难度很大，需要示范引导的时候，或者实践中出现了某个新生事物、某方面的突出典型，需要扶植和宣扬它的时候，就需要这类调研文章。如《××村由穷变富的启示》《介绍一个创新发展的好典型》，从题目上就可看出它的作用是什么。

揭示问题的调研文章，即通过反映现实生活中某些负面问题，揭露其真相，找准其根源，分析其危害，并提出解决的办法，以期引起有关党政组织、有关部门或全社会的重视。如反映某县机关干部打扑克赌博成风，反映某市电子游戏室太多太滥缺乏管束而贻害青少年，反映某地民间非法集资危及社会稳定等。这类调研文章往往能促人警觉，迅速采取措施予以解决问题。

工作研讨性的调研文章，即通过对某项工作或全面工作的分析探讨，总结经验，找出问题，提出相应对策，指明努力方向。如

《我市发展县域经济的调查与思考》《加强土地节约集约利用势在必行》。这类文章，有的是用于自我总结，有的是用于向领导机关或有关部门建言献策，有的是用于呼吁社会各方面给予关注和支持。

直接服务于领导决策的调研文章，即通过调查研究，掌握有关情况，直接为决策提供依据。这类文章一般形成于某项决策形成之前：领导觉得某个问题需要决策，但由于情况不明一时下不了决心，需要在弄清情况的基础上权衡利弊，再做决断，于是亲自出马或指派有关人员进行调查分析，而后以文字形成决策依据。如《关于建立高铁经济区的调研论证报告》《土地规模经营目前不宜大范围推行》。这类文章通常影响着对某件事情决策不决策、决策是否科学可行。

我们党历来重视调查研究，可以说，党的事业的每一次进步，无不伴随着调研成果的运用。时代发展到今天，中国特色社会主义事业正向纵深推进，政治、经济、文化各领域正经历着深刻变化，机遇与挑战并存，困难与希望同在，大量的新情况、新课题需要我们去研究，大量的热点、难点问题需要我们去探索。这就要求我们，把高昂的热情与科学的态度结合起来，十分重视调查研究和调研成果的运用。光有热情而没有理性思考，那只是一种浮躁，而失误往往是浮躁的产物。对于机关文秘人员来说，无论是为领导同志起草调研文章，还是根据工作需要自己进行调研活动，都要十分注重调研质量，精心起草好每一篇调研文章。

38. 质量与选题有何关系？调研文章怎样选题？

答：避开技巧问题不谈，我觉得看一篇调研文章有没有质量，最关键是看它有没有利用价值。比如：问题抓得准不准？分析得透彻不透彻？提出的意见和建议可行不可行？如果回答是否定的，就说明没有利用价值，当然也就谈不上有质量了。真正有利用价值的文章，我觉得首先不是表现在结构严谨、层次清楚、用词准确、文字漂亮等方面，而是表现在主题鲜明、见解精辟、针对性和实用性较强等方面。好比说，读者拿到一篇调研文章，一看主题就觉得很吸引人，让人不得不看下去，看完还能受到启发和触动，这样的文章才算得上是有价值的文章。从这个意义上说，要使文章有质量，首先要把题目选好。题目没选好，宁可不动笔。选题要注意以下几点：

选题要准。准，就是要抓住人们普遍关心的问题、现实生活中迫切需要解决的问题和某些尚未引起人们注意但又需要提醒的带倾向性、苗头性的问题。现实生活多姿多彩，千变万化，需要探讨和解决的问题不计其数，但其中必有一部分是重要的、急切需要解决的、人们共同关注的，一部分是次要的、可以逐步解决的、人们并不共同关注的。当然，在不同的地区、不同的行业、不同的领域，情况又会有所不同。面对纷繁复杂的社会现象，我们的目光要始终瞄准重点，聚焦热点、难点，而不能眼花缭乱，主次不分，想到什么题就选什么题，想怎么调研就怎么调研。选题也像上项目、出产品必须适应市场需求一样，必须根据读者和实践的需求来选，否则也会出现"滞销"。鉴于领导机关的调研活动多数是为领导决策服务的，选题时还要特别注意听取领导同志的意见，领导不关注、不感兴趣的题目千万别去选，以免做"无用功"。

选题要新。新，即新颖独特，以自己独到的眼光发现和分析问题，并提出解决问题的办法。这里通常有两种情况。一种是，有的问题人家尚未发现而你发现了，而且这个问题是必须引起重视并加以解决的问题。比如当年由于受亚洲金融风暴的影响，大批打工人员因企业不景气而从发达地区返回内地，继而带来就业、治安等一系列社会问题，而这些问题多数人一时并未察觉到，或虽然察觉到了但一时想不出解决的办法，这时某调研小组抓住"引导返乡打工人员就地创业"这个题目进行调研，这就抓对了。另一种情况是，有些题目可能被别人调研过多次了，由于工作需要你来抓同样一个题目，这时你就要注意从角度上求新。比如同样是发展县域经济的调研，人家可能从推进农业产业化、建立工业主导型经济格局、以招商引资为突破口等角度调研过了，你就不能跟在人家后面老调重弹，而要找到自己独特的角度，比如从创特色、打造核心竞争力的角度来做文章。角度新了，题目也就新了。

选题要实。实，即坚持从实际出发，围绕实际需要来选题。不实则空，空则无用。有的同志在选题时，不是从实践中去选，不是贴紧现实需求来选，而是坐在办公室里"想当然"地选，不着边际地选，这样当然选不出好题目了。比如上级要求推进产业结构的战略性调整，有的同志连门也未出就在那里"选"起题目来了：关于调整产业结构之我见、关于建立支柱产业的战略构想、关于提高第二、三产业比重的对策思考，如此等等，然后根据汇报材料上反映的情况分析、探讨一番，一篇"大作"就问世了。但这些所谓的构想、对策是否对路呢？那只有作者自己知道了。所以说，选题一定要从实处着眼，从领导有什么需求、群众有什么愿望、实践中有什么问题需要解决等方面入手，才能抓住根本，保证质量。

选题要集中。集中，即瞄准某一个或某一方面的问题做文章，集中"火力"把它说深说透，而不能把题目所涉范围搞得太大，不能面面俱到。我们常说，做文章，题目切口要小，也就是这个意思。有的同志喜欢抓大题目，这本身不能说有错，有时甚至还是需要的，比如某些带宏观性、战略性的调研报告就很"大"，但"大"要大得实在、丰满，而不是装腔作势、空洞无物的"大"，也不是包罗万象、琐碎冗长的"大"。比如就党的建设问题进行调研，党的建设包括思想、组织、作风、制度建设等方面，每个大的方面之中又包括若干具体方面，如果以"关于加强党的建设的调查与思考"为题，每个方面都谈情况、议对策，那除非你把它写成一本书，要不就只能"蜻蜓点水"，什么都提一下但什么都讲不透。这样还不如根据实际情况，抓住一两个带根本性的问题，如领导班子建设问题、干部作风问题，这样就突出了重点，写起来也更集中、更顺当。

39. 调研文章怎样选取材料？

答：要注意以下几点：

（1）选材要贴紧主题。调查得来的材料是大量的、具体的，甚至是零乱的，有些重要有些不重要，有些有用有些未必有用，有些是真实的有些是不真实的，那么在分析材料的时候就要认真筛选，把那些有用的、重要的、真实的、与主题关系密切的材料留下来，其他的材料则应去掉。一些有经验的同志，在调查阶段就在边记录边筛选着，把凡符合主题的材料包括重要的词句、数据、观点、事例等都画上着重号，这样就为分析材料提供了便利，节省了时间。在选材问题上，有的同志往往被众多的原始材料搞得眼花缭乱，这也舍不得，那也舍不得，把与主题无关或关系不够密切的某些材料也硬搭上去，结果是冲淡或淹没了主题，文章变成了大杂烩。比如一篇反映某村做好思想政治工作的调研文章，主题是通过这个典型说明用社会主义核心价值观占领农村思想阵地的必要性，所选的材料本来够用了，但作者又加进了兴办公益事业、发展生猪生产、共产党员带头推销农产品等几个典型事例。也许作者是为了表现"精神变物质"，本来在"物质"方面概括性地讲讲总体发展面貌也是可以的，但篇幅不宜过大、事例不宜太多，否则就与主题不符了。如果要全面反映该村的变化，那就要换一个容量更大的主题，才能涵盖得了。

（2）材料要充分。调研文章是用事实说话的，这就要求充分地占有材料，包括事例、数据等都要齐全、具体、实在，使之足够说明某一个问题，否则就会使文章流于空洞，难以使人信服，甚至给人留下强词夺理的印象。一般来说，掌握材料是在调查阶段就要完成的，但有时也有例外，即在分析材料时发现材料不够用，或者只有间接材料而没有第一手材料，或者只有粗略的材料而没有具体的材料，或者只有"面"的材料而没有"点"的材料，在这种情况下就要返回去补课。有的同志不是这样做，而是仅凭手中的材料，再加上一些苍白无力的议论，硬凑成一篇文章。比如一篇以"加快我市小城镇发展的调查与思考"为题的稿子，名为调查，实际上只有城镇与农村人口分布比例、小城镇建设新增面积等几个数据，然后就是作者本人关于加快小城镇建设重要性和必要性的论述以及规划、政策、投入等方面的一系列"思考"，人们从中无法看出该市小城镇建设的全貌、存在的具体问题和发展趋势，也看不出所提的对策有多少事实依据。这样写，就显得空泛了。

（3）注重材料的普遍指导意义。调查研究的目的既然是服务现实、推动工作，那么在选取材料时就要注意观察事物的内部联系，找出带规律性的东西，使之具有典型的、普遍的指导意义，这样写出来的文章也才会有针对性。写总结经验性的调研文章更应注意这一点。而我们有相当一些调研文章，特别是领导同志署名的文章往往忽略了这一点。比如这样一篇文章，题目是"关于我区××系统开展行风建设的思考"，通篇谈的都是行风建设的过程和效果，什么分了三个步骤啦，采取了四项得力措施啦，取得了五个方面的突出成效啦，实现了六个目标啦，接下去没有指出存在的问题，也没有从普遍指导意义上进行理性思考，所以这样的文章只能算得上是工作体会文章，而不是有指导意义的调研文章。可见在体裁选择和主题设定上就要把好关，不能将什么文章都冠以调研文章的名义，把调研文章的作用都搞混了。再看一例：一位领导同志下农村与农民"三同"，调查中他发现，该乡的经济发展水平虽然不算高，但"能人经济"出现好的发展势头，一批果业大户、养殖大户不仅率先富了起来，而且带动了周围一些缺技术、缺资金的农户一起搞规模种养；由此他还发现，在引导农民开拓致富门路的问题上，能人带动比行政推动往往要顺利得多、效果也好得多，比那种以损害干群关系为代价的"强迫致富"行为更是高明得多。于是他以"扶植能人经济，引导农民致富"为题写了一篇调研文章，文中以翔实、生动的材料说明了发展能人经济的必要性和可行性，呼吁各级党政领导以极大的热情发现和培植能人，推动能人经济的发展，以此带动千家万户一起致富。很显然，这篇文章的普遍指导意义就很强了。

40. 调研文章怎样克服有"调"无"研"？"研"的基本要求有哪些？

答：有"调"无"研"，指的是文章只罗列了情况和现象，而没有上升到理性的高度进行分析提炼并在此基础上提出解决问题的办法。这种现象的确存在。比如有一篇探讨青少年犯罪问题的调研文章，通篇谈的是面上的情况，包括发案率、不同年龄段所占比例、有关典型案例和作案特点等，这本来也是不错的，但接下去只是呼吁社会给予关注，而没有分析原因、揭示本质，没有提出应对措施，这便是典型的有"调"无"研"，这样的文章当然不是合格的调研文章。不过出现这种现象的只是少数，因为稍有写作常识的人都知道，有"调"必应有"研"，怕的只是虽然有"研"但"研"得不准、不深、不透，等于无"研"。比如轻描淡写，泛泛而谈；空发议论，不切实际；人云亦云，缺乏创意，这些都是无"研"的表现。

这里就涉及"研"的方法问题。最根本的方法就是毛泽东同志提出的"将丰富的感觉材料加以去粗取精、去伪存真、由此及彼、由表及里的改造制作工夫"。这一"经典"大家都熟悉，关键是怎么去运用。结合调研实践，我谈谈具体操作上应注意的几个问题：

（1）抓住事物的本质。所谓本质，即事物本来的品质和特性，它通常被事物的外象所掩盖，但又决定事物的发展方向。正如列宁所说，人们对事物的认识过程是"从现象到本质，从不甚深刻的本质到更深刻的本质的深化的无限过程"。对事物本质的把握看似玄妙，其实也并不玄妙：在对调查材料进行分析时，眼光不要局限于观察表象，不要停留于对表面现象的罗列，而要刨根究底，把表象包含着的"内核"找出来。比如某县有关部门对企业的"三乱"行为屡禁不止，群众反映强烈，领导派你去搞个调查。调查中你发现"三乱"的确严重，表现五花八门，但在形成文章时，是不是把这些现象及带来的后果罗列一下就可以了呢？当然不可以。你还得分析探讨一下：造成这种现象的根源是什么，究竟是什么东西在里边作怪？这时你可能会发现：这种作怪的东西原来是部门利益，为了部门利益而不顾大局利益、不顾企业死活，这就是这一现象的本质所在了。这是一层意思，即不能被表象所迷惑。还有一层意思是，不能被假象所迷惑。假象是对事物本质的歪曲和颠倒，它比表象更带有欺骗性；制造假象，目的就在于掩盖事物的本质，转移别人的注意力，从而更顺当、更堂而皇之地达到自己的目的。仍以上面这个例子来分析：你在查究"三乱"根源时，有些部门可能压根儿不承认这是"三乱"，而是按上级文件要求进行的正常的行政执法，或者虽然没有上级文件，但纯粹是出于加强管理、提供有偿服务的目的，而绝不是有意加重企业负担。这样听起来似乎很有道理，简直不应批评而应给予表扬了，但你必须深入分析一下：某项收费虽然有上级文件，但该文件有没有过时？明令规定的收费项目中，存不存在擅自提高收费标准的情况？所谓的"有偿服务"，企业是不是自愿接受？这样一深入下去，"马脚"就露出来了。而如果片面听信某些解释，那就可能被假象所惑、所骗，继而得出相反的结论，变成"三乱"有理了。

（2）注意定性分析与定量分析相结合。定性分析是就事物的性质、特点、走向进行分析研究，从中找出有规律性的东西；定量分析则是通过典型数据来摆事实、讲道理，是用数量关系揭示事物的根本特征。这两种分析方法缺一不可，只有定性分析而没有定量分析，就会显得抽象而空泛；反之，只有定量分析而没有定性分析，就会显得烦琐而枯燥。举例来说：某调研小组就"我县群众生活水平离小康有多远"这个题目进行调研，其中必然涉及大量数据，包括人均 GDP 占有量、住房面积、恩格尔系数、受教育程度等，但光有这一大堆数据还不行。如果不是经常跟数字打交道的人，看上去未必能得出清晰的印象，甚至会觉得眼花缭乱、莫名所以。因此要在定量分析的同时，运用阐释、归纳、对比等方法进行定性分析，比如规定的小康目标是什么标准、我们的差距有多大、为什么会存在这些差距以及怎样缩小差距等，这样，人们一看就明白是怎么回事了。这说明，把两种分析方法有机结合起来，才能增强说服力，才能从理论与实际相结合、宏观与微观相结合的层面上说明问题。当然，也有一些调研活动无须涉及过多量的分析，主要靠摆事实并进行定性分析就可说明问题，那又另当别论了。

（3）辩证、全面、准确地看问题和分析问题。也就是说，分析材料要力戒片面性，防止因一叶而障目，既要看到正的一面，又要看到反的一面；既要看到相矛盾的一面，又要看到相统一的一面；既要看到主流的一面，又要看到非主流的一面，这样，才能在分析研究的基础上得出正确的结论。这一点，对于以总结新鲜经验、探讨有争议的问题、把握形势和谋划对策为目的的调研活动来说尤为重要。比如某次调查中发现，某乡大力发展"订单农业"，组织农户通过与客商签订购销合同来确定种什么和种多少，由此减少了农产品的市场风险，同时还带动了规模种植，这当然是一项值得总结和推广的好做法、好经验了。但调查中还发现：有的基层干部认为，有了"订单农业"就可以甩手不管了，农业生产就没问题了；有的客商不认真履行合同，产品畅销就来调货，产品滞销就不来调货，导致农户利益受损；有的农户不懂技术偏又想一口吃成个大胖子，结果钱没赚到反而亏大本。面对这种情况，作者在总结、肯定发展"订单农业"这一新鲜经验的同时，运用辩证、全面分析的方法，尖锐地指出了几个问题："订单农业"不等于自发农业，还须基层干部适时加以组织引导；"订单农业"不等于效益农业，还要让农民掌握必要的科学技术知识；"订单农业"不等于保险农业，还要教育农民学会用法律手段维护自己的正当利益。这样一来，读者既能从典型身上学到经验、受到启发，又能提前防范可能出现的问题，从而制订科学、周密的政策措施，使"订单农业"既快又好地发展起来，那么这篇调研文章就真的是"功不可没"了。设想一下，作者如果不是全面地分析问题，而是只肯定成绩、总结经验，不指出存在的问题，不提出应对的办法，撇开文章的质量不说，更要紧的是，它将给读者带来怎样的误导呢？

总起来说，"研究"就是用实事求是的态度和一丝不苟的作风分析材料，就是正确地认识问题并找到解决问题的可行办法。"研究"的质量如何，决定着整个调研活动的成败，当然也决定着调研文章的优劣。所以在"研究"这道工序，一定要把功夫下足，把问题搞深搞透。

41. 调研文章怎样安排结构？

答：调研文章的结构，常见的是两个部分：前言和主体。前言总括性地交代调查的基本情况，包括时间、地点、对象、范围以及调查的内容和目的等，也有的文章会把主要内容放到前言部分提纲挈领地点一下，以引起读者注意。主体即文章的主要部分。调研文章一般不用专门的结束语，正文写完也就结束了。这里所要探讨的是文章主体部分的内部结构。常见的方法有三种：

一种是"两段式"，即前一部分摆情况，后一部分基于前一部分做分析、提对策。这种结构方法在各种题材的调研文章中都会用到。其优点是：轮廓分明，线条清楚，易于阅读和理解。比如一篇题为"对××地区经济发展的几点思考"的文章，前一部分肯定了综合实力有所增强、经济结构有所改善、居民收入逐步增加等几个方面的成绩，指出了工商税收在地方财政收入中的比重逐年下降、工业经济效益逐年下滑、农民增产不增收等几个方面的问题，同时还通过主要经济指标的横向比较明示了该地区存在的差距。这样，读者就对该地区的经济现状有了一个全面的了解，同时也不禁为存在的问题和差距暗暗发急：那怎么办呢？出路在哪里呢？好，后一部分就来谈这个问题了，它提出全区经济工作要着眼于财政增收、企业增收、职工和农民增收，把工作重点放在抓利税大户、抓特色高效产业和产品、抓龙头企业、抓培育新的消费热点等几个方面，以此迅速壮大经济实力，改变落后面貌。读者一看，就明白该怎么办了，即使这些意见未必全部可行，读者也能从中受到启发。

一种是"三段式"，即第一部分摆情况，第二部分对情况进行抽象分析，探寻原因，揭示本质，第三部分再解决"怎么办"的问题。这种结构方法在分析探讨有关重大问题和难点热点问题时较多用到。比如某篇调研文章探讨某地生态环境严重恶化问题，它在列举该地水土流失、林草植被退化、湿地萎缩、河流污染等种种现象之后，需要用较大篇幅从思想观念、决策、管理、制度、投入等方面进行剖析、反思、总结教训，然后再提出解决问题的对策建议，这就成了"三段式"。

还有"多段式"。即文章的主体不是截然划分为情况、分析、对策几个部分，而以若干小标题来区分层次，每一个小标题下边既有情况又有分析和对策，夹叙夹议。比如一篇题为"××村创办蔬菜协会帮助农民致富的调查与启示"的文章，在前言部分介绍了该村的基本情况和发展蔬菜产业带来的可观效益，然后通过4个小标题来铺排主体内容：（1）处理好生产与市场的矛盾，为农民致富提供更有力的服务保障；（2）处理好分散经营与规模发展的矛盾，加快产业化进程；（3）处理好"点"与"面"的矛盾，发挥典型的示范、影响、带动作用；（4）处理好高效种植与粗放经营的矛盾，普及农业科技知识。该村创办蔬菜协会所做的工作、特点和需要进一步解决的问题分布于这4个小标题之下，并在此基础上分别展开分析，从而使这些小标题所表述的观点既是获得的启示，又是基于调查内容之上的更高层次的对策思考，显得实在而又醒目，容易抓住读者的注意力。

但上述结构方法也不是绝对的，还可以有其他方法，也还有纵式结构、横式结构、纵横交叉结构等种种说法。不管如何,根据内容表达需要,该用什么结构就用什么结构,适用的就是最好的。

42. 调研文章怎样立观点?

答:同讲话稿一样,调研文章的形成也离不开精心提炼观点。稍有不同的是,讲话稿的观点虽然也是基于对实践的思考,但或多或少地会带有领导者或领导集体的主观意志,而调研文章的观点则纯粹来源于调查得来的材料,是从材料中提炼出来的,离开了材料就不可能有观点,即使有,那也是凭空臆想出来的。所以,一切从材料(事实)出发,是调研文章提炼观点必须遵循的一项十分重要的原则。现在我们就来看看,从材料中提炼观点通常会遇到哪些实际问题。

问题之一:观点如何统帅材料?这就要求必须善于概括,从看似零散的材料中找出带共性的东西、本质的东西,使之能够统帅得了材料。否则,材料罗列得再多也说明不了什么问题,整篇文章也会散乱无序。举例来看,某调研组在调查中了解到这样一些材料:某县直属机关出现一些不良风气,有的一味强调部门工作重要,不愿派人参与县里的中心工作;有的口口声声维护"条条"政策的严肃性,对县里关于放开搞活的政策措施不配合、不支持;有的热衷于开会、下文、搞检查,对基层存在的实际问题漠不关心;有的在解放思想问题上采取实用主义态度,对自己有利的就"解放",对自己不利的就不"解放",对经济活动一味地"管、卡、压"。对这些材料,如果仅仅是将其罗列在文章中,清楚倒很清楚,但根源是什么呢?集中说明了一个什么问题呢?这就需要提炼观点了,比如这样的表述:"加快一个地方的发展,离不开'条条'与'块块'的密切配合、协同动作。如果各自为政、各行其是,必然相互掣肘,给改革与发展事业带来严重损害。"这样一说,材料被统帅起来了,问题的根子也被抓住了。

问题之二：怎样使观点具有准确性？观点准确，意味着分析问题和解决问题的立场、方法是正确的，文章所产生的社会效应也将是积极的；观点不准确，分析当然就会片面、偏颇，甚至得出截然相反的结论，那么文章所产生的副作用也将是严重的。举个例子：调查发现，某县实施"倾斜式"发展战略，把上级下拨的扶贫资金、农口资金、以工代赈资金捆绑起来，全部用于搞公路、电力、水利等基础设施建设，取得了显著效果。但对这一做法，各方说法不一。持支持态度的一方认为：这是创造性地执行上级政策，把基础设施搞起来了，发展也就快了嘛，贫困户也能受益嘛！假如撒胡椒面式地把资金用于贫困户发展生产，未必会有这么好的效果呢！持反对态度的一方认为：这是明显违背上级政策，擅自转移资金用途，片面追求"政绩"，置贫困户死活于不顾，政策观念哪里去了？对群众的感情哪里去了？面对如此复杂的材料，我们该怎样通过立观点来表明看法和态度呢？显然，偏向其中任何一方，都将导致观点的偏颇，并打击另一方的积极性。这是因为：第一，决策者的动机是通过改善生产生活条件来拉动群众脱贫致富，而不是不管贫困户的死活；第二，按上级规定，这几笔资金可以部分用于改善基础设施，决策者并没有转移全部资金用途，而是一部分；第三，决策者所为的确有违背政策的地方——没有将部分资金用于帮助贫困户搞短、平、快的脱贫项目。由上述分析，我们就可以这样来提炼观点："发展经济，脱贫致富，必须兼顾效率与公平、重点与一般。只顾效率和重点而不顾公平和一般，或者只顾公平和一般而不顾效率和重点，都是片面的、不利于发展的。"这样的观点就不会偏颇，争议双方和读者也会信服。

问题之三：怎样使观点富有创意和说服力？这就需要挖掘、升华，找到"人无我有，人有我新"的东西。同样的材料，用不同的视角、语言来表达观点，效果大不相同。有这样一篇调研文章，它在总结若干县（市）经济发展现状的调查情况时，归纳了城镇建设日新月异、公路建设成绩斐然、民营经济充满活力、招商引资势头强劲、高效农业蓬勃发展这样几个共同特点，指出但具体来看，发展并不平衡，有些地方严重滞后，存在的困难和问题比较多，部分领导同志存在畏难情绪和依赖思想。文章为了启发各县（市）相互学习、取长补短，在第二部分列出几点启示："一、要有好的思路；二、要有克难制胜的办法；三、要有雷厉风行的作风；四、要有宽松的发展环境；五、要按市场需求组织生产；六、要重视人才、用好人才；七、要有灵活、科学的经营机制。"这些观点从道理上都说得过去，但这样的话大家都想得到，显得旧了一点、平了一点。后来修改成这样："一、拥有同样的资源和发展条件，走不同的发展路子，效果大不一样；二、面临同样的困难和矛盾，善不善于开动脑筋、拿出克难制胜的办法，效果大不一样；三、同样的目标任务，有没有雷厉风行的作风和大刀阔斧的气魄，效果大不一样；四、同样的经济增长点，有没有一个使之尽快发育成长的宽松环境，效果大不一样；五、同样的生产经营活动，是否根据市场讯号和产业化要求来进行，效果大不一样；六、同样是发展县域经济，有没有一支敢干事、善干事的人才队伍，效果大不一样；七、同样上项目、办企业，有没有一个科学、灵活的经营机制，效果大不一样。"我们对比一下，这七个观点都是在原来的基础上改造而成的，本意都没有变，但句式从原来那种平淡的陈述句变成了以对比为条件的判断句，不仅让人感到耳目一新，而且也显得很有针对性和说服力，可以让有关县（市）的领导受到触动和启发。

43. 调研文章的"叙"与"议"是什么关系？应怎样把握？

答：叙即叙述，议即议论，二者都是成文的基本手法，缺一不可。它们各有各的功能，但又彼此不可分离。叙，就是把经过分析的材料按一定的方式进行排列，有的按事物发展的顺序，有的按轻重缓急，还有的是按不同的特点或逻辑关系。只要事实清楚，层次分明,"叙"的任务就完成了。但作为调研文章,光有"叙"显然是不够的,要不就不是调研文章而是记叙文了。这样,"议"的作用就凸现了出来,它根据"叙"的内容进行分析,进而上升为理性的东西,或总结经验,供人们借鉴运用;或探讨规律,帮助人们认识事物的本质;或建言献策,指导实践,促进工作;或判别是非,道明利害,以引起全社会的关注,促成某一个问题的解决。同样的道理,"议"不可能脱离"叙"而单独存在,要不就不是调研文章而是议论文了。

下面我们来看看:"叙"与"议"有哪些方面需要把握好?

其一,"议"要与"叙"相呼应,防止前后脱离。例如"叙"的部分有这样一段重要内容:"有的基层法院不问具体情况如何,动辄对债务较重的企业采取查封财产、冻结银行账号、传讯法人代表等强制措施,这对于困难企业来说,无疑是雪上加霜。"既然提出了这个问题,那么在"议"的部分就应提出解决的办法,但作者只是泛泛地提了一句"各部门要为企业走出困境提供帮助",关于怎么帮助却只字未提,重点"议"到其他方面去了。这显然与前面的内容脱了节,变成只"号脉"不开"处方"了。

其二,"议"要与"叙"相吻合,防止相互矛盾,搞成牛头不对马嘴。例如"叙"的部分提到"工业园区要求对高新技术产业给予税收优惠,以支持这些企业做大做强",这一要求应该说是合理的,作者把它摆进去,原本也是持支持态度的,但因为材料中同时反映了少数企业存在偷税漏税行为,所以到了"议"的部分没有把工业园区的合理要求考虑进去,而是说:"为了实现财政增收目标,必须坚决杜绝税收跑冒滴漏现象,确保及时足额征收。"也许作者是无意的,但客观上造成了前后矛盾。

其三,"议"要贴紧"叙","议"得恰如其分、恰到好处,防止言实不符。例如"叙"的部分列举了某县充分发挥农村老党员、老教师、老干部、老战士、老劳模的作用,积极做好农村思想政治工作的典型事例,这一经验值得推广是毫无疑问的,但作者把它

"议"到了吓人的高度："这是新时期农村思想政治工作的一面旗帜，是方式方法上的重大突破。它说明：只要充分发挥'五老'的作用，我们就一定能用先进的意识形态牢牢占领农村思想文化阵地。"有必要抬得这么高吗？何况人家"五老"也未必真有那么神通。人们一看，简直对典型本身的真实性也要表示怀疑了。

其四，"议"要在"叙"的基础上深化、升华，防止流于浮浅。例如"叙"的部分列举了几个乡镇分流干部创办示范服务基地，既减轻了财政负担，又带动了群众致富的事例，接下去是这样"议"的："这是一项有益的探索，是有利于发展、有利于群众的一件大好事。建议予以总结推广，鼓励更多的干部走上经济建设的主战场。"话是没有错的，只可惜"议"得浅了一点，作者没有看到这一新生事物的深层意义：它有利于精兵简政，提高效率；有利于帮助干部转变观念，掌握做经济工作的真实本领；更重要的是，有利于改进工作方法和改善干群关系，变过去的"逼着群众干"为"做给群众看""带着群众干"，所以这实际上是一项既涉及经济又涉及政治、既涉及观念又涉及方法的重大改革举措。揭示到这一层，文章的分量当然就大不相同了。

其五，"叙"与"议"都要注重质量，讲求效果，既不能重"叙"轻"议"，也不能重"议"轻"叙"。重"叙"轻"议"，就会偏向于罗列现象，导致"议"得不够、不深，文章就会缺少理性色彩，发挥不了应有的作用；反过来，重"议"轻"叙"就会偏向于抽象分析，甚至空发议论，文章就会缺少事实依据，不能让读者信服。当然，"重"与"轻"并不是以字数多少、篇幅长短来衡量的，而是由其内在质量来决定的。"叙"能叙得充分，"议"能议到点子上，也就达到了目的。

其六，"叙"与"议"的摆布要合理，衔接要紧密。这一点与文章的结构有关。通常有两种方法。一种是"叙"与"议"分别作为一个部分，"叙"归"叙"，"议"归"议"，但逻辑上是连接在一起的，即前面交代"什么样"，后面说明"是什么""为什么"

或"怎么办"。另一种是边"叙"边"议",即每一个层次谈完情况接着分析,若干个层次谈完后,最后来一段概括性的文字做总结。请注意:这两种方法要区别运用,一般情况下,前者适用于探讨单个问题,后者适用于探讨多个问题。看一个例子,某篇探讨工业园区如何走出困境的调研文章,梳理归纳了三个方面的突出问题:一是入园项目质量不高,二是土地闲置现象较为严重,三是基础设施不配套。如果按先"叙"后"议"的方法,那么在"叙"的部分罗列这三个方面的具体情况后,"议"的部分又要分别就如何解决这三个问题进行分析探讨,这样就显得生硬、机械,使文章内容失去了连贯性和黏合度,而且难免出现一些语句上的重复,还不如采用每一个问题既"叙"又"议"的方法,写起来也相对容易些。

其七,"叙"和"议"都要扣紧观点来展开,使观点有血有肉、生动丰满。这里需要防止的一个问题是:"议"与观点联系不紧,或者根本就没有"议",留下"叙"在那儿孤零零地支撑观点,文章就变成观点加例子的说明式文章。这样的文章我们经常可以看到。比如某篇文章,第一个观点是"只有解放思想,才能打开思路",紧接着就是例子——某某县通过解放思想大搞招商引资,效果如何如何;第二个观点是"只有狠抓机制转换,才能增强企业活力",紧接着又是例子——某某企业通过实行股份制改造,活力大增,效果如何如何。用例子来印证或解释观点,这是对的,也是必要的,没有例子就会使观点失去说服力;但光有例子未必能支撑起观点,而且在写法上也显得生硬、单调。像这篇文章,从观点一下子跳到例子,首先给读者的感觉就不怎么好,太突然了,转得太快了。正确的方法应该是:亮出观点后,先用"议"的方法把观点展开,再过渡到举例子。比如第一个观点下边就可以先"议"上一段:"思路活不活,与思想解放不解放有关。无数事实证明:解放思想天地宽,打破禁锢办法多……"紧接着举例子,这样就很自然了,文章也显得丰满了。有时,举完例子还可以接着再"议",但不是重复前面的"议",而是就这个例子本身而"议",以进一步印证观点的正确性。当然,不能"议"得拖泥带水、唠叨不休。比如举完上边这个例子之后,接着可以"议"上几句:"……这就是很好的例证,设想一下,该县如果不是大胆打破姓社姓资、姓公姓私的思想禁锢,能走出'开放兴县'的路子来吗?财政收入能连续几年双位数增长吗?"话说到这里就可以了。

44. 为什么强调调研文章一定要说真话?

答:调研文章是用于反映情况、服务决策、解决问题的,当然要说真话。所谓"真",真就真在如实反映事物的本来面貌,包括成绩、问题、经验、教训,等等,是怎样就怎样,既不缩小也不夸大,既不捏造也不掩饰;真就真在实事求是地分析材料,不唯书唯上,不空洞议论,不夸夸其谈、哗众取宠,而要瞄准现实需求,想实招,谋实策,务实事。很明显,如果不说真话说假话,对于社会,将产生某种误导,使人们看不清事物真相、分不清是非界限;对于领导层,将传送错误的决策信号,导致决策失误,给工作带来损失;对于自己,则导致养成不良作风,丧失起码的职业道德,对个人成长没有好处。

不过,坦率地讲,其实大家都知道调研文章要说真话,关键是想不想说、敢不敢说和善不善于说的问题,如果不想说、不敢说、不善于说,当然就没有真话的立足之地了。

不想说真话,可能有两种情况。一种是,对调研活动抱着应付了事的态度,坐着车子转,隔着玻璃看,办公室里听汇报,材料堆里找典型,然后匆促成篇,就算交了差。有时明知情况不实,但不愿做深入细致的调查,不愿触及矛盾和问题,认为反正与自己无关,抱着多一事不如少一事、睁只眼闭只眼的态度。另一种情况是,有的领导同志为了显示自己的"政绩",或者为了维护本地区、本部门的所谓"形象",专挑好的说,成绩一大摞,经验一大堆,启示一大串，对存在的问题却略过不提，或者轻描淡写地一笔带过。

不敢说真话，关键是"怕"。

一怕得罪当事人。一些地方和单位的负责人都有这样一种心理：出了成绩和经验，生怕上面不知道，于是想方设法请领导来视察，请记者来采访，请领导身边的"秀才"们来总结；一旦出了问题，哪怕是一次小小的违章乱建、一场小小的工伤事故，也千方百计捂着，生怕上面知道了会影响"形象"。在这种情况下，调研文章如果是"唱赞歌"，对方当然很高兴；如果是"揭疮疤"，对方当然不高兴，甚至觉得你得罪了他。所以有的作者就怕了：算了吧，与人方便，与己方便，还是手下留情吧！

二怕抹杀"大好形势"。这是作者在调查总结本地本部门工作情况时容易出现的一种心理，特别是该调研文章如果是用于向上级领导机关汇报情况或用于报刊发表的，那作者更是小心翼翼、如履薄冰了。怕的是，如果暴露问题的话，直接的"上级"——本地本单位领导固然不高兴，有时"上级"的"上级"也会不高兴，上有所好，下必从之，下属们（包括作者）当然只好报"喜"而不敢报"忧"了。不过，有时也是作者自己多虑，太过小心谨慎，因为"上级"喜欢听真话的毕竟还是大有人在，不喜欢听真话的毕竟是极少数。

三怕冒犯领导权威。这里指的是调查得来的"负面"情况直接与领导有关。实际上，任何一次调查，只要真正深入到基层和群众中去，尤其是暗访式地深入，必定能了解到许多真实情况，听到在办公室和汇报会上根本不可能听到的大实话、心里话，其中必定有些内容是与领导机关或领导同志相关的，比如某项决策不符合实际、某些领导工作方法有问题、某件事该办而上级没给办，等等。碰到这种情况，有的作者就怕了：把这些问题写进文章中去，岂不是"太岁头上动土"吗？冒犯了领导，他会不会给"小鞋"穿呢？于是，该反映的情况不敢反映了，该提的决策建议也不敢提了。

不善于说真话，那就是方法上的问题了。表现之一：看问题不全面，只看正面，不看反面，只见树木，不见森林，有时还容易被某些怕暴露问题的调查对象牵着鼻子走，被人家糊弄了还蒙在鼓里，这样当然摸不到实情、听不到真话了。表现之二：看问题不深刻，缺乏洞察力、穿透力和鉴别真伪、判断是非的能力，容易被表象、假象所迷惑，把握不住事物的本质和真相，有时还以伪为真，以非为是。表现之三：不善于分析、提炼材料，明明掌握了实情、听到了真话，但上升不到理性的高度，提不出可行的、管用的意见和建议，把好端端的材料白白浪费了。表现之四：缺乏主见，左右摇摆，明明有真情可报、有实话可说，一旦旁人提出异议，就不敢坚持了，赶快把"棱角"磨掉。

上述三个方面的问题，都是调研工作中应切实纠正和防止的。从根本上说，还是要本着对事业负责、对领导负责、对人民负责的精神来反映情况，思考问题，建言献策。舍此，一切都无从谈起。

45. 调研文章怎样说真话？

答：调研文章说真话也的确有个方法问题。就像平常批评人一样，用这种方法说，人家接受得了，而且心服口服；用那种方法说，人家可能接受不了，甚至火冒三丈。那么，说真话有哪些方法需要掌握呢？

第一，全面、客观、公正地反映情况，防止主观片面性。事物都具有两重性，很多时候，"好"与"不好"是相对的而不是绝对的，把任何一方面绝对化都是不妥的。比如，调查发现，某食品药品监督部门对民营企业检查较多、罚款较多，致使企业经营困难，怨声载道，从一方面看，这是不对的，是不利于民营经济发展的；从另一方面看，该部门可能的确是出于严格执法、打击假冒伪劣、维护消费者利益的目的而这样做的。在这种情况下，如果不肯定该部门的正确动机而仅仅指责其不当的做法，尽管是真话，对方也接受不了；反过来，先肯定，后批评，即使是以批评为主，即使对方不高兴，他也无话可说了。

第二，分清主流与非主流、主导方面与非主导方面，防止因片面地讲真话带来负面效应。一般来说，凡揭露问题、针砭时弊的调研文章都有较强的可读性，这本身并没有值得非议的地方，但在写作时要注意运用辩证思维方法，分析事物要看主流方面和起主导作用的方面，而不能只看非主流和非主导方面，不能热衷于猎奇和揭短以满足部分读者寻求刺激的心理，不能只求一时的痛快，更不能以偏概全。比如干部队伍中存在的作风不实、形式主义和官僚主义、以权谋私等问题，我们在调研活动中常常会遇到，那么在研究分析的时候，就要把握好"量"和"质"的问题。"量"的方面，既要指出少数干部身上的确存在这些问题，但又要肯定多数干部是好的和比较好的，不能让人们觉得所有干部都有问题；"质"的方面，要找准存在这些问题的原因——有的是本人思想政治素质不过硬所致，但在很多情况下，也与受习惯势力影响、教育管理不严、制度不健全等有关。以这样的眼光观察和分析问题，就能抓住事物本质，也更合乎客观实际。

第三，在遣词造句上注意把握分寸，防止把话说得太直露。文章毕竟是文章，不可能像平常说话那么随便，想怎么说就怎么说，特别是说揭露问题的真话，更应注意这一点。有的作者在这方面勇气有余，策略不足，以为讲得越直露、越尖刻就越好、越过瘾，越能引起决策层和全社会的重视，这其实是不妥的。比如反映某些干部作风不实、不热心为群众办事："终日吃喝玩乐，嫖赌逍遥，只知榨取老百姓的血汗钱，不顾老百姓的死活。"反映某企业陷入困境，企业负责人束手无策："这些人只知等、靠、要，不知动脑筋，在困难面前拿不出一点办法，要这些占着茅坑不拉屎的庸才何用？"类似这样的问题，即使真有那么严重，文章在表达时也要注意斟酌，不要用辱骂的词句，不能污辱人格，何况问题未必真有那么严重。另外，要注意限制词的适当使用。如揭露某些不良现象时，如果是属于局部性的问题或部分人的问题，就需用"一些地方""少数单位""有的""有些人"这样一些词句来"限制"一下，以免读者误以为是全局性的问题，严重得不得了了，好像天都要塌下来了。即使是带有全局性、普遍性的问题，也还会有严重与不严重、经常性与暂时性之分，所以也常用"程度不同地""有时候"等词加以限制。

第四，要根据不同文章的不同用途、不同读者群来选择怎样说真话。如果是用于内部通报情况、总结经验教训的，或向上级反映情况、提供重要决策依据的文章，内容可以相对"内部"一些，而且要把话说够、说透。如果是用于报刊发表的，或呼吁全社会引起重视的文章，虽然也应是真话，但要把握好，哪些内容可以公开，哪些内容不宜公开或暂时不能公开，不能不加区别地一股脑儿"晒"出去。如果不注意把握好"度"，虽然你说的全是真话，但也难免产生负面影响，给工作带来不利。

总之，写调研文章要说真话，要有说真话的勇气，还要有说真话的智慧。

46. 调研文章怎样才能有效地为领导决策服务？

答：应当说，机关文秘人员起草的调研文章，多数都是为决策服务的，至少作者的动机是这样。如果是领导直接交办，要你就某件事进行调查研究并提出初步意见，这种服务就更为直接了。所以执笔者们大都非常努力，想把文章写好，以使自己的调研成果能为决策所采纳，自己从中得到几分成功的喜悦。但这里所说的"有效地为领导决策服务"，当然是相对于"无效"而言，也就是说，有时你的调研成果未被重视和采纳，你折腾老半天等于白费劲了。这的确是令人沮丧的事情。为什么会这样呢？这里可能有多种情况，或者是题目抓得不对，或者是题目虽然抓对了但研究质量不行。但不管怎么说，多数情况下，还是与你所提的决策建议不对路有关。

现在我们就来探讨一下如何使决策建议"对路"的问题。

领导决策的战略性，要求决策建议要立足于解决全局中带关键性的重大问题。任何一个地方、一个单位或系统，要做的工作包罗万象，要全面考虑、全面部署各项工作，但作为领导特别是主要领导，他不可能"平推式"地思考问题，而总是抓住一至几个重大问题进行谋划和决策。这样，提决策建议就不能着眼于那些次要的、对全局工作影响不大甚至是鸡毛蒜皮的事情，而要围绕领导的关注点来进行，以求"一拍即合"；或者站在领导的角度来想问题，以求"不谋而合"。举个例子：某一段时间，某市市长多次往困难企业跑，平常在会议上、闲谈中经常提到如何使企业摆脱困境的问题，这时候，市长的关注点和决策意向就十分明显了，如果你能在这方面提出可行的意见和建议，市长当然会予以采纳。

领导决策的实用性，要求决策建议可行、可操作。决策是用于指导和推动工作的，它不仅要就某项工作提思路、交任务、定目标，还要提出与之相配套的政策措施和具体办法，否则这项决策就是空的，下级会觉得不好操作，难以执行。比如你提出"鼓励社会力量办学"这样一条建议，光有这个题目是不够的，仅仅停留于论述它的意义和作用也是不够的。"社会力量"包括哪些方面？如何"鼓励"它们？要放宽哪些限制、给予哪些方面的优惠政策？要注意哪些具体问题？这些方面你都考虑到、设计好了，建议才有可能引起领导的重视。如果不是这样的话，也许领导会觉得这个题目虽然很好，但时机和条件还不成熟，暂缓考虑，那你的建议就"搁浅"了。

领导决策的严谨性，要求决策建议要依据充分、周密可行。决策无小事，决策是否科学，直接关系到事业成败。一项错误的决策，可能给事业带来无可挽回的严重损失。所以领导人在考虑对某件事是否拍板时，一般是慎之又慎的。有些时候，领导觉得某件事需要决策，但由于情况不明、基层干部群众的态度不明，或者由于缺乏这方面的成功先例和实践经验，所以一时下不了决心。在这种情况下，无论领导交办没交办，我们主动介入，把实际情况摸清楚，把利害关系讲清楚，而后提出该项决策是否可行的建议，领导就知道该怎么办了。比如，某领导发觉乡镇规模过小，不利于小城镇建设和培植主导产业，也不利于精简机构、分流人员，想做出撤并部分乡镇的决策，但鉴于涉及面太广、可能出现的具体问题很多，不敢贸然拍板。这时我们就可以深入调查分析：分流人员的出路何在？债权债务怎么处理？被撤并乡镇的干部群众可能做何反应？邮政、电力、教育、医疗等公益性事业单位怎么摆布？是利大于弊还是弊大于利？在此基础上再提出决策建议，领导就好下决心了。有时候，为使决策建议"命中率"较高，还须提出两种以上的比较方案。比如前面这个例子就可以有两种决策方案——一是全面撤并，二是部分撤并，供领导选择。

领导决策的创造性，要求决策建议求新求特，富有创意。从本质上说，决策本身就是一种创造，思路和方法不同，其效果也必然不同。比如，同样就"开放兴县"问题进行决策，这个县着重抓引进外资，那个县着重抓引进内资；这个县以优化环境、筑巢引凤为主要措施，那个县以主动出击、请客上门为主要措施，其效果当然不一样。这就提示我们：提决策建议一定要从当地实际出发，从务实、创新的角度来考虑问题，从比较鉴别、扬长避短的角度来出谋献策。有的调研文章看上去说得头头是道，对策、思考一大堆，但细细一看，多半是抄袭人家的东西，或重复自己过去有过的东西，领导怎么可能感兴趣呢？

领导决策的时效性，要求决策建议要适应形势和任务的变化，及时准确地为决策提供信息支持，以适应不同阶段、不同情况下的决策需要。这里的意思是说，提决策建议也有一个抓机遇的问题。因为领导决策有相当一部分是基于对事物发展的预见性、工作的超前性而做出的，决策快，就能赢得主动；决策慢，就可能陷入被动。所以我们搞调研工作的同志就要善于审时度势，超前思考，抓住决策机遇和决策需求来提出决策建议。比如中央提出扩大内需的方针，正当领导同志开始考虑如何贯彻实施的时候，我们就可以从如何培植消费热点的方面进行调查分析，比如发展旅游业、房地产业和争取国家资金搞基础设施建设等，只要提得及时、对路，建议就可能被领导采纳。相反，如果反应迟钝，等到领导考虑成熟或别人占了先机你再来提出建议，那当然是放"马后炮"了。

领导决策的不同"个性"，要求决策建议在力度、气魄、方式方法等方面与之相适应。决策也会有"个性"吗？是的。同样是决策，不同的领导人和领导集体有着不同的风格。有的喜欢大刀阔斧，有的喜欢谨慎稳妥；有的创造性多一些，有的按部就班多一些；有的侧重于抓重点、攻难点，有的习惯于全面兼顾、周到细密。因此，我们就要注意区分不同情况，因事制宜，因人献策，使决策建议适应不同的决策风格，如此成功的把握才会大一些。如果不加区别地乱"放炮"，就有可能劳而无功。比如某篇调研文章就机关人事制度改革问题，提出"全面推行末位淘汰制"的决策建议，如果是在没有先例的情况下提出的，这就够有改革创新精神了，但能不能被采纳呢？可以想象得到：思想较解放、改革意识较强的领导可能会采纳，而思想较保守、处事较谨慎的领导则可能不会采纳，或暂时不予采纳。这说不准谁对谁不对，对决策建议谁重视谁不重视，而实实在在是由不同"个性"所决定的。

领导决策的严肃性，要求我们在提决策建议的时候，要有高度的责任心和求真务实的勇气。应当承认，领导同志站得高、看得远，决策能力肯定要比我们强得多，但由于种种原因，他们有的时候也会出现依据不足、决策有误的情况，一旦拍了板，失误就不可避免了。这种时候，如果我们有足够的依据说明不宜做出某项决策或应对之予以重大修正，就要敢于直陈己见，力求让领导采纳。事实上，多数领导都会重视不同意见，会对自己的决策意图进行再次斟酌，至少不会因为你文章中提出了不同意见就给你"颜色"看。怕的是我们自己谨小慎微，明知自己的意见有道理，但领导一说不行，自己就吓得"缩"了回去。如果由于决策失误造成了某种损失，事实证明原来的意见建议是正确的，那我们又该做何感想呢？

47. 为什么"点子"式的调研文章备受欢迎？这种文章怎样写作？

答：所谓"点子"式调研文章，指的是那种一事一议、一策一议的精短文章。它有这样几个特点：（1）题目所选的角度很小，仅就某一件具体事情进行调查分析，指向性很明显，针对性较强；（2）在进行理性思考时，不讲过多的大道理，不注重思辨色彩，仅就这件事情如何解决提出具体的、实在的意见或建议；（3）行文干净利落，篇幅不长，言简意赅，只求把意思讲明白就行。举个例子来看，有篇调研文章叫作"清理违章占道经营与发展个体私营经济的矛盾急需解决"，开篇就说："最近调查发现，城管部门为落实创建卫生城市的要求，对所有占道经营的个体户进行了清理。这本是一件好事，但个体户意见纷纷，因为他们当中有不少是下岗职工和无其他经济来源的居民，这样一来，生意没得做了。日子过不下去了……"文章接下去列举了一些具体事例，同时反映了城管部门的意见和理由，然后分析说："不清理占道经营不行，否则创建卫生城市的目标难以达到；但是不解决这些人的饭碗问题也不行，否则他们生活无着落，令人于心不忍，同时也不利于缓解就业压力和发展个体私营经济。所以，建议政府分管领导尽快召集城管、工商、建设等部门负责人进行研究，专门划出若干地段，让他们集中起来，继续经营，具体意见如下……"文章到此就结束了，全文不到2000字。这篇文章就充分体现了前面所说的三个特点。

为什么这种"点子式"的文章受欢迎呢？第一，现代社会是快节奏的社会，很多人（尤其是日理万机的领导者）没有时间去看那些"大块头"调研文章，而这种文章他几分钟就看完了，省时又省力；第二，文章开门见山，简洁明快，不拘形式，生动自然，符合大多数读者的口味，是一种值得倡导的文风；第三，更重要的是，文章所提的意见和建议针对性、可操作性强，容易被领导决策所采纳。此外还有一点，就基层领导和部门领导来说，他们所要决策的事项相对要微观一些、直接一些，无论解决发展中的实际问题也好，为群众办实事也好，都要从具体问题抓起，务实的决策需要务实的作风和务实的决策建议，由此，"点子"式文章备受欢迎也就不奇怪了。

至于说"点子"式文章怎样写作，其实只要掌握了它的三个特点，就明白怎样写了。不过要强调两点。一是选题的角度不要太大。不要摆出大学者、大谋士的架势，动不动就是《关于推进精神文明建设之我见》《关于经济跨越式发展的若干战略思考》之类，把题目搞得这么大，写起来你想"小"也小不了，所谓的"我见""思考"也未必派得上用场。如果选取一个较小的角度切入，比如《实现跨越式发展必须强攻工业》，把内容限制在工业的范围之内，就显得具体而实在了。二是提意见和建议不能流于空洞，要力戒一般化，要拿出真正管用的"点子"。我们常说的想办法、出点子中，点子是具体的而不是抽象的，是应该一用就灵的而不是毫无用处的。比如前面提到的清理占道经营和发展个体私营经济的矛盾，把问题摆出来之后，如果只是抽象地议论一番解决这个矛盾的重要性、紧迫性，然后呼吁领导和有关部门引起重视、抓紧解决，这样的话谁都会说，道理大家都懂，那就说了等于白说。关键的问题是：矛盾究竟怎么解决？文章后面建议"划出若干地段集中经营"，"点"就点在这上头了，这个"点子"也就管用了。

当然，"点子式"文章也并不是一好百好，它的弱点是不宜用于研究重大的或较复杂的问题，因为它的容量毕竟有限。在这方面，"大块头"的调研文章又显出它的优势来了，带宏观性、战略性、综合性的大型调研课题理所当然要由它来承担。这就是说，我们既需要"短、平、快"的"点子"式文章，也需要题材较大、分量较重的大文章，二者不可偏废。

48. "大块头"调研文章的写作要注意什么问题？

答："大"与"小"其实也是相对的，你很难说多少字就是大，多少字就是小，通常到了5000字就算大的了，但相对1万字又显得小。所以，衡量大与小，关键看选题，题目选得大，"块头"自然大。比如这样一个题目"关于我市'十三五'期间财源建设的构想"，这就算是大的了，而如果是"发展林业生产，培植'绿色'财源"，这就是小的了，"小"成了"点子"式文章。也就是说，"大块头"文章所要回答的是某一个或几个重大问题怎么办，"点子"式文章所要回答的是某一件具体事情怎么办。由此我们知道，起草"大块头"文章的难度相对要大一些，有几个问题尤须注意：

一是结构上防"肿"。肿即臃肿，指的是架子拉得过宽过大，层次安排太多，从而把文章拉得太长。这种文章由于选题本来就大，稍不注意就会收势不住，洋洋洒洒地写下去，最后"肿"得不可收拾，"长"得令人厌烦。所以凡起草这类文章，首先在观念上就要打破"题目大必然篇幅长"的习惯看法，一开始就从结构上严格把关，尽可能设计得紧一些、短一些。比如《关于我市"十三五"期间财源建设的构想》这篇文章，如果放手写来，从财源结构到经济结构，从骨干财源到一般财源，从现实财源到后续财源，从资源配置到宏观调控，从收入分配到监督管理等，写成厚厚一本书也可以，但把它作为调研文章当然不合适。作者是这样安排结构的：第一部分是"现状"，分析实行分税制以来的财政收支和财政收入结构的现状，指出财政收支结构不合理、财政平衡难度加大等几个问题，让读者认清加强财源建设的紧迫性；第二部分是"构想"，提出要从培植工业支柱产业、发展农副产品加工业、扶植个体私营大户、发展以旅游业为龙头的第三产业等方面着力培植财源支柱；第三部分是"措施"，重点是扶优扶强、优化环境、加强宏观调控，为壮大财源提供政策、资金、市场秩序等方面的保证。这篇文章仅4000余字，短而充实，简而明了，如果不是结构紧凑，就不可能达到这种效果。

二是内容上防"散"。散即松散，不集中，不凝练。同样一个题目，如果是写书，尽可信笔挥洒，只要合乎主题，怎么扩充内容都可以，甚至把一些过程性的、附带性的东西塞进去也没关系，但调研文章对内容的要求苛刻得很，既要符合主题需要，又要尽可能节省文字，每一个段落、每一层意思甚至每一个具体事例、每一句话都要抠得很紧，可写可不写的坚决不写。比如一篇题为"审时度势，加速发展"的调研文章，题目本身的涵盖面就非常之广，作者的本意是探讨一个县的发展问题，设计了"审时度势抓机遇""解放思想明思路""扬长避短破难题"这样三个层次，这本来也是可以的。但在内容安排上就太大手大脚了，光是"审时度势"这个部分就写了将近5000字，从经济全球化到国内、省内经济形势，没完没了地"审"呀"度"的，简直变成一篇形势分析报告了，还能说是调研文章吗？本来分析形势也是必要的，但不能海阔天空，而要站在你这个县的角度来分析，比如宏观经济形势给你这个县带来哪些机遇、哪些挑战，应采取什么对策，这就显得实在了。与本县发展关系不大的形势不需要你来"审"和"度"，顶多一笔带过就行。

三是议论上防"虚"。虚即空泛，浮浅，不切实际，不能解决实质性问题。其主要表现有：满纸大话，空洞无物；照抄照搬，人云亦云；坐而论道，不着边际；玩弄概念，故作高深；纸上谈兵，不接地气。比如有篇文章在列举本地党的建设方面存在的种种问题后，接着议论道："由上可见，党风不正的问题已经到了非解决不可的时候了。党风问题是关系到执政党生死存亡的问题，是关系到改革开放与现代化建设事业兴衰成败的问题，是关系到能不能保持党同人民群众的血肉联系、能不能调动人民群众积极性的问题。古人云：得民心者得天下，失民心者失天下……"这样的议论从道理上说当然很对，但这些话人家早就说过多少遍了，这个道理谁都明白，还用得着你来说吗？即使你说得再多、再正确，也无助于提高文章质量，相反还会成为累赘。另外，如果文章是直接服务于领导决策的，提决策建议就要特别注意防"虚"，虚就不能被重视、被采纳。这是因为，凡大题材的调研文章，它所提的决策建议本来就相对宏观一些，比如党的建设如何进一步加强，经济发展要走什么样的路子，如果决策建议停留于一般化，提的都是领导或其他人都想得到的东西，那还有何用呢？举个例子：你这篇文章是探讨发展思路的，如果你提的建议仅仅是进一步推进农业产业化、进一步抓好企业改革、进一步放手发展民营经济等，领导就不一定感兴趣，因为这些工作他本来就很重视，甚至比你考虑得更深、更细；如果换一个角度来提建议，比如"狠抓结构调整，建立工业主导型经济格局"，实用价值就出来了，领导也许会眼睛一亮：对呀，这个建议可以考虑！

49. 起草调研文章如何避免"做"文章？

答：文章本来就是做出来的，不过这个问题里所说的"做"，是做作的"做"。意思是说，这种文章看上去就不自然，好像作者写这篇文章不是为了反映情况、解决问题，而是为写文章而写文章，很认真、很刻意地把它做成一篇"好"文章。这样说可能抽象了点，我们来看几种具体表现：

在结构方面，不管选题大小和内容多少，都要按惯用的结构方法大肆铺排，人为地把短文章拉成了长文章。比如某县通过大力发展庭院经济，促使农民收入大幅度增长，其经验可通过调研文章予以总结推广。这篇文章的结构本来很简单，第一部分介绍做法和成效，第二部分概括几条经验和启示就可以了，但作者可能嫌这样安排结构还不够大气，后面又挂拖斗似的加上一个部分"思考与建议"，其实又没有多少话要说了，说来说去与第二部分的内容差不多，无非多几句建议而已。但建议完全可以放在第二部分写，而没有必要专门拉出一个部分。

在说理方面，不管是否需要，都像写论说文那样从论点到论据，分析得很严密、很透彻，看起来雄辩有力、逻辑性很强，但有时候纯属多余，反而使文章显得沉闷、冗杂。比如有篇文章谈到"发展市场经济必须做到有所为有所不为"，这个观点是对的，但怎样说明这个道理呢？本来，写一篇调研文章，主要依据调查得来的事实进行分析论证，把道理讲清就行了，但作者似乎还嫌这些事实不够用，又大段大段地将历史上的"无为而治"和西方发达国家搞市场经济的某些成功做法搬过来做证，论据的确很充分，论证也的确很严密，但是否有这个必要呢？

在建言献策方面，不管是否对路，是否有充分的材料依据，都在题目上戴上"对策""思考""战略构想"之类的漂亮的大帽子。当然，如果文章的确够分量、决策建议的确够水平，戴这样的帽子不但可以，而且应该。但有些文章，如"点子"式文章，仅就某一件具体事情"叙"和"议"，戴这样的帽子就不太合适。比如某篇文章反映部分中学生辍学打工的问题，呼吁学校、家长、主管部门予以重视和解决，难道非要冠之以"关于制止中学生辍学打工的对策探讨"吗？有的作者在构思文章时，首先考虑的不是内在的东西，而是外在的东西，不是决策建议的质量，而是形式上的表现，如对策之一、对策之二、对策之三等，好像有满肚子的对策用不完，细细一看却不过如此。其实，只要内在的质量过得硬，对实际工作有用，冠什么名称并不是太重要。

在语言运用方面，不管自然不自然、准确不准确，一味追求整齐、漂亮，结果反而显得活气不足，拼凑、雕琢的痕迹太重。比如，有的喜欢搞"关系"，什么正确处理深与浅的关系、偏与全的关系、点与面的关系、重与轻的关系，没有那么多"关系"也要凑到那么多关系；有的喜欢搞"工程"，解放思想是"洗脑工程"，山地开发是"绿色工程"，水面开发是"蓝色工程"，加强领导是

"一把手工程",一篇文章中就有六七个工程,够不上"工程"的也硬把它说成是工程。我们并不反对搞一些对称的句子、规整的提法,问题是,要以自然流畅为前提,如果生拼硬凑,那就太没意思,还不如直说好。

此外还有文字表达不通俗、不生动,可读性不强的问题。有的同志总是很认真地、像绣花一样细致地推敲文字,生怕哪一个提法不合规范,哪一个句子不合语法,哪一个词用得不准确。这种一丝不苟的精神固然可贵,但如果因此而使文章变成文绉绉、干巴巴的书生腔,读者根本不愿意看,那还有什么价值可言呢?我们要时刻牢记,调研文章是为服务决策而做、为解决问题而做,而不是为玩文字游戏而做。如果不立足于解决问题,为文而文,咬文嚼字,那么一切都是徒劳。

【写作实例之二】

关于加强基层党组织建设的调查与建议(摘要)

基层党组织是党的全部工作和战斗力的基础。党的十八大以来,我市认真贯彻党中央、省委关于加强基层党组织建设的一系列决策部署,创造性地开展基层党建的各项工作,取得了明显成绩,但也还存在一些不足。为全面掌握情况,最近我们开展了一次专题调研。

一、基本情况

1. 人员队伍方面。(略)
2. 组织设置和阵地建设方面。(略)
3. 经费保障方面。(略)

二、加强基层党建的做法及成效

1. 聚焦重点发力,种好党建工作的"责任田"。一是夯实农村党建工作。以巩固扩大村（社区）"两委"换届成果和贯彻落实全省推进党建"三大工程"暨农村基层党建工作会议精神为重点，全面加强农村基层党组织思想政治建设、班子建设、队伍建设、能力建设、作风建设、制度建设。全市1810个村都建立了村务监督委员会，占100%。153个乡镇党委设立党建办，占100%。98.6%的村健全了村民小组，87.5%的村完善了村级后备干部队伍。二是强化城市党建工作。以文明城市创建工作为契机，大力推进社区党组织有人办事、有钱办事、有场所议事"三有"进程，着力推进社区党建区域化发展。截至目前，市城区41个社区达到"三有"要求，占100%。以推行"居民点菜、社区买单"模式为重点，全部建立健全了服务群众工作制度。三是严抓机关党建工作。着力整治机关党建"灯下黑"，制定出台《××市关于加强机关党的建设的意见》，推进机关党建基础工作规范化建设，推动"三会一课"、领导干部参加双重组织生活等党内政治生活制度落在实处、落地见效。市委主要领导及其他市级党员领导干部带头，以普通党员身份自觉参加所在党支部开展的固定日活动，全市科级及以上党员干部参加比例为94.7%。四是加强国有企业党建工作。成立了国资委党工委，对全市国有企业党建工作统一领导，将市出资监管的8家国有企业党组织关系统一调整到市国资委党工委管理，进一步理顺了党组织隶属关系。加强对国企党建工作督促检查力度，坚持每月一调度。五是巩固"两新组织"党建工作。召开全市非公有制经济组织和社会组织党建工作现场推进会议，提出了规范党组织设置、党支部书记选配、党建指导员选派、党支部运行、党支部组织生活、党组织经费和场所保障"六个规范"的基本要求，每月开展一次专项检查，指导和推进各地"两新"组织党建工作巩固提升。

2. 创新示范带动，引领基层党建水平的全面提升。一是评定党建示范点。通过自下而上申报、自上而下评定，在基层党建各领域共确定60个先进基层党组织，作为"全市基层党建示范点"并现场授牌，制订管理措施，实行示范点动态调整。二是建立创新试点。围绕基层党建的热点难点，研究提出基层党建创新课题，选择100个基层党组织作为党建创新试验点，努力探索基层党建工作经验，形成一批在全省乃至全国有影响力的创新成果。创新推进智慧党建工作，以××区和××县为试点，推进各级党建网络（平台）信息互联互通、资源共享和党务、政务、服务等功能整合联动工作。三是抓好党建联系点。市委常委结合分工，确定1个基层党组织作为联系点，各县（区）委常委参照执行。全市共确定了500个党建联系点，着力把联系点打造成为示范点，带动一个领域的基层党建工作。

3. 坚持问题导向，增强基层组织的战斗力、凝聚力。一是补齐功能不强短板。以基层党建为引领，以增强服务功能为目标，打造"四级平台两项制度"服务品牌。目前，全市100%的县（区）建立完善行政服务中心、100%的乡（镇、街道）建立完善"一办三中心"便民服务大厅，90%的村（社区）建立完善便民服务站，30%以上的自然村建立便民服务点。为提升服务水平和效率，在全市开展了四级服务平台升级优化工作。二是补齐软弱涣散短板。持续抓好"五星创评"工作，推动基层党组织晋位升级，全市"五星"基层党组织数量占比为12%左右，提高了5个百分点；"两星"及以下软弱涣散基层党组织数量控制在总数的5%以内。完成全市党务干部培训全覆盖，基层党务干部工作能力明显提高。三是补齐基础薄弱短板。市里专门出台政策，帮助部分行政村和社区解决缺办公场所、缺工作经费以及干部工资待遇偏低的问题，调动他们的工作积极性。健全"两新组织"保障体系，每年对新建党组织给予一定数额的经费补助，大力推进非公企业党组织活动经费纳入管理费用税前列支。

4. 强化规范管理，推进全面从严治党向基层延伸。一是业务培训到基层。按照分级负责的办法，每年4~6月，市、县、乡三级都举办党建业务培训班，据统计，仅2017年上半年共培训市县乡三级党务干部6000余人，基层党组织党务干部受训率达72.5%。二是督促落实到基层。以党员固定活动日制度为载体,督促基层党组织严格落实党员交纳党费、"三会一课"、党员主题实践活动、外出党员参加组织生活等制度。党员固定活动日开展以来,正常开展党组织生活的党支部数占比达到94.6%,较前提高了20.6个百分点;党员参加比例达到87.7%,较前提高了38.3个百分点。市、县、乡三级每季度开展一次基本组织制度落实情况巡察,对制度不落实者督促整改。三是从严管理到基层。严格按照发展党员"十六字"方针,加大了在"两新"组织人员、中小学教师中发展党员的力度。结合党员组织关系集中排查,深入开展失联党员查找、管理和落实组织处置工作,目前,已查清全市失联党员2624名,取得联系的有2442名,落实组织处置的有1149名。

5. 服务经济社会发展,增强人民群众的获得感、幸福感。一是大力实施"党建+脱贫攻坚"。持续开展"四进四联四帮"活动,连续三年从市、县、乡三级共选派6000多名党员干部深入农村开展帮扶工作,共为民办实事3.5万余件,完成民生项目7000多个,解决矛盾纠纷1.2万余起,整合投入各类帮扶资金1.1亿元,争取上级扶贫移民资金4.73亿元,争取各类社会扶贫资金达2.4亿元,为打赢脱贫攻坚战打下了坚实基础。二是大力实施"党建+农村环境卫生整治"。各级党组织和广大党员发扬敢打硬仗、能打硬仗的好作风,在农村环境综合治理工作中发挥战斗堡垒作用和先锋模范作用。经过3个月奋战,高速沿线和各县(区)农村的"脏、乱、差"现象得到有力整治,处处显现出干净、整洁、美观的新环境、新面貌。三是大力实施"党建+精神文明建设"。组织农村党员带头开展移风易俗、推崇文明家风活动,实现村民红白理事会全覆盖。把开展"好人文化"建设作为精神文明建设的重要抓手,引导党员带头做好人好事,目前我市已有4人登上全省好人榜,2人登上中国好人榜。

三、存在的问题

一是基层党建责任链条没有完全闭合,出现"纵向通不到底、横向使不上力"的现象。从纵向看,党建责任链条没有延伸到党组织的"末梢神经",上级党建任务传导有时存在失真走样现象。特别是去年乡镇党委刚换届,有些新到位的党委领导抓党建的意识不强,工作做得不扎实。从横向看,一些乡镇尚未形成抓党建合力,有的书记没有很好地履行抓党建第一责任人的责任,分管党群工作的副书记、组织委员及其他班子成员没有履行好直接责任和分管责任,"一岗双责"落实还不到位。一些地方还存在组织线同志拼命抓、其他同志"不上心"的现象,抓党建工作成为组织线的单打独斗,组织线同志总感觉使不上力。

二是部分基层党组织服务能力和水平不高,存在"生冷僵硬、被动单一"的现象。服务体系不完善,全市仍有部分行政村没有建立便民服务平台。服务群众缺乏经济实力,全市无集体经济收入的村有366个,占20.2%;负债村有1116个,占61.8%。服务发展能力不强,一些基层党组织和党员干部缺乏带领群众闯市场的能力,不能满足群众发家致富的普遍愿望。有的基层组织服务质量不高,大多数是被动服务、单一服务,只注重给钱给物,不注重精神和心理抚慰。据2016年6月对178个村的抽样调查,37.1%的群众对村级组织服务质量不满意。

三是基层党建制度落实不够,存在"重面子轻里子、重点上轻面上"的现象。基层党组织规范化建设中,一些村党组织片面以硬件建设代替组织活动开展、以制度上墙体现党建工作成效、以创建示范点代替面上工作落实,而"三会一课"等党内组织制度,一定程度上仍是写在纸上、挂在墙上、说在嘴上的。据2016年9月统计,全市有590个基层党组织未按期换届,其中未按期换届时间最长达12年。尤以机关为甚,市直机关有65个基层党组织未按期换届,"灯下黑"问题突出。少数基层党组织软弱涣散、纪律松弛,目前全市仍有55个村(社区)党组织处于软弱涣散状态。有的党组织对党员干部疏于管理,以致脱岗离岗、自由散漫、吃喝玩乐等问题时有发生,甚至发生"微腐败",给党员干部队伍的形象带来严重损害。

四是基层党组织设置、运行不规范，存在投入保障不足、覆盖不到位、开展活动难等现象。农村基层党组织设置不合理，多数没有根据产业发展调整党组织设置。社区党组织设置不合理，多数机关党员没有被纳入所在社区党组织双重管理；有的社区党员人数多达几百人，但仍是支部设置，党支部难以组织党员开展活动。非公有制经济组织和社会组织虽然基本做到党建工作全覆盖，但这些党组织规范运行和巩固提高仍需一个较长过程。一些地方基层党建基础保障不充分，党组织和党员开展活动难。全市仍有相当部分村级组织活动场所破旧，无钱维修或新建；村"两委"副职干部未被纳入养老保险，工作积极性受到影响。全市49个城市社区，有20个社区的活动场所面积不足200平方米。

五是党员管理服务工作面临新挑战，存在管理不灵活、不会管的现象。有的基层党组织不善于运用互联网等手段加强党员教育，全市有200余个支部没有建立党员微信群。随着城市化的快速推进和社会结构的深刻变化，流动党员、处于待业状态的党员和进城务工经商的农村党员增多，给街道社区党建工作带来了新的挑战，社区组织想管而管不了、管不到、管不好的情况普遍存在。

四、意见建议

综上，我市基层党组织建设总体向好，成绩是主要的，但存在的问题也不可忽视。为此，建议市委常委会或市委党建领导小组听取一次汇报，然后召开有关专门会议，就进一步固本强基，特别是解决存在的问题做出部署安排。具体有以下几点建议：

1. 进一步落实基层党建工作责任制。调查情况表明，凡责任制落实得好的地方，基层党建工作就搞得有声有色、扎实有效；反之，凡责任制不落实的地方，工作就没有起色，甚至问题成堆。为此，必须进一步狠抓基层党建工作责任制的落实，真正形成党委（党组）统一领导、一把手负总责、分管领导具体负责、各级基层组织抓落实的工作格局，真正做到一级抓一级，层层抓落实，一级对一级负责。要加强责任考核，对由于责任不落实而导致工作不实、问题较多的地方和单位，要加强督促整改，仍不整改的，要追究主要领导和分管领导的责任。

2. 坚持问题导向，进一步提高基层党建工作水平。这次调查发现的问题，仅是初步的、局部的。为了全面掌握情况，增强今后工作的针对性，建议以县（区）、系统为单位组织一次对基层党建工作的大检查，以自查为主、上级抽查为辅，把存在的问题找准，在此基础上建立问题清单，实行销号整改。涉及政策、体制、资金等方面的实际问题，凡基层组织自身无法解决的，上级党组织应统筹解决。特别是投入保障不足的问题、流动党员的管理问题、社区党建工作的网络架构问题等，光靠基层是无法解决的，上级应予以指导和支持。

3. 建立一支强有力的基层党务工作者队伍。随着全面从严治党向基层延伸，基层党建工作的规范化、制度化、科学化也愈显迫切。而调查中我们发现，一些基层党务工作者无论在思想上、工作上都存在不适应的地方，有的连基本的党建业务知识都不懂，不知道从哪儿入手；有的懂一点，但又缺乏做实际工作的能力；有的成天忙于其他工作，把党建工作当作"软任务"，应付式地抓一下。这些都是与新形势下加强基层党建工作的要求格格不入的。建议市委组织部、市委党校通盘考虑，对全市基层党务干部进行一次轮训，以帮助他们掌握业务知识，提高履职能力。参训人员除了专（兼）职党务干部外，还应包括基层党组织的书记。书记是第一责任人，所以他不仅要重视党建，还要懂党建，懂党建才能抓好党建。

4. 充分发挥典型的示范引领作用。基层党建涉及面很广，具体情况千差万别，难免出现有先有后、有好有差、进展不平衡的情况。正因如此，发现典型、总结经验、以点带面就显得十分重要。这次调研中我们就发现不少好的典型，有探索创新的典型，有服务群众的典型，有坚决抵御"微腐败"、保持党员队伍先进性的典型，还有加强思想政治工作、引领群众听党话跟党走的典型。用好这些典型，推广他们的好做法、好经验，可以产生"点亮一盏灯，照亮一大片"的效果，带动基层党建工作整体水平的提升。

评析：

这篇调研文章抓住全面从严治党新形势下如何做好基层党建工作这个课题进行分析思考，很有见地，很有意义。文章的结构、笔法似乎比较"传统"：三段式，成效+问题+意见建议。但正因如此，读起来不累，读完能得出一个清晰、完整的印象，能得到某些触动和启示。这里的关键在于，它尊重客观实际，如实反映情况，在肯定成绩的同时，专门用了一个部分来指出问题和不足，这种摸实情、说实话的文风正是调研活动所需要的；在意见建议部分，它没有发空泛的议论，也没有停留于论述某一个具体问题怎么解决，而是从宏观层面提出若干带根本性、长远性的措施办法，针对性和可操作性都比较强。

第四章 决策部署性文件的写作

50. 决策部署性文件指的是哪些文种？它们有何异同点？

答：决策部署性文件有多个文种，这里主要指使用频次较高的决定、意见、通知等三个文种。因为它们同属于就某些工作或重大活动做出决策和安排部署的文件，所以把它们集中到一起来讲。但这三个文种又有一定的区别：

决定，适用于对重要事项做出决策和部署，带有较强的政策性、严肃性和权威性。这从"决定"二字的含义就可看得出来，"决"即决断，"定"即确定，决定既出，必须严格执行。比如《中共××省委、××省人民政府关于深化教育体制改革的决定》《××市人大常委会关于废止部分地方性法规的决定》。通常情况下，人们一看文件上有"决定"二字，就知道非同小可，有"大动作"出台了。

意见，适用于对重要问题提出见解和处理办法，较多带有指导性。比如《中共××市委关于加强干部教育培训工作的意见》《×××县人民政府关于大力发展现代服务业的意见》；此外还有用于贯彻上级精神的，如《中共××县委关于贯彻省委八届十次全会精神的若干意见》《××市教育局贯彻省教育厅〈关于推进素质教育的意见〉的实施意见》。需要指出的是，"意见"的力度虽不如"决定"，但并不意味着不重要、可不执行。事实上，各级党政机关部署工作用得较多的还是"意见"而不是"决定"。这就像使用武器一样，常规武器经常要用，而尖端武器是不可随便用的。

通知，有用于向下级布置工作的通知，有用于转发上级文件的通知，有用于批转、转发下级或平级机关工作意见的通知。这里只说前一种，用于向下级布置工作的通知。它所布置的工作一般比较具体，多指某一件急需要办的事，随机性较强。如《××市人民政府关于坚决制止公路"三乱"的紧急通知》《××市农业局关于大力推广良种良法的通知》。相对于"决定""意见"，"通知"显得灵活一些，内容可多可少，篇幅可长可短。

这三个文种虽然都用于部署工作，但不可随意混用。特别是"决定"混用不得。有些领导同志和文秘人员知道"决定"的分量，知道某项工作一旦作为"决定"下发，下面就会更重视、更认真执行，所以不管什么工作，都希望用"决定"。这种负责精神诚然可嘉，但这样做显然是不妥的。比如某县要就早稻防病灭虫工作进行布置，如果下达一份《关于做好早稻防病灭虫工作的决定》，岂不是用高射炮打麻雀了吗？类似这样的工作，只宜用"通知"，连"意见"都不宜用。反之，该用"决定"的也不能用"通知"，比如部署人事制度改革，事关重大，政策性强，就不宜用《关于深化人事制度改革的通知》，因为"通知"承受不了这项工作的"重量"；用"意见"好一些，但严格说来也不行，因为"决定"所布置的事项具有严肃性和较强的政策性，严肃的"决定"表述严肃的内容，这才相般配。"意见"和"通知"同样不可混用，如果布置的是某一项具体工作，就不宜用"意见"，而只宜用"通知"。比如《关于做好生猪定点屠宰工作的意见》，就显得有点不相称了。反过来，如果是相对宏观的、涉及面较广的工作，又不宜用"通知"而只宜用"意见"，比如《关于大力推进农业产业化经营的通知》，同样显得不相称。

不管怎么区分，这三个文种的共同点又是显而易见的，表现为共同的性质、共同的作用和共同的特征。

共同的性质指的是，它们都是领导意图和领导机关决策的载体。领导人或领导集体要对工作进行组织指挥，要将自己的意图和决策传达给下级，除了会议讲话、现场拍板，就靠决策部署性文件了。为什么各级机关文件很多，也就是这个道理。没有这些文件，领导决策就无法实施，很多工作就无法运转。

共同的作用指的是，它们都直接影响着决策执行者的行动，影响着某一项全局或局部工作的运行、事业的发展。具体表现有三：一是指导作用，将哪一阶段该做什么工作、怎么做，目标任务和具体的措施、要求有哪些，一一交代明白，使决策执行者有所遵循；二是依据作用，我们常说某个提法、某项政策有没有依据，依据的就是文件，不仅执行时要使用它，包括检查决策实施情况、事后总结和查阅，乃至防止不同文件出现政策"打架"现象等，都可能会用到它；三是激励和约束作用，即关于职责怎样划分，绩效怎样评价，干好了怎么样，没干好怎么样，都通过文件予以明确，以调动干部群众的积极性，实现工作目标。

共同的特征指的是，它们在表现形式上有颇多相同之处。比如语言，都讲究开门见山、简洁明快、朴素平实；比如语气，都大量使用祈使性语言，要怎么样，必须怎么样，务必怎么样；比如语体风格，都显得比较严肃、庄重、坚决，不容置疑，不可抗拒。

51. 决策部署性文件和领导讲话有何区别？

答：这个问题提得好。写作实践中，的确有不少同志会把这二者混淆起来。笔者就曾见过这样一份文件，题目是"关于开展'争当人民好公仆'竞赛活动的意见"，下面分三个部分：第一部分是"充分认识开展'争当人民好公仆'竞赛活动的重要意义"，第二部分是"竞赛活动的具体内容和步骤"，第三部分是"具体要求和组织领导"，最后还有一段结束语。按说，结构上没有太大的问题，问题出在三个方面。首先，第一部分用了三个层次来论述"重要性"，说开展这项活动"是实践党的宗旨的需要；是树立干部队伍形象，密切干群关系的需要；是推动经济发展的需要"，每一层次都展得很开，其中还举了两位基层领导干部一心为民、深受群众拥戴的生动例子。第二，文件的语言很通俗，很生动，接近于口语，比如有这样的句子："公仆公仆，即人民的仆人，我们要通过开展这项活动，造就成千上万合格的仆人。"第三，结束语是这样写的："时代在召唤，人民在期待。我们每一个党员干部都要积极行动起来，积极投入到这一活动中去，树公仆形象，创优良业绩，为推进我市改革发展大业再立新功！"

很明显，这份文件与其说是文件，还不如说它是讲话稿更准确些。由此我们也可以看出决策部署性文件与讲话稿的几个最重要的区别：

讲话稿可以用一定的篇幅讲理论、讲道理，而文件则不一定。为什么？因为讲话稿是直接面对听众的，领导不仅要交代"做什么、怎样做"，很多情况下还要说清楚"为什么要这样做"，有时还需要旁征博引，循循善诱，以启发和打动听众，实际上这还是面对面的思想教育工作，思想通才能政令通。而作为文件，它的主要任务是传达政令、推动实践，带有一定的强制性，它主要交代"做什么、怎样做"，而不一定每份文件都要交代"为什么要这样做"，更不需要也不应该用例子来说明。当然，有些文件也会讲到"提高认识，统一思想"之类的内容，但有两种不同情况。一种是，只是简明扼要地谈一谈开展某项工作的目的和意义，并不像讲话稿那样过多地展开。比如前边提到的这份文件，关于开展"争当人民好公仆"竞赛活动的重要性，只要讲到"开展这项活动有利于强化各级干部的公仆意识，树立干部队伍的良好形象"这层意思就行了，因为其中的道理大家都懂，无须多说。另一种情况是，所部署的工作是一项新的工作，为了便于读者理解和接受，需要讲清楚道理，但也是尽可能浓缩、精练。比如部署开展国土空间规划，这项工作过去没搞过，就需要首先把道理讲清，再提出任务和要求。我们所要克服和防止的是，无论起草什么文件，不管需要不需要，都滔滔不绝地理论一番，那就不对头了。

讲话稿的语言可以适当口语化，但文件不行。同样是直接面对听众，领导讲话当然要通俗、生动一些，使听众一听就明白。而文件的语言则是典型的书面语言，其基本特点是严谨、准确、简洁，自然是容不得口语化了。我们有些同志可能是因为写讲话稿写得太多，所以碰上写文件时，习惯一下子转不过来，不知不觉间就用上了口语。比如"我们觉得""请大家想想看""这样下去还得了吗？"这样的话，都是面对面讲话才适用的，写到文件上就不合适了。另外，文件上一般不出现语气词、省略号、疑问号，因为它的语言不需要也不能带有感情色彩；文件也不宜引用带幽默色彩的语言，不宜用想象、夸张、比喻等文学手法，否则就会显得不伦不类。所有这些，都是值得认真加以区别和把握的。也就是说，我们要学会多种语言表达方法，以适应不同文种的不同风格。

讲话稿需要有结尾段和结束语，而文件一般不需要。讲话稿之所以要有结尾，一是为了总括全文，前后形成呼应；二是为了用鼓动性、号召性的语言渲染气氛，形成一种高潮，以激励和鼓舞听众。文件则不同，话说完了也就结束了，如果专门加个结尾段，纯属画蛇添足，而且一般性工作文件也不需要有鼓动和号召性的语言。也有一些文件会有几句结尾的话，但只是简单归纳几句，或提出贯彻要求，如"以上意见，希望认真贯彻落实，并将落实情况及时汇报"，而不是像讲话稿那样搞个气势磅礴的结尾。

此外，讲话稿和决策部署性文件虽然都是用于部署工作，但表达方法上也会有所不同。

比如，讲话稿在表达意思时语言弹性相对大一些，回旋余地大一些，启发性的东西多一些；而文件则显得干脆利落，是怎样就怎样，该怎么办就怎么办，尽量不说多余的话和意义不确定的话。比如谈到发展思路问题，讲话稿可以说："思路决定出路。我们的实践已经证明：只有坚持不懈地发展壮大民营经济，才能实现兴市富民的目标。"而写到文件中，口气就不一样了，可以变成这样："要实现兴市富民的目标，必须坚定不移地走发展壮大民营经济的路子。"两种说法，前一种从实践启示到肯定，后一种则只有肯定。

又如，在谈到政策措施时，讲话稿侧重于指导性，文件则体现确定性和可操作性。因为政策具有严肃性，说出来就要算数，不能随意更改，所以讲话稿在谈及政策问题时，特别是涉及灵活变通的某些政策时，如果不是集体讨论决定了的，一般都比较慎重，会注意提法上尽可能周密、科学一些，而不宜直通通地说。比如谈到以优惠政策吸引外商投资，讲话稿说的可能是："为了吸引更多的外商到我市投资兴业，各地要本着舍得让利、互惠互利的原则，行政事业性收费能免则免，能减则减，尽可能优惠一些。"而到了文件中就可能是另一种说法了，可以优惠多少就写多少，或者全免，或者减半，这样明确下来，下级才好执行。

再如，在标题制作方面，二者也不尽相同：讲话稿的标题容量可以大一些，文件的标题则较简明、直观一些。比如某市科委下达的《关于加强科技信息宣传工作的意见》，下有三个小标题："一、明确科技信息宣传工作的意义和重点；二、建立科技信息宣传工作责任制和督查考核制度；三、提高科技信息宣传队伍的业务素质。"意思简明，直截了当。而作为讲话稿来讲这三层意思，标题制作就可能不一样了："一、提高认识，明确重点，增强做好科技信息宣传工作的自觉性和紧迫感；二、明确责任，加强督查考核，充分调动科技信息宣传工作者的积极性；三、努力提高业务素质，以适应加强科技信息宣传工作的需要。"为什么变成这样呢？因为文件标题只需直陈其事，讲话稿标题则可以表述得更充分、更带鼓动性，所以它的内涵和语言语气也就有所不同了。

52. 决策部署性文件包括哪些要素？怎样安排结构？

答：从主要方面说，决策部署性文件包括目标任务和具体要求两大要素，即"做什么"和"怎么做"。但具体又有不同，有些部署重要工作和重大活动的文件，还要提出指导思想、基本原则、总体思路和实施步骤等；而安排常规性工作或强调过去部署过的工作的文件，则只需围绕某个目标任务，提出若干具体要求。前者多见于"决定"，后者多见于"通知"，"意见"视需要而定。这里要注意的是，不同文种的要素不可混淆，适用哪些要素就用哪些要素。比如《关于做好党员评议工作的通知》，这种年年都要做的事，在时间、步骤上做出安排并提出几点要求就可以了，而不必提出指导思想和工作思路之类，否则就会显得"小题大作"；反之，凡部署重要工作、重大活动，如《关于推进国有企业改革与发展的决定》，就不能像"通知"那样简简单单提几条要求，否则就会显得单薄，缺乏指导性和推动力。

　　文件的结构，分为开头和主体两个部分。这里先说开头。开头有两种情况，即有"帽子"的开头和没有"帽子"的开头。所谓有"帽子"的开头，就是开门见山地说明发文的依据或目的，点明主题。如《关于提高领导班子民主生活会质量的意见》，开头是这样的："为进一步加强领导班子建设，根据全面从严治党要求和上级有关指示精神，现就提高领导班子民主生活会质量提出如下意见。"又如《关于进一步精简会议提高会议质量的通知》："近年来，我县加强对各类会议的控制和管理，取得了一定效果。但会议过多过滥、领导讲话过多过长的问题仍未从根本上得到解决。为此，根据县委常委会研究的意见，现就进一步精简会议、提高会议质量做如下通知。"这两例都是明显的"帽子"式开头，读者一看就明白文件的主题是什么，为什么要下这份文件。

　　所谓没有"帽子"的开头，即没有引入式文字，一开始就出现小标题，如某市《关于举全市之力打好脱贫攻坚战的决定》，开头就是"一、必须把脱贫攻坚作为一场重大战役来打"，以下分析现状，阐明目的、意义。实际上这是没有开头的开头，无非没作为"帽子"而已，显得更为直截了当。

　　上述两种开头方法，前一种较常见，后一种较少见到，"决定"

"意见"有时候会用没有"帽子"的开头,"通知"则必用"帽子"式开头。

文件结构的重点在主体部分。上级方针政策能否得到准确的体现,领导决策能否得到准确的表达,所提的政策措施对不对路、可操作性强不强,关键就看主体部分的质量如何,而质量如何又与结构是否合理有关。不过,我们也不必因此而把文件结构看得多么复杂,尤其是不要去套什么模式,根据内容需要,该讲几个问题就讲几个问题,该分几个层次就分几个层次,能把意思表达清楚就行了。常见的结构方法有:

一是纵式结构法,即根据内容的轻重主次,按逻辑关系排列层次。这种方法常见于对单项工作做出决策部署。如某市委《关于在机关党员干部中开展比学习、比业务、比作风、比贡献活动的意见》,分了4个层次:"一、充分认识开展'四比'活动的重要意义;二、开展'四比'活动的指导思想、目标任务和基本要求;三、开展'四比'活动的范围、对象与方法、步骤;四、加强对'四比'活动的组织领导。"这4个层次,认识问题是基础,指导思想和基本要求管总,具体怎么做是前一层次的细化,组织领导是保证措施,一层层深入和展开,所以是纵式结构。

二是横式结构法,即各层次内容无轻重主次之分,属并列关系。如某市委、市政府"两办"发出《关于做好春节期间各项工作的通知》,包括以下层次:"一、做好春节期间值守应急工作;二、做好疫情防控工作;三、持之以恒抓好正风肃纪;四、严格落实安全生产责任制;五、做好困难党员、困难群众慰问、帮扶工作;六、倡导节俭文明过节新风尚。"这样一项一项排列下来,眉目就很清楚。

此外还有纵式、横式相结合的结构方法,不过它是以一种方法为主,或纵中有横,即某些层次的条项之间是并列关系;或横中有纵,即某些层次的条项之间是主次关系。不管采用何种方法,文件结构须特别注重条理安排。条理性强,是文件的显著特点之一,而且这种条理性还表现为条目化。缺乏条理性、条目化的文件肯定不是一份好文件。有些同志写出来的文件分段较少，密匝匝、黑压压的一大片，一个段落包含多层意思，读起来简直稀里糊涂，半天闹不明白。要做到条理性强，最基本的办法有：

（1）用序号标明层次。讲话稿不宜用太多序号，文件则不能不用序号。有些文件的序号还跨越小标题连在一起，从头至尾都用序号把内容串起来。这种文件看上去很清晰，很好领会。

（2）一个段落只说一层意思，不说几层意思；如果一个段落要说几层意思，就要用序号把它标开。

（3）也有一些文件只在小标题上用序号，下边的内容不用序号，在这种情况下就只能以段落来体现条理性，一个段落一层意思。也有的用排比句式作为段落的开头，比如小标题是"多管齐下，着力提高工业经济运行质量和效益"，下边安排3个自然段，每一段的开头语分别是"向深化改革要效益""向加强管理要效益""向科技进步要效益"，实际上这等于有了3个细标题，用不用序号都无所谓了。

53. 文件怎样表达领导决策？

答：文件如何表达领导决策，这的确是一件十分严肃的事情。因为文件一经下达，下属各单位就要贯彻执行，所以领导决策表达得好不好，不仅影响人们对决策水平的评价，更重要的是关系到文件能不能发挥应有的作用、能不能指导和推动实践并达到预定的目标。这就要求我们，在文件起草过程中，一定要细心领会决策内容，严肃认真地、一丝不苟地把决策内容组织好、表达好、发挥好。

一般说来，领导要解决某个重大问题、部署某项重要工作并进行决策，都要经过集体讨论，有些特别重大的决策还要通过召开座谈会、征询专家学者意见、搞民意调查等形式广泛征求意见，最后再召开班子会议拍板决定。凡经过这些环节形成的决策，大都比较严谨、周密，关于目标任务、政策措施考虑得比较全面。在这种情况下，我们只需把决策内容原原本本地记下来，然后进行梳理、调整，加以文字组织，使之成为文件。这时需要注意的是，表达决策内容务求全面、准确。全面，就是如实反映领导决策时所考虑到的各个方面，不能疏忽遗漏，更不能自作主张，把自以为不太重要的内容丢掉；准确，就是忠实于决策意图，把握住决策的核心内容、关键举措和目标取向，在表达上做到不偏颇、不含糊。这两个方面，特别要注重一个"准"字。举个例子：某市政府常务会议就困难企业改制问题进行讨论，最后形成的意见是，采用股份制改造、破产、拍卖、租赁等多种形式进行改制，让该"死"的死掉，能"活"的活起来。这一决策内容本来是正确的、全面的，但作者在起草文件时，大概因为受了某种观点的影响或个人经验不足，只是突出强调了"拍卖"这一种改制形式，将其他形式都一笔带过，这样给人的印象就是：企业改制以拍卖为主，其他形式都是次要的，搞不搞都无所谓。这就不仅是表达上的偏颇，更重要的是与上级现行政策相悖，无论从哪方面讲都是不允许的。

　　如果决策内容全面、周密，表达时就比较好办，如果不全面、不周密怎么办呢？就是说，领导在形成决策时，只是就主要方面做出了决定，而并没有将次要的方面、相联系相配套的方面考虑进去，或虽然考虑了但不具体、不确定，在这种情况下怎么表达？如果仅仅把决策的主要内容写进文件，显然不成其为文件，这就要靠我们根据主要内容进行延伸、发挥和完善，使之全面、周密、配套起来。比如某市市委常委会会议讨论决定，明年作为全市"优化发展环境年"，活动内容是：坚决惩治"三乱"，落实优惠政策，减少办事环节，提供优质服务，为民营经济和外资经济创造一个宽松的发展环境。那么接下来，具体目标和任务是什么？整个活动分几个阶段进行？要采取哪些措施？应注意什么问题？这些问题在讨论时都没有具体涉及。于是写作班子就根据上述主要内容进行拓展、细化。任务：（1）对所有收费项目进行一次清理、规范；（2）对各项优惠政策的落实情况进行一次检查督促；（3）查处一批顶风搞"三乱"、破坏投资环境的典型案件；（4）建立一套方便快捷的办事制度。目标：通过开展此项活动，使执法部门工作人员文明执法、热情服务的自觉性明显提高，经济发展环境得到明显改善，对投资者的吸引力明显增强，民营经济和外资经济的发展明显加快。步骤：分宣传发动、自查自纠、征求意见、专项整治、建章立制、回头看等6个阶段进行。措施：学习提高，舆论造势，强化督查，群众评议。注意事项：（1）注重实效，不走过场；（2）正确处理优化环境与依法行政的关系；（3）加强组织领导和整体配合。有了上面这些具体内容，这项决策才完整、配套，文件才具有可操作性，下级才好执行。

有时我们还会碰到这样的棘手问题：已经在会议上讨论决定了某件事情，但在起草文件时，发现该项决策可能欠妥，付诸实施后可能会引起某种不良后果，怎么办呢？那就要进一步核实情况，如果事实证明你是对的，你就要立即向领导如实反映，建议修改或收回成命。当然，对某项决策提出异议，必须有足够的依据，而不能乱"放炮"。

善于综合平衡，也是表达决策时需要注意的一个重要而敏感的问题。班子成员讨论问题，有时意见统一，有时意见不统一，有的强调这个方面，有的强调那个方面，这时候主要领导如果会做定论，那还好办，如果不做定论，只叫秘书"把大家的意见综合一下吧"，那就难办了。某办公室主任就曾碰到一件尴尬事：常委会会议就全年经济工作做了初步研究安排，要他主持起草一份文件。初稿出来后，常委们进行讨论，有些领导认为"可以，很全面"，有些领导认为"太平淡，面面俱到，要突出第二、三产业"。于是他按后一种意见做了修改。将第二稿提交常委会再次讨论，这一回分管工业和商贸的领导满意了，分管农业的领导却不满意了，说："农业是基础，发展农业是经济工作的首要任务，怎么能短短几句话带过去呢？"然后分管交通的领导又说："交通是发展经济的'先行官'，也应强调几句吧！"这下该主任不高兴了，把稿子一甩说："我不会写，你们来写！"弄得大家都不愉快，自己也挨了批评。这个例子告诉我们：起草文件、表达决策，一定要善于综合大家的意见，照顾到方方面面。特别是综合性文件，重点固然要突出，但其他工作也应适当兼顾，即采用有详有略的方法来解决。有时可采用"折中"的办法，让两种不同意见往中间靠拢一步，使双方都能接受。当然，如果属于重大争议问题，则要请示主要领导定夺。

54. 文件中怎样提"指导思想"？

答：首先我们要弄清楚什么叫"指导思想"。前面讲到，在部署重要工作、安排重大活动的文件中才需要用到"指导思想"（有时也不用）。这就是说，因为该工作"重要"、该活动"重大"才需要有某种思想做"指导"，这是其一；既然是"指导"，那就不是针对具体问题，而是站在宏观的、全局的、战略的高度，提出带纲领性、方向性的意见，这是其二；顾名思义，指导思想是一种"思想"，那么它势必基于某种理性的、策略的考虑而提出，具有鲜明的思想性和强大的影响力，这是其三。综合这三个方面，我们就可以说，所谓指导思想，即开展某项工作所必须遵循的总原则、总要求、总体方略，它是文件的"硬核"，是设计具体目标任务、政策措施的依据和总纲。有些文件不叫指导思想而叫"总的要求"，实际上二者是一回事，反正都是"管总""抓总"的意思。

指导思想包括哪些要素呢？我们先来看一个例子。一篇政府工作报告提出2021年工作的指导思想是："以习近平新时代中国特色社会主义思想为指导，认真贯彻中央经济工作会议精神，坚持稳中求进工作总基调，立足新发展阶段，贯彻新发展理念，构建新发展格局，以推进高质量发展为主题，扎实做好'六稳'工作，全面落实'六保'任务，着力推进改革创新，着力扩大内需，着力保障和改善民生，确保'十四五'起好步、开好局，以经济社会发展的优异成绩向建党100周年献礼。"这一指导思想包含了四个方面的要素：一是行动指针，即习近平新时代中国特色社会主义思想；二是原则与方向，即"稳中求进"和"三个新"；三是重点任务与举措，即"六稳""六保"和"三个着力"；四是目标，即确保"十四五"起好步、开好局。我们从其他文件中看到的指导思想，尽管写法上各有不同，但至少这样几个要素是不可缺少的：遵循什么，主要任务和举措是什么，要达到的目标是什么。这样才能成为一种完整的、系统的指导思想。

写作实践中，有以下几个问题需要注意防止：

一是细。细即具体、琐碎。指导思想所包含的只能是带宏观性、战略性、原则性的东西，是统领全局的"纲"，是引领方向的"旗"。如果把具体的工作内容也搬进去，那就不是指导思想了。

二是散。散即零乱。指导思想在文字表述上应力求凝练、紧凑、流畅、朗朗上口、易懂易记，千万不能散、不能乱。一般来说，指导思想的表述，中间尽可能不用句号，否则就会给人一种"隔断"的感觉，整个一段话就是散的，特别是在内容较多、文字较长的情况下更须注意。为解决这个问题，有些起草者会适当地搞一些排比句式，将几句不同内容的话用同一个词领起，如几个"坚持"、几个"着力"、几个"千方百计"等，以此把本来零散的内容有序组合起来，这未尝不是一种好的办法。当然，这要注意自然、流畅，不能生拼硬凑。

三是旧。旧即陈旧，缺乏新意和新的表现手法。文件年年写，指导思想年年提，而且大家都在琢磨那么几句话，有些话还不能不那样说，好像成了一种不是模式的模式，要想写出新意的确有点难度。有没有办法可想呢？有。首先是它的核心内容，即重点要抓的工作和必须遵循的原则，由于各地各单位的实际情况不同、阶段性任务不同，所以在提法上也必然有所不同。比如同样提经济工作指导思想，发达地区与欠发达地区、资源富余地区与资源紧缺地区、工业主导型地区与农业主导型地区，其发展思路和工作重点肯定是千差万别的，有差别就有比较，有比较就可避免雷同。其次，句式上可以灵活变化，不要老是"以……为指针，以……为导向，以……为依托，以……为目标"这一种句式，完全可以多几种手法。比如"认真贯彻……，坚持……，突出抓好……，努力实现……"，又如"坚决贯彻落实……，着眼于实现……，认真实施……战略，抓好……等几项关键工作，夺取……"。这里只是举两个例子，方法还多得是。

四是长。指导思想必须尽可能表达得精练些、概括些，要讲究内在的质量而不是外在的容量，千万不能搞得太长，写到几百上千字还没完。有些文件就存在这样的问题，比如"以中国特色社会主义理论为行动指南，认真贯彻党的基本纲领、基本方针、基本政策和基本路线，准确领会、全面落实党的十八大精神和十八届三中、四中、五中全会精神以及省委十届三次全会、市委九届四次全会精神……"说了老半天还没涉及正题。在这里，完全不必堆砌那么多上级精神，把主要的东西点到就可以了，以节约文字。其他内容的表述也要惜墨如金，不说多余的话，不用多余的词，字字计较，句句打磨，这样才能达到精练的目的。

55. 文件中怎样表述发展战略？

答：无论在人们日常交谈中还是公文写作中，发展战略都是一个高频次出现的热词。文件起草经常涉及发展战略的提出，它和指导思想一样，也带有宏观性、纲领性和指导性，但又有区别：第一，它不需要像指导思想那样表述得很完整、很系统，它表述的只是发展的思路、方略，显得更为直观；第二，它同样要回答抓什么重点、实现什么目标的问题，但有时还要回答发展的定位和发展走什么路子的问题；第三，它的时效与指导思想有所不同，指导思想的时效可长可短，而发展战略的时效则一定是较长期的，比如一个发展阶段、一届任期，或者更长时期，不可随意更改；第四，它的文字表述比指导思想更为简短、凝练，通常只有几句话，甚至一句话、几个字，易懂、易记、易传播。

下面来看几个例子：比如某县提出"生态立县"战略，意思就是贯彻"绿水青山就是金山银山"的理念，重点发展绿色、环保、生态产业；某市提出"工业强市"战略，意思就是重点发展工业经济，建立以工业为主导的经济格局；某市提出"一招三化"战略，具体是狠抓招商引资，推进新型工业化、城镇化和农业现代化；还有某省提出建设"三个基地、一个后花园"的战略，具体是把本省建设成为承接沿海地区产业转移的基地、优质农副产品供应基地、劳动力输出基地和旅游观光休闲的"后花园"。这几例就体现出发展战略的基本特点。

制定发展战略在领导决策中具有特殊重要的地位，因为它关乎全局，关乎长远，关乎国计民生，不可不慎。一般来说，一个发展阶段结束之后、一届班子任期结束之后，或者一位主要领导履新之时，都要考虑该地该单位下步的发展战略问题，或继承原有的，或在原有基础上进行完善和创新，或根据形势和任务的变化重新制定。大量事实表明，发展战略正确，事业就兴旺发达；发展战略不正确，事业就停滞不前，甚至造成严重损失。比如，某贫困地区实施"兴果富民"战略，利用丰富的山地资源发展果业，短短几年时间果业面积发展到200多万亩，既做大了总量，又加快了农民脱贫致富步伐。又如，某县为了发展高效养殖业，实施"全民动手，大发羊财"战略，从外地引进麻羊，发动农民大量养殖，结果由于麻羊不服当地水土，死的死、逃的逃，导致农民血本无归，没发到"羊财"反遭"羊罪"。由此可见发展战略是多么重要，来不得半点马虎和偏差。

我们这里所要探讨的是发展战略如何表述的问题。许多领导同志善于思考，自己想好了怎么提，而且提得很准、很精彩，这就无领我们多费工夫。但有的领导提出的东西未必成熟，需要进一步斟酌、修改，或者领导交代我们先提出建议供他参考，这就需要我们认真对待，反复推敲，力求做到准确、实在、集中、简洁。

首要的问题是准确。准确就是切合实际、科学可行。发展战略是发展思路的产物，它是否准确，首先取决于发展思路是否清晰。而发展思路的清晰又是以对实际情况的了解、对发展规律的把握、对发展差距的认知、对发展机遇的掌控为前提的。我们常说思路决定出路，其实就是思路决定战略，有什么样的思路就会有什么样的战略，有什么样的战略就会带来什么样的发展。在这里，坚持一切从实际出发，显得尤为重要。脱离实际，就会违反规律，带来决策失误、事业受损的严重后果。比如发展定位的问题，它包括了对当地发展基础、发展条件、发展差距、发展潜力等方面的认知，认知准确，发展的方向、路径才会准确，发展战略才能得以顺利实施并取得预期效果。

其次是实在。这是很重要而又很容易被忽视的问题。所谓实在，就是实事求是、顺乎自然地表达意思，该怎么说就怎么说，不要华而不实，不要生拼硬凑，不要搞文字游戏。而我们平常所见某些发展战略的表述就存在不实在的问题。比如"数字化"的问题，就是把有关工作内容凑成数字，什么"123战略"，什么"336行动计划"，什么"246目标"。有的则是专凑吉祥数字，比如"688思路""888目标"，好像他是个八字先生。当然，为了好记，有时通过数字来概括工作内容并无不可，但不可勉强为之，够不上某个数字也要硬凑。还有战略过多过滥的问题，有的习惯把什么工作都冠以"战略"，农业方面十大战略，工业方面十大战略，城市建设与管理十大战略，生态文明建设十大战略，社会管理又是十大战略，一个行政区域内几十个"战略"满天飞，搞得各级干部眼花缭乱，记又记不住，落实又落实不下去。这样的战略提得再多又有什么用？

再次是集中。既然是发展战略，它的内容就不能太宽太散，而要站在战略制高点，解决朝什么方向、走什么路子、抓什么重点的问题。严格地说，有些文件提出的所谓发展战略其实不像战略，而只是一个总体工作构想。比如某地提出的发展战略是：遵循一个指针（中国特色社会主义理论），把握两个基点（对外开放、对内搞活），坚持"三个有利于"的标准，抓住四个重点（农业产业化、食品工业、民营经济和招商引资），实现五子登科（GDP、工业增加值、民营经济提供税收、财政收入、农民人均纯收入翻一番），强化六项保证（科技进步、加大投入、搞活流通、保持稳定、舆论宣传和加强领导）。很明显，这个所谓的战略看起来很完整、很全面，实际上不能称之为战略，因为它包含的内容太杂，看不出什么是重点、该走什么发展路子。有的还把工作设想编成了顺口溜、打油诗，比如："发展果业富农户，强攻工业立支柱，民营经济挑大梁，基础建设开富路。"又如："山上画好山水画，田里作好田园诗，屋后种好摇钱树，栏里建好聚宝盆。"漂亮是漂亮，整齐也整齐，也便于记忆，但它不能与真正意义上的发展战略混为一谈。

最后就是简洁。发展战略是需要干部群众和社会各界知晓、掌握并执行的，很多时候还是作为施政纲领、行动口号广为宣传的，所以它在文字表达上应力求简洁、精练，不拖沓，不松散。这就要求善于概括，精心酌选中心语、关键词，用极节省、精致的语言把意思表达到位。

56. 为什么强调贯彻上级精神的文件要有"干货"？怎样避免与上级文件重复？

答：为了把这个问题讲得清楚些，我们来看一个例子：

那年，省委下发了《关于加强和改进思想政治工作的意见》，随后，某市召开市委常委会会议进行学习讨论，决定形成一个贯彻意见。"秀才"们忙碌几天，拿出了初稿，题为《中共××市委贯彻省委〈关于加强和改进思想政治工作的意见〉的意见》。市委秘书长拿过初稿一看，发现所写内容与省委的《意见》差不多，连结构都一样，都是6大部分36条，无非改动一下个别内容和词句而已，这显然是照抄照搬来的，于是发回重写。第二稿好了一些，结构、标题没再照搬省委的，变成了5大部分，外表上看是可以了，但具体内容仍有明显照抄的痕迹，比如思想政治工作的重要性、原则、方法、要求等，还是大段大段地搬过来的。秘书长于是再次发回重写。第三稿又有进步，照抄的痕迹不明显了，但无非换了角度或提法，内容还是流于空洞，没有自己的东西。秘书长只好把秘书找来"面授机宜"，双方有以下一段对话：

秘书：我本来以为，没再照抄照搬就可以交差了。请问还存在什么主要问题？

秘书长：缺乏干货。

秘书：什么叫"干货"？

秘书长：所谓干货，就是实际的东西、有自己特色的东西，是我们这个市根据上级精神，结合自身实际所提出的加强和改进思想政治工作的意见。省委的文件是指导全省的，市里的文件是指导全市的，如果照搬省委文件，那我们的文件还有什么意义？不如搞个简单的通知转发一下得了。但这样解决不了我们市思想政治工作如何加强和改进的问题，所以也要下个文件，要使这个文件起作用，就得有干货。也就是说，要让下属单位明白我们在这方面存在什么问题，应该怎么解决，思想政治工作怎样做才能做得生动有效，才能发挥凝聚人心、推动发展的作用。

秘书：其实我也多少考虑到了这一点。但想来想去，总觉得这方面没多少东西可写。

秘书长：怎么会呢？我们起草任何文件，不能光看上级文件是怎么说的，还要看自己的实际情况是怎样的。忽视这一点，当然会觉得没东西可写。比如说吧，省委《意见》中谈加强和改进思想政治工作的重要性,是从应对国际国内复杂多变的形势、用马克思主义占领思想文化阵地、加强党的建设的高度来说的,那么,具体到我们这个市,加强和改进思想政治工作的重要性又体现在哪里呢?你稍微观察一下就可以发现:现在讲思想政治工作,机关、学校里头还有一些,企业有没有?农村有没有?流动人口中有没有?难说啊。有些地方根本就没有,或者很少有,放松了,失控了,党的思想政治工作的优良传统被一些同志丢掉了。为什么农民有意见、工人有怨气?为什么有些人会见利忘义、损人肥己?为什么假冒伪劣、坑蒙拐骗现象屡禁不止?为什么一些地方封建迷信活动、境外宗教渗透活动盛行?都与放松思想政治工作有关。从这些情况来谈"重要性",不是有话可说了吗?

秘书:对对对,您这一点拨我就明白了。不过……其他部分呢?比如,思想政治工作的方式方法问题,我总觉得上级的《意见》已经提得很全了,实在想不出别的东西了。

秘书长:这同样是因为脱离了实际。你可以分析一下:这些年我们市在思想政治工作方面有哪些好的方式方法,有哪些经验和不足?从中就可以找出东西来。比如,我们是老区,弘扬老区精神就是加强思想政治工作的一个很重要的方面,过去我们这样做了,今后要做得更好,这就是我们独特的东西了吧?又比如,现在很多同志都说基层思想政治工作难做,而××县充分发挥在乡退休老干部的作用,利用他们辈分高、威望高、经验丰富的优势,协助村党支部做群众的思想教育工作,取得很好的效果,这种做法不是很有推广价值吗?此外,企业这一块怎么抓,机关这一块怎么抓,社区这一块怎么抓,只要着眼于实际,都会有自己的东西可谈。

另外还要注意一点:凡是起草贯彻上级文件精神的文件,千万不能把上级文件的框架都搬过来,他写几个问题你也写几个问题,他提几项任务你也提几项任务,这样就很容易被牵着鼻子走。再说，省委这份文件已经发到了县一级，你重复一遍发下去又有什么意思？人家会说我们吃饱饭不晓得想事情啦，或者说我们无能啦。所以，结构上不能照套，比如省委《意见》第二个问题是"思想政治工作必须坚持正确的方针原则"，那是带有纲领性的硬东西，如果你也搞这样一个题目，不可能比他写得更好、更全，要写就只能照抄。对类似这样的内容，我们只需强调认真领会和执行就可以了，重点要放在如何立足实际，提出实实在在的贯彻意见。

秘书：照这么说，我们这份文件的内容还要动大手术？

秘书长：是的。我们来对比一下，省委《意见》是6个部分："一、充分认识加强和改进思想政治工作的极端重要性；二、思想政治工作必须坚持正确的方针原则；三、深入扎实地进行思想政治教育；四、积极探索新形势下思想政治工作的规律和方法；五、把思想政治工作任务落实到基层；六、切实加强党对思想政治工作的领导。"你这个稿子现在是5个问题，其实跟省委的差不多，只不过你把第一、二个问题合并了，叫作"明确加强和改进思想政治工作的重要性和方针原则"，这样写还是免不了照抄。作为贯彻意见，我们可以这样来写：第一部分叫作"认真学习、宣传省委《意见》，增强抓好思想政治工作的自觉性和紧迫感"，把《意见》的意义评价一番，把它的主要精神点一点，然后侧重谈怎样开展学习和宣传；第二部分叫作"全面落实省委《意见》提出的方针原则和各项任务、要求，有针对性地做好思想政治工作"，这里就可以展开谈我们具体怎么做了，思路是什么，重点是什么，方式方法有哪些，怎样增强针对性，等等；第三部分叫作"加强调查研究，实行分类指导，把思想政治工作任务落实到基层"，这里主要讲党委怎么抓细、抓实，要注意哪些具体问题。按这样的结构来写，既贯彻了省委精神，又结合了本地实际，也比较好写。你说是不是？

57. 起草文件怎样才能摆脱照抄照搬的不良习惯？

答：这个问题与前一个问题是相联系的。其实，除个别不肯动脑筋的人以外，绝大多数同志并不喜欢照抄照搬，但有些同志又自觉不自觉地做着这种连自己也厌恶的事情，起草文件照抄，起草讲话稿也照抄，不抄就动不了笔，不抄就成不了文章，以致照抄照搬成了一大通病。这是什么原因呢？我想不外乎三个方面：

一是观念上的原因。有的同志以为，只有照搬上面的东西才是"保持一致"，才能做到"执行政策不走样"，这种看法是完全错误的。从一定意义上说，照抄照搬才是最大的不保持一致，因为中央从来强调各地各部门要结合自己的实际贯彻上级文件精神，要创造性地开展工作，而你没有按中央的要求去做。如果照抄照搬能解决问题，那连小学生也干得了，还要我们这些秘书干什么？当然，这样说可能严重了点，有些同志的确是因为思想上有顾虑，以为照抄照搬才保险，才不会犯方向上、政策上、提法上的错误，但这种思想同样是要不得的，是不利于工作的。只要我们坚持实事求是，敢于和善于把上级大政方针与本地实际结合起来，何虑之有？何错之有？

二是习惯使然。这种习惯是由来已久的、成为某种定式的东西，是一种自觉不自觉地被它所左右、所驱使的东西，甚至连你自己也觉得：我已经适应它了，离开它反而觉得不自然了。于是，在某些机关，照抄照搬习以为常，不照抄照搬反倒显得不正常，甚至还被视为标新立异。于是，习惯孕育了惰性，惰性束缚了思维，反正照抄照搬省时省力，何必自讨苦吃呢？

三是经验不足、方法欠妥。应该说，多数同志之所以想摆脱照抄照搬而又摆脱不了，根子还在这里。而要挖掉这个根子，需要不断磨炼和积累，不可能一蹴而就。同时，有些基本的方法必须掌握：

第一，接到起草文件的任务后，别忙动笔，先要吃透"上情"，把上级有关文件和领导讲话找来看上几遍，光看还不行，还要理解、领会，把精神吃透。"透"到什么程度呢？丢开文件，能把发这份文件的意义和作用说清楚，能把主要精神说清楚，包括关键性的观点、提法和要求等，要能够记下来。这一点非常重要。有些同志之所以摆脱不了照抄照搬的习惯，要害就在这里，对上级文件精神没有吃透就急于动笔，真正动起笔来又离不开文件，写不下去时就来查看文件中是怎么说的，看来看去总觉得文件中说得好，自己再也想不出别的语言了，于是只好一抄了之。而在"吃透"的基础上再动笔，就好比甩开拐杖走路，是逼着自己朝文件指引的方向走下去，而不是被文件的结构、语言"套"得迈不开步。

第二，吃透"上情"还包括吃透领导意图，即关于领导交代某份文件写什么、怎么写，要认真把握、领会、消化。这是摆脱照抄照搬的重要方法。因为领导布置就某一项工作发文，一定有他的动机和目的，也一定会从实际出发提出他的思路、观点和办法，按其意图来构思和起草，就可避免或减少照抄他人的东西。

第三，吃透"上情"和领导意图之后，还是别忙动笔，还要摸清"下情"，收集素材，或者到有关部门和基层去走一走，了解某方面的实际情况如何，对照上级文件，哪些方面做得好，哪些方面做得不好，要采取什么措施来解决。如果上级文件所部署的是一项新的工作，则要把执行该文件的客观条件、工作基础摸清楚，并对可能发生的情况进行预测。走好这一步，心里就有了底，就会有自己的话可写，而不至于一言一语都离不开"本本"。

第四，吃透了"上情"，摸清了"下情"，接下来就是如何结合的问题了。简单地说就是"上挂下联，虚实相生"。"上挂下联"好理解，"挂"就是遵循上级文件精神，"联"就是结合本地实际。"虚实相生"是什么意思？就是把上级精神和实际情况糅合在一起，变成自己的话来说，使文件既贯穿着上级精神，又与实际情况相吻合。当然，要糅合得好，不仅取决于深厚的文字功力，更重要的还取决于科学的思维方法和较高的认识水平。从前面这位秘书长和秘书的对话中,就可领悟到这一点。

58. 起草文件时提出目标任务、政策措施要注意什么问题?

答:从总体上说,就是要注意把握文件的科学性、可行性,既不偏离上级精神,又不脱离当地实际。具体要把握以下几点:

第一,提目标一定要科学、合理。凡部署工作的文件都要提出目标,无论定量目标还是定性目标,都要依据工作基础和现实可能来提,既不能太低,也不能太高。这就像摘桃子,站着能摘到那没意思,跳起来摘不到就不现实,跳起来能摘到才合理,这样的桃子吃起来才甜。比如农民增收目标,你提年内增收300元,有没有可能?你得测算一下从哪些渠道增收,够得上这个数字就提,够不上就不能提。又如发展工业的定性目标,你提出"经过3年努力,把我市建设成为全省工业强市",能否达到呢?你也得分析一下现实情况并进行横向比较,如果你这个地方的工业基础本来很差,客观条件又不具备,提这样的目标就有吹牛之嫌。

第二,提任务切忌一刀切、齐步走。省对市、市对县、县对乡、上级部门对下级部门下达工作任务,应是带宏观性、指导性的,管住大的目标、方针、原则,至于具体怎么做,应该让基层从自己的实际出发去考虑和安排。如今在市场经济条件下,这一点显得尤为重要,上级组织在管好大政方针的前提下,应该给基层尽可能多的思维空间和施展手脚的空间,而不能管得太细,更不能强求整齐划一。比如某县靠近沿海特区,适宜大搞招商引资;某县能工巧匠多,适宜大力发展个体私营经济;某县水面广阔,适宜发展水面养殖,你就不能强令大家都来集中力量搞食品工业,否则就是瞎指挥。又如,某县下了一份文件叫《关于大力发展柑橘生产的决定》,其中规定:一年之内大乡要搞到10000亩,中等乡要搞到

8000亩，小乡要搞到5000亩。有几个乡的领导就叫苦了：我们这里多数地方的气候和土壤条件都不适宜种柑橘，能不能搞别的呢？或者减少点面积呢？县领导说：不行，落下你们几个乡，全县30万亩的开发任务怎么完成？这几个乡只好硬着头皮带领群众整地挖穴，任务是完成了，但次年一场冰冻，把这几个乡的柑橘苗几乎全部冻死了，气得群众直骂娘。这个例子就说明：下任务千万不能脱离实际、强逼硬赶，否则只能劳民伤财。

第三，制定政策要注意规范性和协调性。政策带有严肃性，定了就要执行，所以务必认真对待，不可乱提。在规范性方面，就是要看是否符合上级有关方针政策，政治上、原则问题上不能出问题。比如前些年有些地方鼓励机关干部"下海"经商办企业，出台了一些土政策，其本意是分流干部、减轻财政负担，同时也是引导更多干部打破"官本位"意识，投身经济建设主战场，但在人员条件、审批程序、从业范围等方面规定得不够具体、严格，以致出现一些问题，这就是不规范的表现。在协调性方面，就是要注意做横向、纵向比较，防止文件与文件之间出现政策打架的现象。各级机关的文件本来就多，多了就容易忘记，容易造成各写各的、各顾各的，缺乏彼此照应，稍不注意就打起架来。某市税务局就曾被此事弄得叫苦不迭：市政府下文要求严肃财税政策，该收的要及时足额收上来；而市委和市委办的几份文件又是另一个调，今天说报社的税收要全免，明天说宾馆的税收可实行先征后返，到后天连市政府办也冒出一份关于文化企业的税收减半征收的通知来。这下可让税务局局长挠头了，究竟听谁的好呢？这个也免，那个也免，税收任务怎么完成得了呢？万般无奈之下，局长给"两办"去了个函，要求凡涉及减免税收的文件，要注意协调平衡，并事先征求本局意见。还好，"两办"都很重视此事，很快做了纠正，并举一反三，凡政策性文件的起草都注意与各部门的政策相衔接，避免了"打架"现象的发生。

第四，提措施要配套、得当。文件中的措施是围绕目标任务而提出的,是为实现目标任务服务的,措施是否配套,直接关系到目标任务能否实现。比如不少文件的最后一部分小标题都是"加强组织领导,确保××××落到实处",这里就有一套保障措施,包括列入议事日程、明确各方责任、宣传造势、加强督查、严格考评,等等。如果措施残缺不全,或者顾了次要的而丢了主要的,实际工作中就不好操作,目标任务就有可能落空。这是一个方面。另一方面,我们常说措施要有力度,这个"力度"就要把握好,表达上要得体、恰当,要让执行者能够接受和承受得了。有的同志以为力度就是压力,就是火药味,火药味越浓工作就越能推得动,其实并非如此。比如有些文件为了体现"力度",不管什么工作都要求一把手负总责,都将之列为干部政绩考核的重要内容,都强调搞不上去就要撤职,这就有点过头了。难怪有些基层领导开玩笑说:"我们头上这顶乌纱帽太不值钱啦,一会儿挂在荒山上,一会儿挂在煤矿、烟花爆竹等高危企业上,一会儿又挂在贫困户帽子上,还有中小学危房改造、农民负担的减轻、社会治安综合治理、村级建设,等等,都来和我们的乌纱帽挂钩,搞不好就吓唬我们"摘帽子",干脆,把这帽子还给你们上面算啦!"玩笑归玩笑,但说明我们在提工作措施时的确考虑不周、提法不妥,应注意纠正和防止过头的行为。在这点上,我觉得我们上级机关的同志要相信基层领导,相信他们会按照文件要求认真去做。所谓"力度",并不意味着威胁大家的乌纱帽才有力度,而主要是指推动这项工作的方式方法是否得力,是否能抓到点子上。你口口声声摘人家的乌纱帽,其实到头来未必能够摘得了,这样反而使文件失去了严肃性,让人觉得滑稽可笑。

59. 对已多次发文布置的工作再次发文,写作上应注意什么问题?

答:首先要注意的一个问题就是:防止重复。重复就是浪费。

重复就是平庸。重复就是不负责任。有的同志接到起草任务后，心里产生厌烦和畏难情绪，觉得写来写去都是那么几条，没多少新东西可写，于是偷懒图省事，把过去的老文件拿过来改造一番，动动小标题，改改开头结尾，或者变变提法和数字，实质性内容基本上还是原来那些。试想，这样的文件下得再多，又能起得了多大作用呢？所以，参照老文件是必需的，首先看看它的结构、内容是怎样的，但了解它是为了超越它而不是模仿它。再在此基础上进行构思，它说过了的我不说，它没说过的我说，或者它那样说我就这样说，总之不能像它。这是避免重复的最基本的方法。特别是同一位秘书就同一项工作多次起草文件，更应注意这一点，因为各人的认识水平、分析问题的方式方法和语言表达都会形成某种"定式"，如果不注意与过去写过的文件相对照，想来想去还是那些东西，重复就不可避免地发生了。

其次要注意的是：保持政策措施的连续性与稳定性。就任何一项工作再次发文，都会碰到这个问题。构思阶段同样要回到老文件，看看它提出了什么政策措施，是不是可以继续执行。如果实践证明它是行之有效的，且与现行政策法律不相抵触，就要注意衔接好，不要乱提新的东西，以免造成前后矛盾，下级不好执行。当然，如果觉得原来的东西不够完善，也可以根据新的形势与任务予以完善，使之符合现实需要。

再次，要始终坚持问题导向，瞄准问题做文章。这一条最带根本性。领导布置就某项工作再次发文，肯定有他的考虑，或者是上级来了新要求，或者是他本人有了新思路，或者是实践中出现了新情况，这些都是需要我们认真把握的。其中最需要把握的是：这次发文要解决什么问题？这些问题与过去的问题有什么不同？要采取什么措施去解决？也就是说，一切围绕问题来审题立意、谋篇布局并提出解决问题的新思路、新办法，这样，再次发文才有意义、起作用。

60. 文件为什么要有创造性？怎样体现创造性？

答：这里所说的创造性，首先指的不是文字本身，而是一种创新式的思维，它敢于打破旧的条条框框，不唯书，不唯上，只唯实，一切从实际出发，创造性地开展工作。体现在文件中，就是富有创造性的工作思路和政策措施。

创造对于我们来说太重要了。创新是一个民族的灵魂，是一个国家兴旺发达的不竭动力。对于地方工作来说也是这样，敢于探索，敢于创新，工作就有生气，事业就兴旺发达；墨守成规，唯书唯上，工作就死气沉沉，事业就很难打开新局面。这一点，从决策部署性文件中就可以看得出来。有些文件看上去很全面、很周到、很合乎上级精神，但满篇都是"正确的废话"，一点新意都没有，说明这个单位的领导思想守旧，谨小慎微；有些文件看上去并不"全面"、并不"周到"，而且有些话好像还不是那么"正确"，但思路别具一格，政策措施令人耳目一新，针对性很强，说明这个单位的领导思想解放，富有开拓创新精神。

对上述两种现象应该怎么看？作为前者，上面怎么说就跟着怎么说，安全省事，没有风险；作为后者，在不违背上级大政方针的前提下，实事求是地说自己的话，走自己的路，这就需要动脑筋、想办法，而且要冒一定的风险。毫无疑问，我们所需要的是后一种态度。尽管文件是否有创造性并不完全取决于文件起草者，但作为领导的参谋助手，我们有责任也有必要这样去做。

要善于从对宏观形势的把握中捕捉创造的机遇。发展市场经济，竞争十分激烈，新情况、新问题、新矛盾层出不穷，新的机遇也在频频向人们招手，但机遇只属于那些有准备的头脑，迟钝麻木，往往会与机遇失之交臂。这就要求我们，要善于分析判断形势，把握事物发展的宏观走向，抓住决策机遇，提出决策建议。比如某市委办公室、政研室组成的考察组，通过考察沿海特区的发展经验，敏感地意识到，随着特区经济结构的转型升级，将有一大批劳动密集型企业面临生存的危险，于是赶紧向市委、市政府提出决策建议：制定优惠政策，吸引这批企业内迁。文件出台后很快收到效果，短短一年时间内，有三十几家劳动密集型企业迁至该市落户。

　　要善于从基层干部和人民群众的实践中发现创造的亮点。决策也好，起草文件也好，都离不开当地实际，离不开基层和群众的实践。要使我们的决策富有创造性，同样要深入到基层去调查研究，某一个典型、某一个新生事物、某一条建议，或许就能触发我们的"灵感"。比如某市打算就加快小城镇建设问题下个文件，但绕来绕去绕不过一个"钱"的问题。后来在调查中发现，某县在搞县城建设中采用"以地生财"的办法，通过清收闲置土地并实行公开拍卖，吸引外地客商和本地先富起来的农民进城建房，结果财政不仅不拿一分钱，还赚了几千万元用于搞公共设施建设。这一举措被写进市政府文件中，成为加快推进小城镇建设的一条好路子。

　　要善于从对上级方针政策的领悟中找到创造的空间。当然，这里所说的"空间"不是指钻空子，更不是搞上有政策、下有对策那一套，而是从各自的实际出发贯彻上级的方针政策，在做好"规定动作"的前提下做好"自选动作"。事实也是这样：上级的方针政策是管总的，是管原则、管方向的，并没有也不可能对每一个地方和单位的每一件事怎么做都做出具体规定，这就是空间，而且是很广阔的空间。有些同志凡事都要看有没有文件依据，没有依据的就不敢越雷池一步，只知道看本本，搬条条，叫作"上面没有规定的不敢干，上面规定了的先看别人怎么干，别人干了没出问题自己再来干"，这么干能干出什么名堂来呢？改革开放之初，浙江省在中央没有明文规定的情况下率先放手发展个体私营经济，当时理论界和社会上是有不少议论的，但他们不为所动，认准了的路就坚定不移地走下去，不仅经济迅速发展，而且事实也证明了他们这样做是正确的。

当然，文件体现创造性，在表述上也要注意准确和科学，不能乱提口号，更不能出现与上级大政方针明显不符的言辞。有些属于试验性、探索性的举措，先不忙下文件，先干后说，或者只干不说，干出了成效再总结。

【写作实例之三】

关于在全市农村推广一户一位"法律明白人"的工作的意见

各县（区）委、县（区）人民政府，高新区党工委、管委会，市委有关部门，市直有关单位：

为贯彻落实党的十九大对法治中国建设的要求，提升全市农民法治意识，夯实农村法治建设基础，推动农民形成"办事依法、遇事找法、解决问题用法、化解矛盾靠法"的习惯，经市委、市政府研究，决定在全市农村推广一户一位"法律明白人"工作。现提出如下实施意见：

一、指导思想

以习近平新时代中国特色社会主义思想为指导，深入学习贯彻党的十九大精神，以培育农村一户一位"法律明白人"为载体，深化农村基层法治宣传教育，提升农民法律素养，推进农村基层依法治理，形成"尊法学法守法用法"的共识共为，推进法治建设落地生根，为维护农村稳定、实现全面小康营造良好法治环境。

二、目标要求

到 2020 年底，实现全市各县（区）农村一户一位"法律明白人"培育率为 95% 以上，其中一般"法律明白人"数占农村户数的 90% 以上，骨干"法律明白人"数占农村户数的 5% 以上。充分发挥"法律明白人"扎根基层、熟悉情况、反应迅速等优势，将他们培育成农村基层法治建设宣传员、维稳信息采集员和矛盾纠纷调解员,在维护农村基层和谐稳定中发挥积极作用。

三、实施办法

(一)分层遴选,考核上岗

1. 组织遴选。各县(区)以自然村组为单位,采取村民自荐和组织挑选、考核的方式,按照一户一位要求,在农户中遴选具有完全民事行为能力、拥护中国共产党领导、热爱祖国、遵纪守法、能通过培训掌握和运用基本法律知识的农民为"法律明白人"培育对象。对于一时选不出培育对象的农户,由邻户或村组干部作为"法律明白人"代理人。

2. 分层培育。根据农村实际,将一户一位"法律明白人"培育对象分为一般"法律明白人"和骨干"法律明白人"两类。一般"法律明白人"以做到"心中有法、遇事找法"为培育目标,骨干"法律明白人"以"办事依法、遇事找法、解决问题用法、化解矛盾靠法"为培育目标。重点在农村党员、干部、教师、退伍军人、个体工商户中遴选培育骨干"法律明白人",作为每个村组"法律明白人"培育工程的带头人。

3. 考核上岗。建立"法律明白人"考核制度。由各县(区)乡镇司法所对经过培训后的"法律明白人"开展任前农村常用法律知识考试,考试合格后颁发"法律明白人"证书及徽章,并登记造册。一般"法律明白人"侧重考核法治意识和农村基本法律素养,骨干"法律明白人"侧重考核依法解决农村常见矛盾纠纷的能力。对上岗的"法律明白人"实行上岗宣誓制度,并签订"尊法学法守法用法"承诺书。

(二)培训熏陶,提升能力

1. 精准培训。各县(区)整合政法综治维稳干部、律师及法律工作者等,组建一户一位"法律明白人"培训讲师团,针对农村多发、高发涉法问题,编印培训教材、制订培训计划,采取县级集中培训、轮训等形式,面向骨干"法律明白人"开展法律知识培训。各乡（镇）骨干"法律明白人"负责一般"法律明白人"法律知识培训。每年度骨干"法律明白人"培训不少于12课时，一般"法律明白人"培训不少于6课时。培训结业后，由乡镇司法所做好登记，作为"法律明白人"的工作考核指标之一。

2. 辅助学习。结合落实国家机关"谁执法谁普法"责任制、庭审直播、政法干警包村等活动，推进"法律明白人"特别是骨干"法律明白人"辅助培训。与农村生产生活相关的行政执法部门，要按照"谁执法谁普法"责任制要求，每年组织1~2次"部门送法下乡"活动。县（区）人民法院每年邀请骨干"法律明白人"旁听或观摩审判不少于10次。交通事故、医患纠纷、房屋与土地征收、物业管理、涉校涉教、婚姻家庭、环境污染等专业性、行业性调解机构，应有骨干"法律明白人"参与矛盾纠纷调解。包村政法干警每年至少组织1次所包村组"法律明白人"法治培训活动。各县（区）要充分利用机关干部在原籍声望高、有影响力的优势，组织具有一定法律素养的机关干部返回原籍开展"法律明白人"培训。

3. 文化熏陶。各县（区）要将培育"法律明白人"与加强法治文化建设结合起来，以法治文化引领、感化村民，使村民在潜移默化中树立法治意识，形成法治习惯。要加强法治阵地建设，结合新农村建设、农村环境综合治理等工作，因地制宜打造一批主题突出、内容浅显、群众喜闻乐见的法治文化小游园、法治文化一条街、法治文化墙等项目。要引导"法律明白人"积极参与法治文化建设，使之接受熏陶，经受锻炼，进入"角色"。

（三）加强管理，给予支持

1. 发挥作用。各地要加强对"法律明白人"的日常管理，充分发挥其宣传法律、发现问题、通报情况和调解矛盾纠纷的作用。引导"法律明白人"在农村红白喜事中开展移风易俗宣传，在新农村建设或其他项目建设中参与处理涉法事务，在征地拆迁、信访维稳等工作中做好相关人员的思想工作。

2. 实施激励。各地要结合实际制订和落实有关措施，对"法律明白人"予以激励。金融部门在涉农贷款方面，农业、林业、水利、畜牧等部门在农业开发技术培训方面，对有需求的"法律明白人"应给予支持；综治、妇联开展"平安家庭"评比，宣传部门开展"道德模范"评选，应将符合条件的"法律明白人"列入重点考虑对象；政法综治等部门在基层聘请"人民陪审员""人民调解员""网格信息员"时，应优先聘请表现突出的"法律明白人"。

3. 加强考核。建立"法律明白人"考核机制，将其守法、学习、参与矛盾纠纷调处等情况纳入考核。每年度按照一定比例，评选优秀"法律明白人"并予以表彰。实施"法律明白人"动态管理，对有违法乱纪行为者及时予以清退，由乡镇司法所注销其"法律明白人"证书。

四、工作要求

（一）加强组织领导。市成立推广一户一位"法律明白人"领导小组，负责统筹、协调、调度、考核工作。各县（区）及乡镇要把这项工作作为"七五"普法的重点工作，统筹谋划，精心组织，科学安排，确保实效。

（二）抓好责任落实。在推广一户一位"法律明白人"工作中，各县（区）党委、政府必须担负起主体责任，各乡（镇）党委、政府必须抓好具体实施工作；各级政法委负责具体领导和组织实施；各级司法行政部门要全力以赴，抓好方案制订、业务指导及各项具体工作的落实；各政法部门共同负责抓好"法律明白人"培训工作，并组织"法律明白人"参与具体司法活动；宣传部门要积极配合这项工作的开展，加大对农村的法治宣传力度；市县相关单位要落实好国家机关"谁执法谁普法"责任制，做好辅助培训和激励扶持等工作。

（三）夯实保障基础。要把加强农村法律人才平台建设、法律人才资源开发与日常组织管理结合起来，把选拔培育与实际使用结合起来，解决好法治服务民生"最后一公里"的问题。各县（区）

要在人力、物力、财力上对培育"法律明白人"工作给予充分保障，按辖区内户均5元标准列入财政预算，确保工作顺利推进。

（四）加强督查考核。市领导小组将对这项工作实行一季一调度，一年一考核，将考核结果纳入法治建设和综治考评体系。对推广有力、"法律明白人"合格率高的县（区）给予通报表扬，对推广不力、"法律明白人"合格率低的县（区）给予通报批评，督促改进。

评析：

按照"一户一位"的要求在农村地区培育"法律明白人"，是推动广大农民信法、学法、用法的有益尝试。由于这项工作事关重大，涉及面广，所以采用了"意见"这一文种。全文主题突出，结构严谨，条理分明，语言洗练，目标任务明确，办法举措周密配套，针对性和可操作性都很强。后来事实也证明，这个文件下得好，该市按照这个构想一以贯之抓下来，确实取得了很好的效果，一户一位"法律明白人"也成为在全省全国有影响力的法治建设工作品牌。

第五章 工作总结的写作

61. 工作总结好像并没有多少人看，作用也不大，为什么还要写？

答：现在的确有不少秘书同志对起草工作总结感到厌烦，认为反正没多少人看，何必浪费精力呢？要写，就马马虎虎应付一下，交了稿子就拉倒。这种看法和态度是不对的。首先，不能以多少人会看来衡量工作总结重不重要。工作总结一般只用于上报和存档，看的人当然不会太多，但并不意味着工作总结就不重要。其次，工作总结有人看，而且是重要的人物在看，比如上级领导、上级机关的"秀才"们。再次，写得好的工作总结，人家还是愿意看，因为里边有值得了解和吸取的东西。

其实我们不必在工作总结到底有多少人看的问题上绕圈圈，关键是，工作总结到底有什么作用？

第一，明鉴既往，检视得失。我们从昨天走来，向明天走去，要走得一天比一天好，就要看看昨天是怎么走过来的，走得顺不顺，有没有走弯路、走错路，明白这一点，今后就可以走得更顺、更快。从这个意义上说，总结是一种自我审视和反思，可以让人们正确认识自己，保持清醒的头脑，更好更快地前进。

第二，把握规律，积累经验。工作总结不仅反映工作情况，还要从感性认识上升到理性认识，把带规律性的东西找出来，形成自己的工作经验。工作总结中反映出来的好做法、好经验，往往是从实践中提炼出来的真知灼见、制胜之道，它不仅说明过去，而且有利于将来，对今后的工作具有借鉴、指导意义。

第三，通报情况，沟通信息。上级机关要掌握下级机关工作的开展和完成情况，了解某方面方针政策的贯彻执行情况，除了通过平常搞调查、听汇报、看报表等渠道外，看下级报来的工作总结，也是一条重要的、必不可少的渠道。因为工作总结带有全面性、系统性，人们看完就会有一个完整的印象，所以上级机关总结工作、领导同志发表讲话、秘书们起草材料，经常都会用到它。反过来，一级组织向上反映自己所做工作的情况、成效，也离不开工作总结，总结得好不好、全面不全面，往往影响着上级对本地本单位工作的评价。

第四，记载史实，以备存查。工作总结不仅反映一个阶段所做的工作或一项活动的开展情况，从长远来看，它还反映着一个地区、一个单位事业发展的全过程，包括前后演变、新旧更迭、兴衰成败、经验教训，等等。以史为鉴，可以知兴替。你可别以为工作总结存了档就完成了它的使命，说不定将来的若干个时刻，人们还要把你的大作翻出来仔细研读呢！

62. 工作总结包括哪些类型？怎样安排结构？

答：工作总结从内容上分，有综合性工作总结、单项工作总结；从时间跨度上分，有年度工作总结、半年或季度工作总结等。工作总结的结构包括开头和主体两部分。开头部分概述总体情况，相当于导语；主体部分叙述具体情况，即做了什么工作、怎么做的、取得了什么效果、还存在什么问题、有什么体会或经验。也有一些工作总结会挂一个结尾段，简述下步打算。主要的结构方法有两种：

一种是纵式结构法。即按照工作进展的过程来写，从背景到工作展开的步骤、方法、成效、体会，一路写来，这种方法常用于单项工作总结。如某市卫生局《关于开展行风建设和评议活动的总结》，首先在开头部分交代根据市委、市政府《关于七大"窗口"单位开展行风建设和评议活动的工作方案》开展这一活动，概括性地说明取得了什么效果；然后在主体部分展开工作情况，分为制订方案、宣传发动、查摆问题、听取群众意见、集中整改等几个步骤进行，采取了挂牌服务、设立举报电话和举报箱、派出人员暗访、强化督查等各项措施，发现和查处了一批违法乱纪的人和事，促进了医德医风建设，提高了服务水平和质量，改善了医疗单位的形象；最后归纳几条工作体会。这种结构比较简单，只要按事情发展的过程、前因后果讲清楚就行，就能达到层次分明、脉络清楚的效果。

一种是横式结构法。即将若干不同事项并列式展开，不注重过程而注重结果和特点，这种方法常见于综合性工作总结。所谓综合性，即同时总结一个地方或单位的数项工作，故不宜用纵式结构法。如政府年终工作总结，开头部分：概括全年工作，总体自我评价。情况部分：列举国民经济主要指标完成情况，并列式交代所做的主要工作，包括在深化改革、调整产业结构、培育加快发展新动能以及基础设施建设、生态文明建设和财税金融、社会事业等方面所采取的措施、工作特点及取得的成效。体会部分：介绍工作经验，如突出发展重点、推进科技创新、加强宏观调控、优化发展环境等。因为数项工作内容同时展开，所以在排列顺序、叙述方法上要有所讲究，做到布局合理、主次分明。

这里还涉及体会部分如何处理的问题。体会在结构中通常有三种表现形式：一是在回顾情况之后，用一个或几个段落概括性地说，不展开；二是在回顾情况之后，安排一个专门部分，分几个层次展开说；三是不集中显示，在情况回顾中穿插性、附带性地说，其中有些措施、方法同时也是体会。那么，这三种形式采用哪种为好呢？这就要看具体情况而定，有话则长，无话则短。如果的确有很好的体会、经验可谈，那就不必谦虚，安排足够的篇幅把它谈够、谈好；如果没有多少体会、经验可谈，那也不必勉强拼凑，有多少说多少，以免空话废话太多，浪费篇幅。此外还有一种办法就是，干脆不写体会，只要事实清楚、重点突出，就可以了。

不管采用何种方法，考虑结构时都要把握三个方面。一是全面。工作总结所要反映的是全局工作或某项工作的全貌，所以在结构安排上要考虑到方方面面，是全局工作就不能遗漏了哪个方面，是单项工作就不能遗漏了哪个环节，否则就会影响工作总结的客观性和全面性。二是紧凑。即材料安排要环环相扣，富有条理性和逻辑性，避免零乱无序；谈工作体会要紧扣材料，根据材料进行提炼和升华，避免相互脱离。三是精练。与任何机关文稿一样，工作总结也要力求简短凝练。同时要正确处理好精练与全面的关系，既不能因为片面追求精练而削足适履，把该写到的东西漏掉，也不能因为片面追求全面而毫无节制，把篇幅拉得太长。在全面的基础上力求精练，二者不可偏废。

63. 起草工作总结之前要做哪些准备工作？

答：起草工作总结的准备工作一要充分，二要主动。为什么呢？因为起草总结属于惯例性的工作，一年的工作告一段落了，或者一项活动结束了，即使领导不交代，办公室或文秘部门也要着手进行总结，而且领导一般也不授意，由文秘人员去写就是了。更重要的是，工作总结所反映的既然是一个地方或单位工作的情况、成效乃至它的水平和质量，就要求我们以认真负责的精神去对待，以积极主动的精神做好准备工作。是否积极主动，与工作总结的质量高低直接相关。如果抱着应付差事的态度，准备工作做得不充分，那就不可能写出高质量的工作总结来。

起草工作总结的准备工作，最关键的一条，就是要详尽地占有材料。起草讲话稿和贯彻上级精神的文件，有上级领导讲话和文件、报刊文章作为参照，有领导意图作为依据，而工作总结没有任何东西可参照，全靠用事实说话，没有事实就无以形成工作总结，凭空捏造不行，真假混杂也不行，只有老老实实地、原原本本地把材料抓到手才行。

第一，掌握材料的渠道要宽。有些同志以为，材料嘛，有各地各部门交来的工作总结，还有平常送交的信息、简报、报表等，把它们收集起来，凑一凑、理一理，不就得了？这种看法是不对的。当然，凭这些材料形成一份工作总结，也许并不困难，但它们毕竟是纸面上的东西，只是材料的一个方面，而不是全部。收集材料还有一些重要渠道不可忽视，如：实地调查，掌握第一手资料；听取群众意见，收集社会反映；查阅有关综合部门的动态分析材料，尤其是反映问题和不足方面的材料；注意掌握领导同志对工作情况的分析和对工作成效的评价，尤其是分管某项工作的领导，他所掌握的情况更详细，看法也更带权威性。只有多渠道了解情况，才能使材料全面、具体、丰富。即使有些材料不一定能成为题材，也要注意收集，因为从把握事物发展全过程、总面貌的需要来看，任何材料都不会显得多余，更何况，有的材料看起来不重要，写作时说不定又需要用到它呢！

第二，要搞准事实。实事求是地反映情况，是起草工作总结的起码要求。我们常说对统计数字要注意打假防假，其实对工作总结也要注意打假防假，因为工作总结也反映政绩，如果搞假数字、假典型、假经验，同样贻害不浅，不仅使自己的工作情况和效果失真，更有害的是使上级对该地区该部门的工作评价失真，甚至会给领导决策提供错误依据。为什么我们不能仅凭下级送交的工作总结来了解情况呢？道理也在于此。应该说，多数地区和单位是会实事求是地总结自己的工作的，但的确有的工作总结与事实有较大出入，有一定的水分，把没做的说成做了的，把做得一般的说成做得很好的，还出了这样那样的经验，说得天花乱坠，但到那里仔细一看，根本不是那么回事。如果我们仅听这一面之词，就容易出现偏差，所以一定要十分注重材料的真实可靠性，对重要的材料要认真核实。尤其在需要列举典型事例时，要搞清楚这个典型是否真有那么好，能不能站得住脚，写上去人家服不服气。列举数字同样要注意这一点，不能想当然，不能统计加估计。有一个地区的造林绿化工作总结就曾出过这样的问题，按各县市总结上报的数字，全区6年累计新增造林面积284万亩，已经超出本地区的山地面积了，这不是跑到别地区的山上造林了吗？当然不可能，数字有假。于是要各县市核实重报，结果降到197万亩。总结被上报到省林业厅，省厅领导还是不敢相信有如此"辉煌"的成就，搞了架飞机到该区上空转了几圈，遥感仪显示的数字是：新林老林加起来才180余万亩！结果该地区林业局局长不仅没领到奖，还受到省厅通报批评。这个例子就说明：工作总结中列举数字一定要真实，要搞准。

第三，对来自各方面的材料要进行综合分析，从总体上、宏观上把握事物发展的态势和特征，从而得出正确的结论。上一级的工作总结，毕竟不是下一级工作总结的简单相加，而要从中找出带共性、规律性的东西，由此体现全局工作的总体面貌。比如经济工作，基层单位各有各的举措和特点，成效、体会都不一样，那么从全局来看又是一种什么状况？是喜大于忧还是忧大于喜？是富有特色还是流于一般化？有什么创新创造和重大突破？又如开展某项阶段性活动，虽然各基层单位在步骤、方法上都是按上级统一部署进行的，但做法、效果肯定不是整齐划一的，那么从总体上看又是怎样的呢？有没有达到预期的目标？哪些问题解决了，哪些问题还没有解决？所有这些，首先要在综合分析的基础上做出总体判断。如某市政府年终工作总结，开篇就是："2020年是极不平凡的一年。在省委、省政府和市委的坚强领导下，全市上下统筹疫情防控、抗洪救灾和经济社会发展，扎实做好'六稳'工作，全面落实'六保'任务，各项事业顺利发展，全面建成小康社会取得决定性成效。"这样的判断就来自综合分析，它等于给全年的工作成效定了"调子"，也为具体内容的展开提供了依据。没有这种判断，所有材料就成了没有"主帅"的"散兵游勇"，变成零碎的情况罗列，这样的工作总结必然是不成功的。可见，在起草总结之前，对情况的透彻分析和总体把握是必不可少、至关重要的。

64. 工作总结的情况部分怎样排列工作情况？

答：情况部分是工作总结的主体，是让读者了解工作全貌的主要板块，写作上要达到的基本要求是：层次分明，事实清楚，表述得当。这里就涉及工作情况怎样排列的问题，即哪方面情况先说、哪方面情况后说的问题。这似乎是个无关紧要的细节，其实不然，如果排列不顺，就有可能影响表达效果。常见的方法有：

按轻重主次排列，把重点的、主要的工作排在前面，其余的排在后面。任何一个地方或单位所做的各项工作，必有一至几项是"重头戏"，把它们摆在突出位置是理所当然的，这样也便于把主要的工作业绩展现出来。比如某地政府当年经济工作的重点是推进新型工业化和城镇化，效果也很明显，那当然要把它摆在前面来写，使人一看就明白你主要做了什么事、效果如何。如果把它排在后面写，就等于把主要业绩淹没了、淡化了。

按前因后果的顺序排列，前面写怎么做的、采取了哪些措施，后面写取得了什么效果。如某市纪委的年终工作总结，先写采取的措施——加强党性党风党纪教育、推进领导干部廉洁自律制度的落实、深入开展反腐败斗争、强化党内监督和社会监督，后写取得的成效——各级干部的廉洁守纪意识进一步增强、一批腐败分子受到查处、从源头上遏制腐败取得重大进展。

按先果后因的顺序排列，即先集中表述取得的成效，后具体表述各项工作开展情况及采取的措施。如某市农业农村工作年终总结，首先晒出成绩单，包括有关经济指标和农民收入的增长情况、重大创新突破和受上级表彰情况、农村社会事业发展情况，然后分述所做的具体工作，包括深化农村改革、优化农村产业结构、推进农业科技进步、推进社会主义新农村建设、加强农村基层组织建设等。

65. 情况部分怎样制作小标题？

答：情况部分小标题的制作，基本的要求是简洁、明快、紧凑。所谓简洁，即句子要尽可能精练，不拖泥带水。所谓明快，即表达意思直截了当，不含糊其词。所谓紧凑，即标题与标题之间衔接要紧密，不能松散。须认真对待标题制作，因为人们看你做了哪些工作，首先是从标题开始的，标题做得精致、醒目，人们一看便明白了个大概，也会有兴趣往下看；反之，如果标题做得马虎、随意，就不可能引人注目，下面的内容再充实也达不到好的效果。这里有个细节问题需要注意：既然是工作总结，反映的当然是"过去时"，标题上就特别要注意准确地遣词造句，防止含混不清。比如这样的标题："全力以赴抗疫情、战洪灾，保护人民生命财产安全"，看上去就不像是做了什么、取得了什么效果，而是在表决心，或者提要求。要使它像工作总结的标题，把后半句改为"人民生命财产安全得到了有力保护"，就可以了。类似的问题还可以列举很多，应该说多数都是粗心大意造成的。

根据内容和表达需要的不同，小标题的制作方法也可以有所不同，比如以下几种：

措施加效果式的小标题。如某县关于减轻企业负担工作总结中的"深入开展宣传教育，增强了各级干部的政策法律观念；认真开展自查自纠，取消了擅自出台的企业负担项目；加强督查，发现问题及时解决，减负措施得到进一步落实；建章立制，充分发挥了制度的约束力"，这4个小标题都是先写措施后写效果。

效果式的小标题。如某市委办公室工作总结中的"文秘工作实现快捷、优质、高效运转；综合调研工作较好地发挥了以文辅政的作用；信息服务更加及时、全面、准确；督查工作水平有新的提高；机要工作确保了通讯畅通和密码安全；机关后勤保障工作做得更细更实"，这6个小标题包含的都是工作效果。

特点式的小标题。如某县县委宣传部工作总结中的"理论研究工作突出了一个'深'字，新闻报道工作突出了一个'活'字，精神文明建设工作突出了一个'实'字，社会宣传工作突出了一个'广'字"，这4个小标题都体现了工作特点。

此外还有其他方法。有的总结不刻意做标题，只以一个短语或一句话领起下面要展开的内容，实际上也等于是标题。如某市委组织部工作总结的情况部分，各层次的开头分别是"'三严三实'专题教育方面""干部工作方面""党员教育管理方面""基层党建方面""人才工作方面"，后面接着展开具体内容。

66．工作总结怎样准确反映工作情况？

答：准确反映工作情况看起来不是什么难事，实际上也大有讲究。最重要的是真实，做到什么程度就写到什么程度，既不夸大也不缩小。不过，"缩小"一般不至于，需要防止的是"夸大"，把没做的也说成做了的，或者没做到那么好也写成做得那么好，这就违背了写工作总结的基本原则。这是其一。

其二，要注意把定量分析与定性分析结合起来。定量即数据，反映工作成效当然离不开数据，尤其是经济工作方面的成效更要依靠数据来说话，没有数据，就会显得空洞、笼统、缺乏说服力。但数据不能用得太多太滥，否则就会变成满篇都是数字，让人觉得枯燥、沉闷。用数据只能用主要的、最能体现工作成效的。如政府工作总结中，国内生产总值、工业增加值、财政收入、农民人均纯收入、固定资产投资、社会商品零售总额等指标的完成情况和增长情况是必须用到的，各项具体经济工作的主要数据也是必须用到的，无关紧要的、太具体的数据则没有必要用到。定性分析与定量分析是相辅相成的，光有定量而没有定性，不足以全面、准确地说明问题。所谓定性分析，即通过对照上级要求、既定目标和纵向、横向对比，对工作成效做出恰如其分的评价和判断，如"经济建设取得了长足进展""人民生活水平明显提高"，这里的"长足""明显"就是一种判断。如果经济只是一般性的发展就不能说是"长足发展"，如果人民生活水平只是略有提高就不能说是"明显提高"，所以说一定要恰如其分，要与定量分析相一致。非经济工作部门的总结较少用到数据，那么依据事实进行定性分析，就显得尤为重要。比如党风廉政建设达到了怎样的效果？宣传思想工作是一个怎样的水平？它固然可以援引有关数据，但主要还靠对事实进行分析和概括来做出判断。在这里，事实才是最有说服力的，如果没有足够的事实，你把效果说得再好、水平说得再高，人家也会觉得不可信。比如你说"我市宣传思想工作成效显著"，"显著"在哪里？你得摆出事实来。比如"舆论导向正确，为改革与建设提供了强有力的舆论支持，在主流媒体上稿量领先于兄弟地市；理论学习和研究不断深入，出了一批理论研究成果，受到上级表彰；精神文明建设生动有效，有8个市直单位被命名为全省文明服务示范单位，我市城区再次被省文明委评为文明城市……"将这些事实一摆，"成效显著"才有依据。有些同志在写作中只注重下结论而不注重摆事实，或者虽然注重了摆事实但摆得不全、不准，支撑不起结论，这是应当努力避免的。

其三，要注意工作内容与工作成效的一致性。不同的工作职能，其成效不同，不同的工作措施，其成效也不同，二者不能混淆，不能牵强附会。现在有一种较普遍的现象：不论总结什么工作，都与经济建设挂起钩来，都说有力地促进了经济建设。比如某地组织部门的工作总结，在反映工作成效时，也像政府工作总结那样列了一长串国民经济和社会发展的主要数据，这显然不妥。以经济建设为中心，这是工作原则、指导思想上的东西，组织工作固然要围绕这个中心来进行，并且也是致力于推动发展的，但就其性质和作用而言，只是通过加强党的思想、作风和组织建设，为经济建设提供组织保证，而不是直接、具体地体现在经济增长上；像上面这种写法，就显得有点牵强。其他非经济工作部门的总结都应注意这一点。实际上，只要如实反映你这个部门是真正围绕加快发展来发挥职能作用的，即使成效方面没有直接的经济指标，也不至于抹杀了你这个部门直接或间接地促进了经济发展的功劳。另外还须注意的是，所采取的工作措施要与成效相对应、相吻合，表达上要注意衔接好。如某县政府工作总结，在思路和举措方面提出了"防止片面求快，争取高质量、高效益的快速度"，但反映成效时只有速度指标而没有效益指标，看不出增长质量"高"在哪里。又如某文化局的工作总结中写了"特色文化建设成绩喜人"，但工作措施都是常规性的，工作内容也并无新的东西，一点也看不出他的文化建设"特"在哪儿。这都是前后照应和衔接不够造成的。

67. 工作总结怎样兼顾"点"与"面"？

答：前面说到，工作总结反映情况要全面，不全面就不足以说明你所做的工作和取得的业绩，但"全面"是否就意味着面面俱到、事无巨细，都写进总结中去呢？当然不是，漫说这样写够不上质量，首先篇幅上就不允许。这里就有一个点面结合的问题。"点"即重点，是需要展开写、着重写的内容；"面"即非重点，但需要兼顾写到的内容。只顾"点"而不兼顾"面"，就会缺乏全面性；只顾"面"而不顾"点"，就会显得平淡、琐碎，重点不突出。比如某县委的年终工作总结，光情况部分就列了8大块，从改革开放到经济发展，从环境保护到科教文卫体，从组织、纪检到政法、统战、信访、群团、预备役工作，还有人大、政协工作和思想政治工作等，几乎无所不包，而且把每一部分都展开来写，加起来篇幅达到两万字。这样写看起来很全面，其实反而不全面，因为它没有抓住重点，该展开的没有展开，不该展开的反倒展开了，让人看不明白。写党委的工作总结，这些方面肯定都要提到，但关于哪些方面详写、哪些方面略写要把握好：改革与发展的主要方面要详写，具体的方面让政府去详写；党的建设、精神文明建设的主要方面要详写，具体的方面让有关职能部门去详写；人大、政协工作只能从加强党的领导、支持它们发挥职能作用的角度去写，而不宜涉及其具体工作内容；统战、群团、信访、预备役等工作只宜略写，甚至一笔带过就可以了。

另外，无论总结哪方面的工作，都要抓住有新意、有特色、有典型意义的内容展开写，一般性的内容点到即止。这样写才能既突出重点，又兼顾全面，既节省篇幅，又保证质量。

68. 工作总结怎样指出工作中存在的问题？

答：任何一个地方或单位的工作，肯定既有成绩也有不足，不可能十全十美。反映在工作总结中也应该是这样，既肯定成绩，又指出问题，这才叫实事求是，是对事业负责，也是对历史负责的态度。现在这方面的欠缺倒不是只写成绩不写问题，而是成绩写得很全、很足，生怕漏掉了什么，问题写得很少、很淡，生怕多写了什么，或者想方设法把成绩夸大，把问题缩小，让"问题"变成了一种摆设，不痛不痒、轻描淡写地交代几句就过去了。这里有几种具体表现：一是含糊、笼统，如"与发达地区比，经济发展还有很大差距，特别是经济运行中的一些深层次问题还没有得到根本解决"，有多大的差距？什么是"深层次问题"？对此避而不谈。二是羞答答、软绵绵，如"机关作风建设有待于进一步加强，工作效率有待于进一步提高，工作方法有待于进一步改进"，明明可以直接指出问题，他偏要从正面来说，等于什么也没说。三是避重就轻，比如某项工作没有做好，明明是决策失误的问题，偏只写工作方法上的问题；经济发展缓慢，明明存在不少主观因素，偏只强调客观因素，由于"交通不便"、由于"信贷资金不足"、由于"特大自然灾害的影响"等。四是吞吞吐吐，在问题前面加上不少限制词，如"有时对干部作风建设抓得不力""有的地方存在重发展、轻环保的偏向"。就好像本来不存在任何问题,但出于需要硬找出一点问题来一样,反正说不说都无所谓。

必须明确,指出工作中的问题不仅是全面反映情况的需要,更是明辨得失、趋利避害,进一步做好工作的需要。失误常常会成为正确的先导,差距往往能激发人们的奋进热情,所以我们无须在指出问题方面顾虑太多,怕这怕那,而要有直面差距、正视问题的勇气,要有对工作极端负责的态度,把问题点准、点够、点深。当然,指出问题也不必说得太具体,把主要的问题说到就可以了;措辞上也要把握分寸,避免产生负面影响。

69. 工作总结中怎样写好体会?

答:体会,即对于工作实践的体验领会,是从工作回顾中抽象出来的理性认识,其中包含着带规律性、经验性的东西,具有既总结以往又启迪今后的双重意义。所以,要写好体会,还得多动点脑筋才行。

怎样写好体会?首先一点是,要与客观实际相符合,要依据事实进行提炼、概括,上升为理性的东西。有些同志把体会看得很玄,一想就想到大道理上面去了,于是空对空地发一通议论,说了半天还是与事实脱了节。其实,体会是很朴素、很实在的东西,是自己认识到、感受到的东西。比如你这个地方经济发展快,为什么快呢?因为找准了路子、抓住了重点、用好了人才,这就是体会。体会只能来自实践,而不是来自空想。空想出来的体会是空话、废话。

其次,体会必须有自己独特的见解,力戒一般化。有些工作总结中,情况部分内容充实,分量很足,而体会部分平淡无味,毫无特色,一眼就看得出起草者是在那里穷对付。比如这样一段话:"实践证明:加快发展,必须坚持以中国特色社会主义理论为指导;加快发展,必须坚持一切从实际出发,创造性地开展工作;加快发展，必须注重优化结构和科技创新，提高质量与效益；加快发展，必须加强统筹协调，形成方方面面抓改革、促发展的强大合力。"这能叫体会吗？话当然都很正确，但这样的话大家都想得到，放在任何场合都可以说，显得过于笼统、抽象，缺乏实质性的、独到的东西。同样做经济工作，各个地方有不同的思路和方法，其体会也必然各不相同，关键要靠我们去发现和把握，从中找到独特的"这一个"。还有一些总结中的体会是从上级文件和领导讲话中搬过来的，比如有一份总结中所写："一年来改革与发展的实践告诉我们，必须坚持用改革的办法解决前进中的问题；必须根据经济形势的变化，适时调整宏观调控政策的取向和力度；必须把扩大内需和调整经济结构紧密结合起来。"这明明是高层领导总结出来的工作经验，起草者竟把它据为己有了，这叫作连抄也抄得不够水平，因为你一个地方的工作经验上升不到这么高的层次，人家一眼就能看出不是你自己的东西。

再次，情况与体会既要条理分明，又要有机融合。体会来自情况，情况印证体会，这是我们都知道的，但在体会作为专门一个部分来写时，我们会碰到这样的问题：情况部分摆的是事实，体会部分又要摆事实，怎样避免重复？这就需要区别开来。最基本的区别是，前者用事实说明情况，后者用事实印证观点；前者回答做了什么，后者回答这样做使人认识到什么。基于这种区别，我们可将材料进行分工——哪些放在体会部分去写，哪些放在情况部分去写；有些材料既可归于情况部分又可归于体会部分，那就二者取其一，避免两边都用到。比如总结经济工作，解放思想既可作为措施放在情况部分，又可作为经验放在体会部分，如果情况部分列一个标题"狠抓解放思想先导工程，为改革与发展注入了强大动力"，经验部分又列一个标题"解放思想是做好经济工作的头道工序"，那就很难避免前后重复了。

最后还有一个问题，就是要精心提炼观点。体会写得好不好、准不准，在很大程度上取决于观点提炼得怎么样。观点又主要体现在标题上。在标题制作方面，除了要力戒平淡、笼统以外，还要避免表述方法上的单调、陈旧。目前常见的有两种。一是用"是"字句，如总结党建工作："加强学习教育是做好党建工作的重要前提，突出抓好思想作风建设是做好党建工作的有效方法，强化制度约束是做好党建工作的有力举措，加强领导是做好党建工作的根本保证。"二是用"必须"句，如总结经济工作："必须抓紧抓好解放思想这一'头道工序'，必须走符合当地实际的发展路子，必须狠抓调整和优化经济结构，必须注重建立支柱产业、开发拳头产品，必须优化环境、强化服务。"我们先不看观点新不新、准不准，只看表述方法，这两种方法不是不可以用，但用得太多太滥，很多总结都脱不出这种俗套，就显得有些呆板了。实际上，表述方法完全可以多种多样，用工整的句子可以，用自由的、散式的句子也可以，只要能把话说到点子上，用什么表述方法都可以。

　　下面来看一个例子。某地区创办综合改革试验区第一年的工作总结，情况部分列了六个小标题："一、简政放权，调动县市和企业发展经济的积极性，增强经济活力；二、以兴工强市为主战略，以壮大民营经济为突破口，培育市场主体，带动全面发展；三、深化农村改革，加快农业发展方式转变；四、以大开放促大开发，大力发展外向型经济；五、抓好综合配套改革，整顿经济秩序，优化资源配置，为经济发展创造良好环境；六、加强党的领导，发挥政治优势，形成创办试验区的强大合力。"体会部分列了四个小标题："一、创办试验区，人的思想精神素质的提高是首要的，只有解放思想，更新观念，才能拓宽思路，大胆探索，敢为人先；二、创办试验区，光有热情不够，盲目照抄照搬特区经验也不行，必须坚持从实际出发，扬长避短，趋利避害，走出一条有特色的发展路子；三、创办试验区，既不能求稳怕变，也不能自行其是，必须把宏观调控与微观搞活结合起来，把做好'规定动作'与做好'自选动作'结合起来，使改革既快又稳地向前推进；四、创办试验区，要特别注重提高决策水平，推进决策的民主化、科学化，及时解决新矛盾、新问题。"这两个部分的标题，前面谈怎么改革、试验，后面谈工作体会，既不重复，又衔接和配合得很严密。体会部分的标题，紧紧扣住怎样创办改革试验区，不仅观点鲜明，表达准确，而且句式清新自然，"形"散而"神"不散。

70. 工作总结怎样写出特色，避免年年老一套？

答：曾听领导同志批评说："现在有些工作总结年年都是那副老面孔，无非换动几个数字而已，这样的总结有什么用？还不如不写好！"批评得对。不过话说回来，其实多数文秘人员并不喜欢"老面孔"，但写来写去又摆脱不了"老面孔"。什么原因呢？他们认为：年年所做的工作都是那么几项，经济工作无非是农业、工业、第三产业、招商引资、民营经济、财政金融，等等，党建工作无非是理论学习、廉洁自律、用好干部、转变作风、执行民主集中制，等等，年年岁岁"花"相似，还能写出什么"新面孔"来呢？

这种说法有一定的道理，但根本的问题不在于工作内容相似，而在于起草者的思维方式和写作方法相似。有些同志不善于从多个角度看问题和分析问题，不善于用多种方法组织材料、表达观点，这就难免出现这种力不从心的情况。摆脱"老面孔"的办法其实很多，包括选用不同的角度、不同的结构、不同的表述方法等，我这里只说最重要的一种：突出特色。什么叫特色？就是工作中的特点，既区别于以往又区别于别人的特点。特色从哪里来？不是从脑子里想出来的，而是从实践中找出来的。怎么找？在掌握情况的基础上进行对比分析：今年与去年的工作在思路、目标、侧重点、方法、措施、力度等方面有什么不同？所取得的效果又有什么不同？这种"不同"就是特色。我们很容易就能找到它。因为领导同志抓工作不可能年年都是那么几下子，总会根据情况和任务的变化不断调整思路和方法，即使是同一项工作，在不同阶段也会有不同的搞法，会不断出现"新面孔"。而你老是拿"老面孔"去遮盖他创造的"新面孔",怎能不挨批评呢?

下面的例子就说明了这个问题。某县县委年度工作总结写好后,经县委办主任核稿,分管办公室的县委副书记审签,即予以印发。这是多年的惯例,因为谁也没把工作总结当作什么大不了的事,更没有谁会去抠什么字眼,起草者按老办法罗列一下情况,审签者按惯例写上"同意"两个字,就算完成了。没料到,新任县委书记偏是个很重视总结工作也很善于抠字眼的人,他把刚印好的总结和上一年的总结都看了一遍,然后把县委办主任找来,要求把发出的总结收回、重写。主任登时愣住了。"你看看,"书记倒没有发火,完全是一副商量的口气,"我把这两份总结的小标题都画上了横线,差不多一样,是不是?这两年做的工作几乎完全相同,不可能吧?你们没有对比分析一下?"主任摸着后脑勺,半天答不出话来,倒不完全因为紧张,而是确实想不出有什么不同之处。书记说:"那我给你们提示一下好不好?比如招商引资工作,我们采取了组织小分队上门招商、以商招商的办法,效果很好,这是过去没有的,对不对?抓农业着重抓特色,发展订单农业、发展果业、发展庭院经济,这都是新东西吧?还有,在转变工作作风和改进工作方法方面,我们建立了领导干部每年一个月与农民'三同'的制度、每人领种5亩高效示范田的制度,受到基层干部和农民的普遍欢迎,这不都是很好的素材吗?"主任这才恍然大悟,于是组织人员重新分析材料,从突出特色入手,终于写出了一份面貌焕然一新的工作总结。秘书们都说:"是呀,原来怎么没有想到这些东西呢?"

看来,工作总结能不能写出特色,除了看工作本身有没有特色,也在于我们能不能捕捉到特色,同时也在于表现手法上善不善于反映特色。在找准特色的基础上,表现手法就可以灵活多样了。仍以前面的例子来说明,可选用的办法有:(1)直接在小标题上反映特色,如"采取上门招商、以商招商的新办法,招商引资工作取得了新进展""以干部下乡'三同'和领种高效示范田为切入口,工作作风和工作方法有了明显转变",这样做标题就不致流于一般化;(2)将有特色的工作详写,无特色的一般性工作略写,这样也可以让特色凸现出来;(3)在情况部分,前面先概述总体工作情况,后面集中一段讲特色;(4)情况部分做一般叙述,体会部分着重谈工作特色,这样可以使经验更集中、更带有启发性。

【写作实例之四】

中共××市委办公室2018年工作总结(摘要)

2018年,在市委的坚强领导下,市委办公室坚持以习近平新时代中国特色社会主义思想和党的十九大精神为统领,紧紧围绕中央、省委和市委的决策部署,切实履行参谋服务、统筹协调、督促检查、运行保障等各项职能,塑造忠诚、务实、干净、担当的党办良好形象,各项工作都取得良好成绩。

一、提高政治站位,始终坚持党办工作正确的政治方向

1. 增强政治意识,严守政治纪律。坚持把"两个维护"和确保中央政令畅通作为政治责任,贯穿到起草文稿、调查研究、制发文件、部署工作等各项工作中去,保证中央、省委和市委的决策部署迅速有效贯彻执行。始终把严守政治纪律和政治规矩作为党办干部安身立命的"护身符",坚决做到"四个服从",带头落实"五个必须",制定并严格执行重要工作和个人重大事项请示报告等制度。

2. 突出政治引领,加强思想武装。深入学习贯彻习近平新时代中国特色社会主义思想和党的十九大精神,牵头组织举办了2期专题研讨班,全市300多名县处级干部参加了专题研讨。全办干部坚持读原著、学原文、悟原理,大力弘扬理论联系实际的学风,把学习宣传贯穿到集体进村宣讲、倡廉特色体验、案例警示教育和民情

走访、政治家访等丰富多彩的党员学习教育活动中，使学习宣讲活动接地气、有温度。

3. 开展作风整顿，弘扬务实精神。在市直机关率先组织开展作风整顿活动，对照检查、深查细究"怕、慢、假、庸、散"顽疾，以作风大转变推动工作大落实。坚持干部评优评先、提拔任用与干部实绩挂钩，旗帜鲜明地肯定、表彰、重用"清廉为官、事业有为"的干部，在党办系统形成了"有为才能立足、有为才能有位"的良好风气，一批兢兢业业、任劳任怨，在各自岗位上默默无闻做出贡献的干部得到提拔重用。

二、弘扬实干精神，不断提升"三服务"水平和能力

1. 倾力参谋辅政，综合调研出新出彩。坚持观大势、谋大局，着力提升以文辅政、以谋辅政、以策辅政水平。着眼于推动高质量、跨越式发展这一大局，起草了《中共××市委关于开展"进一步解放思想、深入调查研究、切实改进干部作风"活动的实施意见》，组织开展了解放思想大讨论、大调研活动。以节假日"微调研"为平台，动员全市党办系统积极参与调研，出谋划策，推动发展，形成了21篇调研文章，其中有13篇得到市领导批示肯定。紧紧围绕脱贫攻坚、乡村振兴、生态文明建设等重大战略实施，组织起草文件、讲话稿等文稿材料156篇，使中央、省委精神得到全面贯彻，市委决策和领导意图得到完整表达，得到了市委、市政府领导好评。

2. 着力当好"耳目"，信息报送全省领先。紧紧围绕干部群众关注的热点、难点、焦点问题，坚持问题导向，加强分析研判，及时、全面、准确地为各级领导科学决策、民主决策、依法决策提供了重要依据。一年来，共编印信息内刊293期；上报中央办公厅、省委办公厅信息187条（篇），完成省委办公厅信息约稿26篇，被中办、省委办信息刊物采用信息66条（篇），累计得分91.3分，排位继续保持在全省第三；被中央、省委、市委各级领导批示信息50余条（篇），为党委政府决策部署提供了有力信息支撑。

3. 坚持真督实查，督查工作有力有效。把督促检查工作作为落实"两个维护"，确保中央、省委决策部署在我市落地落实的"利器"，建立完善了市委常委会会议决策督查、市委书记批示件办理督查、重要会议落实情况督查、重要文件落实情况督查、领导交办重要工作督查"五项督查"体系，践行"马上就办"精神，实现督查全覆盖。围绕贯彻落实党的十九大精神及环保、脱贫攻坚、扫黑除恶、化解过剩产能等重点工作，开展了全过程督促检查。组织开展巡视"回头看"整改落实情况、贯彻执行中央八项规定精神和省委若干规定情况、农村环境卫生综合治理情况等专项督查，督办核办市委书记各类批示件56件，多次得到市委主要领导的充分肯定。紧紧围绕"听民声、察民情、解民忧"，进一步强化民声通道工作，全年共受理群众反映件89件，办结回复率达100%，做到了"事事有着落、件件有回音"，被评为2018年民声通道工作先进单位。

4. 注重严谨细致，办文办会高效圆满。一是公文高效运转。各类文件的收发、传阅、清退、归档、销毁均准确、及时，未出现差错；文稿起草中严把政策关、时效关、体例格式关和文字关，文稿质量得到不断提高；制定了"三审校稿"制度，规范发文行为，控制发文数量，全年共印发市委、市委办文件25份，同比下降13%。二是会务接待圆满有序。坚持提前准备、分工负责、层层把关，做到会场布置整洁庄严，会场服务细致周到，会议材料齐备完善。全年牵头举办各类会议36次，安排省市领导考察调研活动21次，均未出现纰漏。三是党内规范性文件清理工作全面完成。根据省委办公厅部署，对改革开放以来至2017年底市委党内规范性文件进行了集中清理，集中宣布废止、失效一批党内规范性文件，同时指导督促各县（区）及市直单位圆满完成了清理工作。

5. 完善各项制度，机关管理更加规范。坚持以制度管文，建立《规范性文件审查备案工作制度》《收发文办理制度》等制度，实现了公文处理工作的制度化、规范化、程序化。坚持以制度管事，建立《办公用品管理制度》《车辆管理制度》《市委办公务暨商务接待管理办法》等规章制度，促进了市委办日常管理工作不断趋于科学和规范。坚持以制度管人，印发《干部职工行为规范"十二不准"》，建立完善党员干部请假报备、值班值守、个人事项报告、保密承诺、公务消费一体化监督、党员干部社区报到、政治家访等制度，真正用制度和纪律管住干部。

三、坚持高标准严要求，着力建设让组织放心、让人民满意的模范机关

1. 压实全面从严治党主体责任。制定了《市委办 2018 年度落实全面从严治党主体责任任务清单》，将责任落实到每个班子成员和科室，并按照任务清单及时填报责任落实情况。组织干部职工学习《中国共产党廉洁自律准则》《中国共产党纪律处分条例》等文件，对省、市纪委监委的每期通报都通过召开会议或印发材料等形式及时传达学习。对照"七个有之"，认真开展作风建设整治活动，查找全办党员干部职工在思想、作风、工作中存在的"四风"突出问题，查漏补缺，整改提高。积极配合驻办纪检组开展工作，坚持重大决策、重点工作和重要人事任免等事务主动征求纪检组的意见，重要会议主动邀请纪检组长列席，及时向纪检组上报党员干部个人基本信息等情况，定期与纪检组交流沟通相关工作，全力支持纪检组履行执纪监督各项职能。

2. 丰富党内政治文化生活。建立了党员固定活动日和党员集中学习日制度，确保党内政治生活能够正常开展。市委主要领导带头以普通党员身份参加所在支部党员生活，带头及时足额交纳党费，带头讲授专题党课。组织开展了"七一"朗诵比赛、无偿献血、民情走访、扶贫解困等一系列党员活动，搭建了微交流、微调研、微行动、微载体等"四个微"党建平台，使机关党的生活更加生动活泼，丰富多彩。

3. 着力提升干部业务素质。适应新形势、新任务和新要求，努力建设学习型机关，采取举办讲座、跟班培训、座谈交流、例文分析等形式，提高文秘人员写作水平和以文辅政能力。先后组织全办党员干部下基层考察新农村建设，了解实际，开阔眼界。始终把吸引、培

养和用好人才作为一项重大战略任务来抓，坚持用事业留人，用感情留人，用适当的待遇留人，保持了骨干队伍稳定，促进了干部成长进步。探索公开招募大学生见习制度，拿出政务科室工作岗位给未就业大学生提供提升职业能力的机会，缓解了政务干部紧缺的压力。

4. 服务中心，在实践中培养锻炼干部。按照市委、市政府统一安排，派出11名干部驻村开展扶贫工作。一年来，小分队紧紧围绕精准脱贫的要求，从产业扶贫、基础设施建设、文明村创建、基层组织建设四个方面帮助该村整村脱贫，目前贫困户已全部"摘帽"，村容面貌和人居环境得到了根本改变。与此同时，驻村干部增进了与群众的感情，提高了做群众工作的能力。

一年来的工作也还存在不少差距和不足。一是干部管理有待进一步加强，虽然建立了"家访"制度，但未常态化执行，干部8小时以外监督管理机制尚未形成，干部日常教育管理、"三会一课"制度都需要进一步完善和规范。二是干部作风有待进一步改进，"文山会海"没有得到根治，形式主义、官僚主义问题依然不同程度地存在。三是干部能力有待进一步提升，理论学习不够系统，有些文稿起草质量不高，调查研究还不够深入，干部解决实际问题的能力还有待加强。

一年来的实践让我们体会到：讲政治是党办工作的灵魂，必须时刻保持头脑清醒；求质量是提高"三服务"水平的根本，必须一丝不苟；强队伍是做好一切工作的保证，必须常抓不懈。新的一年，我们将发扬成绩，改进不足，着力抓好思想政治建设、作风建设和能力建设，进一步提高"三服务"水平。

评析：

措施与成效，进步与不足，一切用事实说话、用数据说话，没有深奥的议论，没有漂亮的言辞，没有虚构夸张的东西——看起来，工作总结的写作真是一件再"枯燥"不过的事情，但它只能这样老老实实、中规中矩地写。能写成这样，也基本合格了。

第六章 信息的编写

71. 为什么说信息是小块头、大能量？

答：这是由信息的特殊作用所决定的。在过去计划经济年代，地方党政做什么、怎么做，生产单位生产什么、生产多少、怎样销售，全部按上级指令和计划进行，用不着基层的同志花费太多的心思；人们的思维活动也是这样，只按上面定的框框进行思考，盛行一时的"一刀切""一边倒""一阵风"，就是在这种环境中形成的。如今不同了，我们已经进入了社会主义市场经济时代，市场经济是竞争经济、效益经济，同时也是信息经济，加上市场经济条件下人们的思想空前活跃、工作的自主权大大增加，在此种情况下，领导者要准确决策、生产经营者要实现利润最大化，就不能不重视信息。信息可以使人耳聪目明，可以带来机遇和效益；谁掌握的信息越多、越及时，就越能赢得工作的主动权。一位成功人士说过："我全部的诀窍就是比别人快半步，快一步不行，怕出轨，风险也太大；和别人齐步走也不行，不可能在竞争中获胜；只有快半步才恰到好处，既稳当，又能抢得先机。"这种"快半步"靠的就是信息灵、反应快，要不然他想快也快不了。

信息，是以其见事快、篇幅短、时效性强的特点而显示出其重要地位和作用的。有时它是"千里眼""顺风耳"，通过它能及时掌握工作情况，找到决策依据；有时它是"晴雨表""温度计"，通过它能了解群众情绪，掌握各种社会动态；有时它是"喉舌"，通过它能把上级的工作部署和方针政策及时传达给基层；有时它是"桥梁"和"纽带"，通过它能沟通上下左右的联系，交流情况，互通有无。在很多情况下，领导同志还特别看重信息对本地本部门工作思路和工作成效的宣扬作用，如果发现上级信息刊物上老是没有本地信息，就会对信息工作人员提出批评。批评得对：做了工作反映不上去，就可能影响上级对你这个地方工作的评价和支持，岂不是失去了信息应有的作用吗？

　　信息的诸多作用中，当首推对于决策的辅助作用。领导决策离不开信息，信息量越大，反映的情况越及时、越全面、越准确，对决策的辅助作用就越大。所以各级党政办公室和政研室等部门都把决策信息作为重点来抓，也的确有不少信息帮了领导的大忙。如某县县长从政府办提供的信息中得知：稀土价格即将大幅回升，而部分乡镇存在严重的无证开采现象，不仅造成资源浪费，还导致税源流失。县政府当即做出部署，对稀土开采秩序进行整顿，取缔无证开采，追缴漏交税款，结果，仅税款就补交了2000多万元，更重要的是制止了资源浪费，提高了开采效益。信息的作用由此可见一斑。

72. 什么样的信息更能引起领导重视？

　　答：要让领导重视，我觉得首先不是写作技巧的问题，而是选题问题。也就是说，你所编写的内容，是不是领导所关心的、所需要知道的、所感兴趣的，这就像文学作品一样，要有较强的可读性人家才愿意看。有些同志不懂得这一点，光是一厢情愿地想：领导，你看吧，看吧，看完做几句重要批示吧，这样我写的信息就算派上用场了。结果领导扫一眼就丢开了，让你白忙一场。

　　这就说明了选题的重要性。并不是所有的素材都可以成为有用的信息，要经过精心筛选才行。怎样筛选？按照通常的说法，就是要选取经济社会发展中的重大问题，人民群众所关注的热点、难点、疑点问题，领导决策所需要了解的问题。这些都没有错，这里换一种通俗的说法，我们所要选取的是：

（1）大事，即工作和生活中出现的重大事情，尤其是对领导决策和全局工作有着重要影响的事情，比如上级重大方针政策的出台、重要时事动态、基层干部和群众的重要反映、社会重大动向等；

（2）好事，即能让领导高兴或感兴趣的事，如某地某单位出现了某方面的重要典型、某种具有推广意义的工作经验，某个难题被破解，某个重要工作目标得以实现，某大财团有意向到本地投资，上级某项决策、某专家意见建议可能对本地发展大大有利等；

（3）坏事，即需要引起领导重视并迅速处理的事，如重大腐败案件、刑事治安案件、自然灾害、安全生产事故等突发性事件；

（4）难事，即实践中遇到的新情况、新矛盾、新问题，如下岗职工再就业问题、农民增产不增收的问题、发展与环保的矛盾问题、政府债务风险问题等；

（5）新鲜事，即实践中出现的新生事物，如一个有争议的典型、一项带有试验和探索意义的改革举措、一项重大创造发明等。

总之，大事小事天下事，好事坏事麻烦事，只要对领导决策有帮助、对推动工作有价值，都是我们筛选的对象。

这里就涉及如何拓宽信息源的问题。坦率地说，现在不少领导机关的信息源太窄，掌握的信息太少，仅凭下级机关报来的信息和其他材料编来编去，还能编出多少值得领导重视的信息来？连信息工作者自己都耳目闭塞，还搞什么信息？应当明确，信息工作为领导服务、为实践服务，绝不仅仅是写信息和编信息，更重要的是通过多种渠道搜集到有价值的信息。下级机关报送的材料固然是一条渠道，但还有其他一些重要渠道可以运用，比如实地调查、专题约稿、个别访谈、网络查询等。

实践证明，明察暗访是掌握重要信息的一种有效手段。因为基层的很多真实情况都是在办公室里听不到、材料上看不到的，只有下到第一线去，到群众中去搞调查，甚至也来个"微服私访"，才能掌握得到。当年毛主席他老人家每天看的材料、听的汇报还会少吗？但他还嫌不够，每逢身边的工作人员回乡探亲，他都要交代一项任务：搞点调查研究，如实反映基层的情况。还有，主流媒体的记者们为什么有时搞暗访？为的也是"真实"二字。当然，我们提倡明察暗访，并不是不相信基层干部，有意找他们的"岔子"，而是为了掌握生动、丰富、实在的第一手资料，从中找到有价值的信息素材，从而使写出来的信息能引起领导重视。

73. 有些信息刊物没人喜欢看，为什么？

答：的确存在这种现象。辛辛苦苦编写出来的信息没人喜欢看，这不能不说是一种悲哀。但问题是：这是什么原因？其中既有选题方面的问题，也有观念和方法上的问题。不信，你把某些信息刊物拿来浏览一番，它们大致上可以分为三大类——

一类是夸夸其谈的"思路信息"。如"××市突出四个重点""××县实施农业产业化建设八大行动""××开发区计划打造全省一流、全国有影响的数字经济示范区"，等等。信息当然可以反映工作思路，好的思路可以供人学习借鉴。但有的思路没有任何特色，纯粹是拾人牙慧；有的思路明显是说大话空话，看那气势简直连航空母舰也能造出来，问题是实现不了；有的思路热衷于喊口号、凑数字，纯属文字游戏。老把这些东西搬进信息刊物去，谁看？

一类是报喜不报忧的"政绩信息"。今天是这个地方粮食增了产，明天是那个地方财政增了收，后天又是哪个地方搞了个什么工程。同样地，信息应该反映各地各部门的工作成绩，但是，第一，要有所选择，不能不分轻重大小，一概照登；第二，要注意把握好"度"，不能把信息刊物办成了"政绩簿"。因为有的基层干部的确存在这样的思想：出了问题生怕上面会知道，做出点成绩又生怕上面不知道，于是天天上报的信息都是"形势大好"。如果你不采用人家的信息，人家还可能派专人来"拜访"呢！好了，你用多了这个地方的"喜信息"，其他地方的同志心理平衡得了吗？他们于是也天天来报"喜信息"，也派人来"拜访"，于是你的信息就变成"政绩簿"了。所以你千万别小看了你编出来的信息刊物，在一些同志看来，其作用兴许不亚于组织部的干部考察材料呢！

一类是缺乏实际意义的"领导活动信息"。一会儿某市长亲自深入基层体察民情，一会儿某书记在某个会议上发表了非常重要、非常正确、非常有指导意义的讲话，一会儿又是某主任不辞辛劳亲自外出招商引资，等等。并不是不能报领导活动和言论，而是要根据工作需要，选择那些重要的活动、有指导意义的言论，让人们能从中受到启发和推动，而不能不加选择地一概照报。

综上所述，不难看出某些信息刊物没人喜欢看的根本原因：人家想看的看不到，不想看的倒是天天有得看，老看这些东西，你说烦不烦？

74. 怎样制作信息题目？

答：制作信息题目本身就是一个大题目、难题目，为什么呢？第一，它的概括性要强，让人一看就明白下面要说什么内容，甚至题目本身就说明了一切；第二，它的吸引力要强，让人一看就会被"抓"住，不得不接着往下看；第三，它的技巧性要强，角度要选准，文字要节约，语言要朴实，意思要明确。由此可见，题目做得好，这条信息也就成功了一大半；题目做得不好，下边写得再好也是枉然。

有些同志老是抱怨上级机关不采用他的信息稿，其实他不明白：题目里头大有文章。许多信息反映的内容其实大同小异，就看你的题目做得"抓眼"不"抓眼"。举个例子：两条同样反映发展民营经济的信息，他做的题目是"××市采取措施进一步发展民营经济",你做的题目是"××市着力做大做强民营经济","做大做强"就明显比"进一步发展"更"抓眼",两相比较,你的稿子被采用的可能性就更大。可见措辞也是大有讲究的。具体要掌握新、精、巧、实等几个要领:

新,指的是角度要新。同样的工作,从不同的角度去做题目,效果肯定不一样,这同新闻记者找视角是同样的道理。我们常常会遇到这种情况:同一内容的信息去年也报,今年也报,甚至一年还报好几次,题目怎么做呢?比如反映企业改革情况,你总不能老是在"××市把企业改革作为重中之重来抓""××市举全市之力推进企业改革"这样几个题目上打转转吧?实践本身就是日新月异的,我们做题目还愁找不到新的角度?关键还是要向实践找角度,新的思路、新的侧重点也就是新的角度。比如"××市'靠大联强'走活企业改革一盘棋""××县通过外资嫁接使一批企业起死回生",这就是从不同的角度出了"新"。还有一种情况是,下面报送的工作情况平铺直叙,没有反映出独特的东西来,这就要靠我们帮他找角度。比如材料中包含了改革、管理、技改等多项内容,我们就要分析一下:哪方面的内容更具体、更有特色、更有利用价值?如果是管理,那就抓住这方面来做题目。

精,即精练。精练不仅仅指句子简短,还包括概括性强,能把下面的内容"拎"起来,否则句子再简短也没用。比如这样的题目"××县狠抓林产加工业、钨钼制品加工业、绿色食品工业和医药工业促进工业经济大发展",句子太拖沓,而且不必这样具体,显然没有达到精练的要求。如果把它改成"××县力促工业经济大发展",句子是短了,但又显得太笼统;把它改成"××县主攻四大产业力促工业经济大发展",这样就符合精练的要求。这里就涉及怎么概括的问题,概括就是把事物的共同特点归纳起来,予以简明的叙述,"四大产业"就是一种概括。

巧,即巧妙,运用多种方法把题目做出特色。这有点像搞产品包装,货是一样的,但不同的包装可以导致不同的销售效果。巧,就是搞点文字技巧，包括句式、用词、语气、风格等方面都有窍门可找。这里列举几种方法：（1）比喻法，如"××市农业产业化巧打'特色牌'"，打牌是一种比喻，这就比"××市农业产业化力创特色"更具形象感；（2）修饰法，如"××县出狠招治'三乱'"，"狠"是形容词，用以修饰"招"的程度，这就比"××县认真治'三乱'"显得更有动感和力度感；（3）悬念法，如"××系统治理公款吃喝顽症有良方"，不点明有什么良方，吸引读者往下看，这就比"××系统狠刹公款吃喝风"更有吸引力；（4）渲染法，如"不法网吧坑害青少年已经到了非整治不可的时候了"，读者一看题目就会紧张起来，这又比"不法网吧坑害青少年应予整治"更有煽动性和紧迫感。除此四种，还有什么方法？聪明的你，一定可以想到更多。

　　实，即朴实、实在。我们强调题目要讲究技巧，绝不意味着可以堆砌辞藻、故弄玄虚。对于信息来说，最通俗、最自然的题目往往也是最精彩的题目，虽然它包含了技巧，但要不着痕迹；同时，由于信息一般没有专门的导语（开头语），在很多情况下题目本身就承担了导语的任务，所以必须朴实自然、明白易懂才行。比如这样的题目"××厂大张旗鼓破釜沉舟搞改革成绩斐然"，很漂亮，很有气魄，但太虚，光是堆砌形容词，还不如"××厂大刀阔斧搞改革成效显著"更实在些；又如"××县委一班人以'三严三实'专题教育为动力夙兴夜寐呕心沥血殚精竭虑谋发展"，同样是华而不实，看样子县委一班人为了发展连命都不要了，还不如"××县委一班人以'三严三实'专题教育为动力求真务实谋发展"更可信。也许你的水平很高，有满肚子的华章丽句用不完，但千万别在信息题目上打主意，否则就是"浪费表情"。

75. 信息怎样安排结构？

　　答：关于这个问题，我们先来看看信息的"个头"有多大。很明显，它不像讲话稿那样"大腹便便"，也不像调研报告那样"虎背熊腰"，甚至比通知、纪要还矮了一大截。它是机关文稿中最不起眼的"小不点儿"，多则几百字，少则几十字，有时甚至只是一句话，简直是"侏儒"一个，难怪有些"大手笔"老是不屑于编写信息。但其实，它个头小，五脏全，篇幅短，结构难。"大块头"们块头大，容量也大，一个个标题、一个个层次和段落尽可从容铺排。而信息呢？它要在一个很小的空间里合理安排结构，这就像有些高人居然能在头发丝上刻字一样，其难度是可想而知的了。

信息的结构包括题目和主体，没有结尾。题目已在前面说过了，需要探讨的是主体部分。

第一个问题：怎样开头？当然不能像其他文稿那样也搞个"帽子"部分，否则"帽子"一戴就没有"身体"的位置了。必须开门见山，直截了当。常见的方法有：（1）不用开头，即连接题目的意思，直接展开内容。在这种情况下，题目本身就已经为它开好了头。如题目是"××县出台主攻工业三大举措"，紧接着就是内容："一是制定了税费、融资、办事办证、用电用水等方面36条优惠政策；二是建立领导和部门挂钩帮扶企业制度；三是组织专家团队为困难企业'号脉问诊开处方'。"这时如果在题目后面又搞个开头，就显得多余了。（2）铺垫式开头，即题目不具备导语作用，需要铺垫一下，交代有关事项再展开。如题目是"××市简化行政审批程序"，接着用一句话作铺垫："今年在各县区推行'一站式'办公审批。"把时间、范围、方法交代清楚了，它对于题目是具体化的描述，对于后面的具体内容是导语。（3）提要式开头，即承接题目意思，用一句话"拎"起后面的内容。如题目是"××市加快基础设施建设优化经济发展硬环境"，开头一句话是"计划年内启动六大工程"，后面再分项表述。（4）说明式开头，即用一句话解释题目，引出下文。如题目是"××市实施培养年轻干部'五个一批'计划"，接着以"具体做法是"带起具体内容。除以上4种方法，当然还可以有其他方法，须根据不同内容灵活掌握。

第二个问题：怎样摆布具体内容？由于信息的结构空间很小，具体内容先说什么、后说什么、怎么说，就需要精心设计好。通常的叙述方法，或者用序号，一层一层地说；或者不用序号，按先后顺序或逻辑关系说；或两种方法兼而用之，这些都要视内容表达需要而定。不管采用哪种方法，最重要的是遵循"紧凑"的原则。整体不紧凑，就会把篇幅拉得太长；部分不紧凑，就会挤占其他部分的空间。所谓紧凑，就是在层次分明的基础上，做到内容与题目"咬"得紧、层次与层次之间"黏"得紧、句子与句子之间"跟"得紧。另外还有一个特点就是，凡短小信息一般不分段，为的也是结构紧凑、节省篇幅。

下面我们来看一个例子，题目是"××县科学制定小城镇发展规划"，全文如下：

"经过反复调查论证，总体目标是：在重点发展县城镇的同时，合理发展一批建制镇。到20××年，全县城镇化水平达到32%。该县强调，小城镇建设必须把发展经济摆在首位，夯实小城镇建设的物质基础。要解放思想，以市场为导向，调动各方面的积极性。要科学规划，合理布局，'规划年年变，一年一个样'的状况必须改变。一定要充分运用市场规律，避免过去那种政府包揽一切的做法。要多渠道筹集建设资金。要用好用活小城镇建设资金，大力推进城镇社会保障制度改革。要积极开展土地使用制度创新，妥善解决小城镇建设用地问题。要搞好户籍管理制度改革，落实鼓励农民进城镇的有关政策。务必深化小城镇行政管理制度改革，走'小政府、大社会'的路子。"

这条信息的问题就是不紧凑，散，乱，语无伦次，而且废话不少。后来修改成这样：

"总体目标是：在重点发展县城镇的同时，合理发展一批建制镇，到20××年，全县城镇化水平达到32%。总体思路是：以规划为龙头，以优化资源配置为手段，以满足人民对美好生活新期待为目的，落实好5项措施：一是科学规划，合理布局，切实维护规划的严肃性；二是把加快经济发展放在首位，不断夯实物质基础；三是多渠道筹集并管好用好小城镇建设资金；四是深化小城镇行政管理制度改革，走'小政府、大社会'的路子；五是深化土地使用制度和户籍管理制度改革，落实鼓励农民进城镇的有关政策。"

前后两稿对比一下，就能看出结构紧凑有多么重要。

76. 信息的语言有什么特点？

答：信息不仅"个头"小，而且说出来的话也很短，短到不肯多说一句话、不肯多用一个字。可说可不说的话，它坚决不说；可省略可不省略的词句或句子成分，它一概省略。它总是力图用最简约的语言把事情说清楚。比如你说"××县委、县政府全体领导成员以强烈的责任感和紧迫感认真抓好精神文明建设各项任务的落实"，到了它嘴里可能变成"××县党政班子力促精神文明建设上台阶"；你说"之所以派出这批干部到基层去挂职锻炼，是因为他们长期待在机关，缺乏基层工作经验"，它说的可能是"派这批机关干部下基层挂职，以积累基层工作经验"。长话短说，这是它的第一个特点。

第二，它的语言非常朴实、明快。因为它的话要让人一看就明白，就能了解发生了什么事情、能掌握某种动态或得到某种启示，而不能让人去猜、去琢磨。所以，它说话从不弯弯绕绕，不加入起草者本人的评价和主张，而只是老老实实、原原本本地把事物的原貌告诉读者。比如这样一条信息"×月×日×时，××工地发生坍塌事故，造成7名工人受伤。有关领导和部门负责人已赴现场处理，原因正在调查中"，清清爽爽，言简意明。

第三，它说话习惯于抓重点，把最能说明问题、反映事物本质的东西表达出来。道理很简单：篇幅不允许它面面俱到什么都说，它的作用也不允许它唠唠叨叨净说一些鸡毛蒜皮的事情。比如反映某个系统重视做好干部职工的思想政治工作，它不会从摆正位置到加强领导、从工作内容到具体方式方法全过程反映，而只会抓住关键性的措施和重点解决的问题来说，比如关键性措施是因人施教、寓教于乐，重点解决的问题是理想信念不坚定、精神状态不振，它说到这些就可以了。

第四，它说话力求准确、真实，不含含糊糊、模棱两可。这是因为，凡写进信息的东西，都是实践中存在的东西，或成绩，或问题，或经验，或教训，都要求明白清楚、准确无误，来不得半点含糊。比如这样的说法"××县经济建设取得了较好的成绩"，"较好"，究竟怎么个好法？意义不确定。也许原意是比"好"差一点，比"一般"又好一点，但信息中不宜这样表述，要是好就写好，是一般就写一般；或者回避这个提法，只用数字及增长幅度来说明问题。另外，有些模糊用语也应慎用，如"据说""据反映""可能""大致上"等，用了就会增加事实的不确定性。

77. 党委、政府、部门的信息有何区别？怎样使三者协调一致？

答：虽然同样是搞信息，但党委、政府、部门的信息确实有所区别，这种区别主要源于它们的职能和服务对象各不相同。党委是驾驭全局的，政府是具体抓经济工作和社会事业发展的，部门是在党委、政府领导下开展工作的。那么，信息部门也应根据这种区别找准自己的位置，把握服务的原则、方向和方法。具体来说有以下两个方面：

在选材方面，党委的信息触角可以涉及政治和经济社会发展的方方面面，但必须注意全局性、宏观性，抓重大问题和热点、难点问题，过细的问题不宜太多涉及。这里似乎有一个矛盾：经济建设是中心，党委、政府的信息肯定都会涉及，那又怎样区别呢？回答是：党委的信息应侧重于反映经济工作的战略性思路、重大决策举措以及重大突破、重要成效、重要典型和经验教训等方面。有些党委信息部门的同志片面理解以经济建设为中心，只注重经济方面的信息而忽视党务方面的信息，而且对经济方面的动态事无巨细什么都反映，这种做法显然不妥。政府的信息则是面向经济建设及社会事业发展的各个方面，无论战略性问题还是具体问题，都是它选材的对象。当然，它也需要涉及党务工作，但它不是站在党委信息部门的角度，而只是从自己的角度去反映政府及其各部门开展思想政治工作、党风和廉政建设等方面的情况。党委、政府各部门的信息涉及面当然要窄一些，反映的是本单位、本系统或本行业按党委、政府和上级主管部门部署开展工作的情况，不过这只是层面的不同，内容同样包括政治、经济、文化等各个方面。

在功能与作用方面，党委的信息侧重于方向性、原则性、政策性和指导性，包括传达政令以统一步调，反映情况以辅助决策，总结经验以指导全面，树立典型以鼓舞士气，披露问题以去弊存利，等等。这同党委的工作范围和目标取向是一致的。政府的信息虽然也带有方向性和指导性，但它更多地侧重于管理性和实用性，大至方针政策、发展思路，小至市场需求、股市行情、价格动态等，只要对经济工作有利，都可以反映。而部门信息侧重于业务性和服务性，通过反映工作动态，包括贯彻落实党委政府决策部署的做法、效果、经验、问题及意见与建议等，为党委、政府把握全局、完善决策服务，同时为做好本部门、本系统的工作服务；相对于下属单位，当然也带有一定的指导性。

应当指出的是，上述区别只是大致的而不是绝对的，比如经济工作方面的信息素材，很难截然划分哪些是属于党委的，哪些是属于政府的，哪些是属于部门的，写作者只能根据自己的职能和工作需要，在选材上有所侧重。

这里要提及同一地区的各类信息如何发挥整体功能的问题。信息是观察一个地区工作状况乃至整体面貌的一个重要窗口，信息量大、信息质量高、信息流动快，就说明这个地方的人们思想活跃、工作富有活力和生气。而要做到这一点，就要注重党委、政府、部门信息的协调一致。虽然这三者之间不存在领导与被领导的关系，选材范围和服务对象也有所不同，但在促进本地区各项事业的发展方面是一致的，所以要避免各吹各的号、各唱各的调，要在大的问题、大的方向上互相配合，形成合力。比如党委做出建设学习型领导机关、学习型干部队伍的部署，那么政府的信息就要予以呼应配合；政府部署开展创优中小微企业发展环境的集中统一行动，那么党委的信息也要予以呼应配合；党政各部门的信息工作都要围绕大局，配合和支持中心工作。具体说，这方面要注意三点：一是通报选题要点，即一定阶段党委政府的中心工作或重大决策部署要让各级各类信息部门都知道，党政信息部门对其他信息部门、上一级信息部门对下一级信息部门，要发挥"龙头"作用；二是互通情报，即开展信息交流，包括刊物的交流，以便相互沟通、相互了解、相互启发；三是开展信息协作，如定期举行信息工作协调会、对有关重大问题共同开展信息调研、组织专题约稿等。只有这样做了，信息工作的合力才能形成。

78. 怎样提高信息上稿率？

答：这的确是信息工作者十分关心的一个实际问题。上稿率高，意味着自己的劳动成果得到承认；上稿率低，这种"被承认感"当然要大打折扣；而如果长期上不了一篇稿，那就太令人沮丧了。更何况，如今各级党政机关都十分重视信息工作，对下属各地各单位的信息上报和采用情况还实行一月一通报、一年一考评，更让人感觉"压力山大"。

提高信息上稿率，关键还是要掌握方法。除了前述各点外，我认为还要注意以下几点：

第一，强化服务意识，提高实用价值。信息是为领导决策服务、为现实服务的，能够发挥这种服务作用，才会有实用价值，上稿率才会高；反之，上稿率就不可能高。上一级信息部门经常会遇到这种情况：需要的稿子少而又少，不需要的稿子偏偏堆积如山。为什么？就因为有些稿子实用价值不高。比如某一时期需要集中反映各地各部门优化经济结构、提高发展质量的做法、经验及存在问题，而下面报来的这方面的信息很少。偏巧这时候你报了一条，即使文字粗糙一点，也有可能被采用。这就告诉我们，要想提高上稿率，就要紧贴时代脉搏，善于分析研判，瞄准实践需要，一切围绕"实用"二字做文章。

第二，加强上下联系，吃准信息需求。这种联系并不是像有些同志说的所谓"攻关""拉关系"，而是一种沟通情况的工作联系和增进友谊的感情联系。同样搞信息，本是"一家人"，难道不可以建立感情？有了感情，你不仅可以及时了解上级的信息需求，还可在写作上得到更多的帮助。实践证明，彼此间联系紧密或不紧密，工作效果不一样。比如上级信息部门急需一组反映科技创新的信息稿，有关人员对别人不熟悉而对你熟悉，而且由于平常交往较多，对你这个地方的情况也了解得多，于是一个电话打过来，你的稿子当然百分之百被采用。他要稿子，你要上稿，这是"双向需求"。都是为了工作，并没有什么需要忌讳的地方。

第三，要坚持说真话、报实况。这既是提高信息上稿率的最有效方法，也是信息工作的基本原则。不说真话、不报实况，那还要信息干什么？但大家都明白：话好说，要做到却难，难就难在"喜"信息要上不容易上，"忧"信息好上又不敢随便上。情况是明摆着的：对于上级信息部门来说，他们当然很看重"忧"信息，因为它有利于领导掌握真实情况，同时也能增强信息的可读性；但下级信息部门对"忧"信息的感觉就像"猴子捡到一片姜"，想吃又怕辣，想丢又觉得可惜，唯恐报多了"忧"信息会让领导不高兴。于是，有的信息部门宁可放弃上稿率，也不敢在"忧"信息方面打主意。好在现在有了硬性规定，凡遇重大突发事件要及时向上级汇报，不准迟报、漏报、瞒报，信息部门的腰杆就硬了。

第四，快速反应，注重时效。这一条不用多说，信息相当于机关的"新闻",价值就在于一个"新"字。同样的内容,你反应快、上报快,信息被采用的可能性就大。

不过需要指出:重视信息上稿率是对的,但片面追求上稿率是不对的。有的同志不注意全面掌握情况,不注重信息质量及其实用价值而躲在办公室里,抠文字、变花样,以求多上稿子,获评先进,结果往往是事与愿违。

79. "忧信息"的编写和上报要注意什么问题?

答:至少要注意以下几点:

一是收集情况要全、要准。由于"忧"信息太重要也太敏感,所以一定要向有关方面了解清楚,或者深入实地做调查,把事实搞得准而又准,包括点与面的情况、正面与反面的情况都要搞清楚,认定确凿无疑后再进行编写。道听途说,偏听偏信,就可能惹出大麻烦。

二是编写信息要力求严谨、准确。比起编写其他信息来,编写"忧"信息尤应做到字斟句酌,一丝不苟,字字句句经得起推敲,包括对事情的性质、范围、程度等所有细节的表述都不能马虎。一句话说错,可能以偏概全;一个词、一个字用错,可能失之千里。

三是要注重"忧"信息的社会效应,把握好报"忧"的"度"。我们务必十分明确:报"忧"信息绝不是单纯为了提高上稿率,更不是像某些小报记者那样为了制造轰动效应,根本的目的还是在于解决问题、推动工作。偏离了这个目的,难免要出问题。所以在构思和编写"忧"信息的时候,眼光不要局限于问题本身,有时还要反映它的前因后果和解决的过程;有些重大突发事件的上报有时限要求,那么在初次上报之后,还要跟踪续报处理结果,而不能孤立地就问题写问题。

四是要建立健全报"忧"信息的审查把关制度。上报之前一定要按程序进行核稿审查,还须将重要的信息报经党政领导同意,以防出现偏差。如果党政"两办"和相关职能部门分别向上级主管部门上报同一信息,则要注意统一口径,防止各说各的,自相矛盾。

【写作实例之五】

  调查显示普惠性再贷款政策实施面临三难。今年4月,央行决定增加普惠性再贷款、再贴现额度共1万亿元,重点支持中小微企业。据对××市25家地方法人金融机构调查显示,该普惠性再贷款政策在实施中面临"三难"问题。一是自有资金不充裕,覆盖延伸难。1万亿元再贷款再贴现采取"先贷后借"模式发放,需要金融机构先用自有资金发放贷款,这对于资金紧缺的金融机构,尤其对现金流较少的村镇银行的流动性管理能力提出了更高要求。如,该市××农商行等11家机构因自有资金不足,再贷款专用额度不足3000万元,其中2家专用额度为零。二是成本效益不匹配,业务拓展难。部分法人银行机构同业拆借利率低于再贷款利率,对再贷款业务办理意愿不强。如该市××村镇银行反映,人民银行提供的支农支小再贷款利率为2.25%,而该行通过同业拆借资金利率为1.95%,两者相差0.3个百分点,且对信贷投放范围没有明确限制,导致该行办理支农支小再贷款业务积极性不高。三是企业资质条件不达标,信用增级难。部分重点企业由于负债率较高、涉嫌司法诉讼、经营异常及征信记录不良等因素,无法通过贷款审批流程,亟须担保公司提供担保实现信用增级。据调查,该市有15家企业受信贷资质条件不足影响,而被当地银行机构拒贷。

  评析:

  这是一条"问题信息"。它将普惠性再贷款政策在落实过程中遇到的微观操作问题总结成三个"难",并且都有数据和实例来佐证,事实清楚,令人信服。显然,这样的信息定能引起决策者重视,有利于完善政策措施,把好事办实。

【写作实例之六】

基层建议积极推广轮作休耕模式涵养耕地地力。近年来，由于种粮比较效益下降，农民施用商品有机肥、种植绿肥的积极性不高，难以满足培肥地力要求。如，××县2019年冬季只有5.4万亩耕地进行轮作，占可轮作耕地面积的39.4%，商品有机肥覆盖率不到5%，全县99.97%的耕地土壤pH值在5.5以下。据农技部门测算，如推广轮作休耕模式，每年冬季采用绿肥种子混播，为每亩水稻增施商品有机肥150~200公斤，既可实现化肥零增长，又可稳定耕地地力，使水稻增产10%~15%。建议：一是扩大轮作休耕范围。2019年，国家将我省25万亩耕地列入轮作试点面积，但××市以南绝大部分地区尚未实施轮作休耕项目，建议扩大试点范围。二是因地制宜改善土壤质量。对pH值小于5.5土质酸化的耕地，及时采取休耕、播撒生石灰等措施，改善土壤质量；对土质较好的耕地，鼓励种植双季稻，加大冬季轮作管理，政府补贴播撒绿肥种子，或推广种植油菜、蔬菜等冬季农作物，确保冬季休耕农田应种尽种。三是积极推广商品有机肥。制定我省主要农作物和粮食主产区高效安全施用有机肥的方法和标准，加大增施商品有机肥的补助力度，扶持引导种植大户、农民合作社、龙头企业等新型农业经营主体生产、应用商品有机肥。

评析：

耕地地力事关国计民生。这条建议信息，仅用四百来个字，就将轮作休耕模式为什么要推广、推广了能怎样、怎样推广这三个问题讲得明白透彻，既有定量分析又有定性分析，提出的措施也具有很强的建设性和可操作性。这样干练、高效的信息很有实用价值，写法也值得大力提倡。

第七章 其他几种常用文稿的写作

80. 怎样写好工作汇报材料？

答：工作汇报材料是下级组织向上级组织报告工作的一种上行文，通常是上级下达某个重要文件或召开某个重要会议之后，要求下级书面汇报贯彻落实情况，以便综合、总结，供领导掌握。一般上级不要求汇报，下级就可以不汇报，当然主动汇报也是可以的。

汇报材料与工作总结有相同之处，即都是用于反映工作情况。不过汇报材料比工作总结简单一些，所反映的是某一方面或某项活动的开展情况，它的结构包括这样几部分：（1）由头，即开头点明是贯彻上级哪份文件、哪次会议精神或哪项工作部署的情况；（2）主体，即贯彻情况，包括采取的措施、取得的效果及存在的问题、工作体会，也可以不谈体会；（3）结尾，简要谈谈存在的不足和下一步打算，有的材料也会提出意见与建议，即在贯彻过程中遇到了什么实际问题，要求上级支持解决，如果没有这方面的意见则不写。

起草汇报材料的基本要求是：层次分明，事实清楚，简明扼要，实话实说。这些也许不需要多讲，在此只指出写作实践中要注意的三个问题：

少讲过程性的东西，多讲实质性的东西。常见一些汇报材料用相当大的篇幅反映开了多少个会进行传达、组织了多少次学习讨论、开展了多大声势的宣传活动，等等，看了半天还见不到实质性的内容，等看到实质性内容时已经快结束了。其实，过程性的东西根本没有必要多讲，顶多几句话带过去就行了，重点要放在你这个地方或单位究竟是怎么贯彻的，做了哪些实际工作，取得了什么效果。如果情况不明，就要通过各种渠道去了解，而不能待在办公室里凭空想象。老是开会呀，学习呀，讨论呀，你不说上面也知道，还用得着什么汇报材料？

少讲空话、套话和恭维话，多讲上面想听的真话和实话。有些汇报材料老在那里围绕上级的某项工作部署谈认识，人家上级文件和领导讲话已经讲得清清楚楚了，你又搬过来唠叨一遍；有的则是大段大段地评价上级的某项决策如何如何英明正确，如何如何必要和及时，又是如何如何切合本地本部门的实际情况，简直把上级捧到天上去了。但上级不喜欢"天上"，只需要"地上"的实实在在的情况，你为什么不着重反映呢？

少讲一般性的贯彻情况，多讲重点的、有特色的贯彻情况。有些汇报材料看起来写得很具体、很实在，但面面俱到，繁杂琐碎，看完不能让人留下深刻印象。全面反映情况是对的，但要分清楚哪些详写、哪些略写，把重点、亮点展现出来。虽然同样是贯彻上级部署，但各地有各地的做法，各有各的重点和特色，我们在写材料时要把笔墨重点放在这上头，尤其要把那些从实际出发创造性地开展工作的好举措、好效果、好经验反映上去，而这也是上级领导最需要了解的。

其实，上级对我们的要求同我们对下级的要求是一样的。我们自己在综合下级送来的汇报材料时，对上述三个要点就会体会得非常清楚。没有谁会对那些过程性的、空洞的、一般化的东西感兴趣，而只会寻找那些实在的、新鲜的、有价值的东西，并且画上记号，作为综合的重点内容。

【写作实例之七】

××市生态产品价值实现机制试点工作情况汇报

根据党中央、国务院和省委、省政府关于推进主体功能区建设的决策部署，从2018年3月开始，我市在建设省生态文明先行示范市的基础上，全面开展生态产品价值实现机制试点工作。2019年9月，国家长江办正式批复我市为国家第二个试点市；12月，经省委深改委研究确定，由省政府办公厅转发了《××市生态产品价值实现机制试点方案》。现将我市试点主要工作情况汇报如下：

一、全面加强试点工作组织领导。成立了由市委、市政府主要领导任组长，市发改委等有关市直单位以及各县（区）主要负责同志为成员的试点工作领导小组。根据《试点方案》的总体要求，明确了阶段性重点任务，制订了实施方案，并按照"项目化、时间表、责任人"的工作要求，挂图作战，压茬推进。同时，组建了试点工作专班，建立了每月一调度、每季一小结、年底大考核的协调调度机制，并加强与省发改委沟通对接，确定每2个月召开一次省市绿色金融对接会、每季召开一次省市工作协调会，确保全市试点工作稳步推进。去年12月5日，在我市专题召开了金融助推国家生态产品价值实现机制试点工作座谈会；12月12日和今年1月，××副省长专题听取试点工作推进情况汇报，并对深入开展试点工作提出明确要求。今年3月16日，市委、市政府主要领导主动到省发改委走访，对接试点工作，商讨研究需国家、省级层面解决的事项。

二、全面摸清全市生态底数。一是大力推进生态系统生产总值评估。与中科院生态环境研究中心合作，完成了生态产品和生态资产价值核算与评估研究，探索以试点工作为依托，制定国家核算标准。与德勤会计师事务所、安永会计师事务所沟通衔接，探索建立符合国家标准的生态产品第三方评估体系、核算应用体系。二是加快推进自然资源统一确权登记。林权方面：全市共办理不动产登记2238件，涉及面积24万余亩。土地承包权方面：全市调绘勘测完成面积437.1万亩，占二轮承包耕地总面积的比例为124.99%。登记簿建立完成农户数为67万余户，完成率为98.65%；证书到户数为48万余户，完成率为70.56%。水权方面：××区被列为全国水权试点县区之一，已完成了对供水范围内取用水户水资源使用权确权登记，建立了确权登记相关管理制度，通过了水利部验收。

三、全面拓宽"绿水青山就是金山银山"转化通道。通过"生态+""+生态"，实现生态资产向生态经济转化。一是打通利用生态优势提升农产品价值的通道。通过引进人才、技术和发挥本地农业龙头企业的引领作用，着力打造纯天然无污染有机优质农产品供应基地、区域性生态循环项目，涌现出何源生态养殖、安乐绿能农业、润邦田园综合体等一批现代农业模式。二是打通利用生态产品发展文化生态旅游的通道。按照"生态+旅游""生态+文化"的理念，推动生态与文化、旅游深度融合，让好山好水得到快速"变现"。全市共创建了1个5A景区，16个4A景区，打造了一批有特色的农旅、文旅项目。三是打通依托公共品牌提升生态溢价的通道。积极创建农产品区域公用品牌，同时与上海农科院合作组建了面向社会一体化的检验检测机构"宏宇检测公司"，为我市农企解决检测、认证等问题。四是打通利用生态资产探索资本运作的通道。如××乡以山林资源入股，与社会资本合作开发生态旅游，享有景区门票收入30%的分红。2019年，全乡贫困农户分享了25万元的"旅游扶贫蛋糕"。

四、全面挖掘生态产品的绿色金融属性。一是统筹推进生态资源产权整合流转。全市统筹推进17家国有农垦企业进行国有农业资产清查、价值评估工作，组建市农垦集团，资产总量达150亿左右，全面提升了农垦项目招商、融资和建设水平。全市在完成农村产权确权登记基础上，全面开展"两权"抵押贷款试点工作，土地流转面积达到205万亩，占全市农地的46.8%；其中××县土地流转面积达28.8万亩，占全县农地的68.6%，农地抵押贷款余额4.9亿元，位居全省第一。二是探索开展生态资源收益权质押贷款。工商银行联合中国银行，采用景区门票收入、游览车收入、索道收入的收费权质押，为××山景区办理特定资产收费权贷款，向景区集团有限公司发放了7.8亿元15年期限贷款。××县大力创新采砂收益权质押融资模式，以河道采砂收益权为质押担保，获得农发行3.2亿元贷款授信。三是加快推动抵押、质押贷款产品创新。农业银行××分行对村集体经济组织贷款业务进行创新，制定业务管理办法，为农民专业合作社发放贷款1000余万元。建设银行××分行开展"地押云贷"，贷款主要面向养殖大户、专业合作社、农场、涉农企业的土地承包经营权等，单户最高贷款300万元。××区政府联合农商行创新推出"畜禽智能洁养贷"贷款模式，目前已完成5家企业的贷款审批，总金额达1120万元，有效解决了生猪养殖企业抵质押难的问题。四是组建生态保险、生态支行。人保财险××市分公司于2019年12月底正式成立绿色保险产品创新实验室；中国银行××分行设立生态支行生态金融事业部。五是抓好"绿碳美元基金"落地。我市与东槛绿金（中国）控股有限公司合作，拟引进总规模达5亿美元的"绿碳美元基金"，目前"绿碳壹生态产品管理中心（有限合伙）"已完成注册、营业执照办理、基本账户开户等工作，4月底将完成两个示范项目的评估核算。六是探索建立"信用+多种经营权抵押贷款"制度。出台了《××市"信用+多种经营权抵押贷款"推进生态产品价值实现实施方案》，建行××分行依托公共信用平台，推进林农快贷、云电贷、云税贷、抗疫信用贷等纯信用贷款产品，支持企业和个体工商户3000多户，授信金额达7亿元，已发放贷款金额3亿余元。

五、全面推进生态补偿机制。水资源补偿：全市水资源生态补偿体系基本建立，近三年全市筹措资金近亿元进行考核补偿。森林补偿：从2015年起，市财政每年安排森林补偿资金5000多万元，用于全市域的封山育林，提升生态质量，森林覆盖率达到了66.14%。湿地补偿：我市在全省率先出台了《湿地生态保护补偿实施办法》，全市湿地保护率稳定在69%，排名从全省倒数第三上升至顺数第三。

六、全面健全生态保障机制。一是加强考核，引导差异化发展。将全市县区划分为重点发展区和生态功能区，对重点发展区重点考核"两区"（工业园区、城区）建设、工业转型升级等，对生态功能区重点考核生态保护和绿色产业发展，引导各县（区）实现特色发展、差异化发展。二是加强立法，实现有法可依。出台了《××市生态文明建设促进办法》等法律规章，首次将生态产品价值实现机制纳入生态文明建设内容。三是加强执法，执法必严。××县率先组建生态综合执法大队，制止破坏生态环境行为296起，查处案件107起，处罚126人。有关部门积极推进生态公安、生态法庭、生态公诉、生态律师服务团队等工作，生态文明保障体系日趋完善。

试点工作的成效只是初步的。由于这是一项创新性工作，无论思想观念还是措施方法、体制机制，都还存在不相适应的情况。我们将在巩固前段工作成效的基础上，继续精心做好生态价值转换文章，畅通"绿水青山"与"金山银山"的双向转化通道，走出一条经济发展与生态文明相辅相成、相得益彰的高质量发展之路。

评析：

这份汇报材料的写作特点是：反映情况全面，把试点工作的主要做法和盘托出，且措施硬实，信息量大，可谓干货满满；思路清晰，条理分明，注重用数据说明问题，成效真实可信；文风实在，语言简洁明快，读来轻松透亮，没有空话套话。

81. 怎样写好经验介绍材料？

答：某个党政组织或某位领导被上级指定在某个会议或某个刊物上介绍工作经验，这当然是一件令人愉快的事情。但介绍的经验能否引起读者和听众的兴趣，能否被别的地方或单位借鉴推广，那就要看材料的质量如何了。如果质量不行，有再好的经验也表达不出来，那就等于白辛苦一场，人家还会说："原来这样呀，不过如此嘛！"

要把经验介绍材料写好，关键要把握12个字：特色明显，生动感人，说服力强。

特色明显，是最基本也是最关键的标准。凡有特色的材料，能让人一看题目和小标题就有清风扑面之感，马上被吸引住了。所谓特色，就是人无你有、人有你新的东西，就是你这个地方工作出成效、出经验的奥秘所在。比如同样面临建设资金紧缺的困难，人家一时没有找到可行的办法，还在那里依赖上级拨款和银行贷款，而你这个地方却走出了一条通过激活民间资本搞建设的好路子，这就是你的特色；如果人家也想到了你这样的办法，那这就不是你的特色。凡有特色的东西你尽可浓墨重彩去写，不是特色的东西你就点到为止，或干脆不写。我们有些同志不懂得也不善于抓特色，所反映的做法都是人家早就做过了的或大家都在做的，让人一看就觉得陈旧，那还有什么吸引力可言？还有一种情况是，作者找到了特色，但没有把它作为重点来展开，而是与其他一般化的措施混在一起写，这就等于把好端端的特色给埋没掉了、浪费掉了，多可惜呢！

生动感人，才能使材料具有较强的可听性、可读性。与调研报告、文件、工作总结不同，经验介绍材料不仅要做到条理分明、事实充分，还特别要讲究"生动"二字。即使材料抓住了特色，写得生动和不生动，效果也还是不一样。为什么？因为你的经验是要用于打动人、启发人的，写得生动才能让人觉得亲切可信，才能有感染力和吸引力，用于会上介绍的材料更是这样。如果材料写得干巴巴的，也像文件和总结那样"严肃"，那还有谁会喜欢？要写得生动感人，关键是两条。一条是，适当地举些例子，用活生生的事实说明问题。比如你介绍的是转变干部作风、密切干群关系的工作经验，其中写道："工作组结束'三同'离村时，群众都依依不舍。"这样就显得抽象、枯燥了一些，如果把后一句改成："全村群众依依不舍地送了一程又一程，一边挥手一边喊：'以后常回来看看呀！'"这样效果就大不相同了，特别是"回来"二字，说明群众真的把干部当成自己人了，这种感情还能不感人至深吗？另一条是，语言要力戒"官腔""书生腔"，要尽可能写得生动活泼一些。介绍经验用的都是第一人称，就像跟人谈话一样，要力求通俗、轻松、自然。比如这样的句子——"既抓扶贫，又抓扶志、扶智"，意思是扶贫工作不能停留于给钱给物，还要着力强化贫困户自主脱贫的意识和能力，这话当然是对的，但如果换一种说法——"既富口袋，又富脑袋"，意思还是那个意思，就显得生动多了。

说服力强，才能使工作经验令人信服并体现借鉴推广价值。人们看一个典型好不好，就看它有没有较强的说服力。而说服力强不强，关键就看你所介绍的经验能不能站得住脚、能不能对人有所启发和帮助。你说"以诚招商，一招就灵"，这是你的经验，那么依据何在呢？你得用事实来说明，比如你通过制止"三乱"、主动服务、简化办事程序、与客商建立深厚的感情，吸引了大批外商前来投资办厂，这条经验也就立住了。经验还特别需要用成效来证明。有些材料在介绍成效时说得太笼统或者不确切，这就使说服力大打折扣。如有的材料在介绍完做法之后，接着只说一句"取得了显著成效"，"显著"在哪儿呢？材料上看不出来，人家就很难相信。要让人相信，就得说具体点，能用数据的要用数据，没有数据的要用事实来说话。而且，这种成效还必须比别人的更明显、更突出，要让人感到佩服和羡慕才行，要不也会缺乏说服力。

对于初学写作者，还要弄清楚经验介绍材料怎样安排结构。它包括三部分。(1) 开头，介绍有关情况，亮出材料主题，概述主要成效，为下文埋下伏笔。(2) 主体，详细介绍做法与体会。做法与体会有两种写法：一种是用夹叙夹议的方法将之糅合在一起，做法中有体会，体会中有做法，把某项工作是怎么做的、碰到问题是怎么解决的、成效是怎样的讲清楚就行了；一种是分成两段来写，先写做法，再写体会。(3) 结尾，先说几句谦虚的话，如"我们的工作虽然取得了一定的成绩，但与上级要求比，与兄弟单位比，还有很大差距"，接着简要谈几句今后的打算。也可不用结尾段。

【写作实例之八】

着力打造具有××特色的养老服务体系

××省民政厅

省委、省政府高度重视养老服务工作，出台《××省养老服务体系建设发展三年行动计划（2019—2021年）》，并提出"着力打造具有××特色的养老服务体系"目标。省民政厅会同有关部门认真贯彻落实省委、省政府决策部署，坚持目标导向、问题导向、结果导向，按照"强刚需、补短板、抓规范"的工作思路，推动养老服务体系建设取得积极成效，全省新增养老机构143家，总数达1976家；新增有效床位供给3.7万张，总数达16.3万张；新增城乡居家和社区养老服务设施6896个，总数达1.18万个。2019年、2020年连续两年获得国务院督查激励表扬。

一、坚持聚焦刚需，加快公办养老院转型升级

（一）分级分类抓改造，促进服务设施提档。聚焦满足城乡特困人员的集中供养服务需求，制定出台《公办养老院改造提升实施方案（2020—2022年）》《公办养老院适老化改造指南》，部署县级福利院失能护理改造，推动各地出台乡镇敬老院改造计划，分年度推进乡镇敬老院设施设备改造升级。2019年统筹使用中央预算内投资、部省彩票公益金近5亿元支持县级福利院、农村敬老院新建或改造，打造了××区、××县、××县、××县等一批敬老院建设样板；全省改造提升公办养老服务床位2.3万张，护理型床位占比从2018年底的15%增长到47%。

（二）创新模式抓服务，促进集中供养提质。在全国率先推行农村特困失能人员在县级福利院集中照料护理服务，惠及全省82个县（市、区）3400余名农村特困失能人员，集中照护比达71%。连续两年争取将特困失能人员照料护理工作纳入省政府民生工程，城乡特困老年人生活费标准分别达到915元、615元，农村特困失能人员生活费标准参照城镇执行，对特困人员中的失能、半失能人员、生活自理人员分别按照每月1200元、300元、70元标准发放护理经费。

（三）优化整合抓改革，促进机构管理增效。聚焦解决部分公办养老院在管理运营、服务质量等方面的问题，始终把握运营主体多元性、持续性原则，完善落实《××省养老服务设施公建民营暂行办法》，在确保国有资产不流失、政府兜底能满足的基础上，71家公办养老院实现公建民营，走向社会化、专业化的发展路子。聚焦解决乡镇敬老院工作人员不足的问题，持续推动落实《关于农村五保供养服务机构和人员编制的意见》，99.6%的敬老院完成事业单位法人登记，并按照"定编定岗不定人"要求落实2名事业编制。聚焦解决农村经济困难的高龄、失能老年人养老服务需求和床位闲置问题，推进乡镇敬老院在满足特困供养对象服务需求的前提下，将剩余床位向社会老年人开放。

二、坚持补齐短板，大力发展基本养老服务

（一）增加设施供给，发展城市社区养老服务。在全国率先出台新建住宅小区配建养老服务设施政策，落实"四同步"工作原则，推动95%的县（市、区）按照每百户不少于20平方米标准配建养老服务设施641个,总面积有32.6万平方米,全省建成居家和社区养老服务设施1923个。全面推进居家和社区养老服务改革,将10个设区市纳入中央财政支持改革试点,1个设区市列为省级试点单位,在全国率先实现居家和社区养老服务改革试点全覆盖。立足打造15分钟便民服务圈,大力发展助餐、助医、助行以及家政助洁等服务,开展康复辅助器具社区租赁服务试点。会同省住建厅等部门部署开展多层老旧住宅加装电梯工作,启动居家适老化改造试点,省级按照每户1000元标准对1800户困难老年人家庭给予补助。

(二)突出党建引领,发展农村基本养老服务。坚持"党得民心、民得实惠"的工作理念,出台《关于加快补齐农村养老服务短板十条措施的通知》,将"党建+农村养老服务"工作纳入乡村振兴战略统筹推进,并纳入市县乡三级党委书记述职评议考核、村党组织书记双述双评内容。加强农村留守老年人关爱服务,总结完善提升××、××等地经验做法,推行"党建+农村互助养老服务",出台《农村互助养老服务"四助五有"基本建设标准》《农村互助养老服务设施建设管理运营指引》,逐步提高标准化规范化水平,全省建成站点9573个,覆盖56.5%的建制村,直接服务23万农村老年人。全面建立农村留守老年人探视巡访制度,上线运行农村留守老年人信息系统。启动"党建+农村互助养老服务"示范点建设。

(三)提升消费能力,健全老年人福利制度。贯彻落实《关于做好我省老年人权益保障和照顾服务工作的实施意见》,建立完善养老服务补贴、护理补贴、高龄津贴等老年人三项补贴制度,连续两年为6万经济困难的高龄老年人发放养老服务补贴0.9亿元,为5万高龄、失能老年人发放护理补贴1.67亿元;连续5年对近100万老年人根据不同年龄段按照50—1000元不等的标准发放高龄津贴,为近340万老年人购买人身意外伤害保险。推动60%以上的县(市、区)通过政府购买服务、发放养老服务券形式为老年人购买居家养老服务。

三、坚持放开市场，着力发展养老服务产业

（一）强化政府主导，着力完善扶持政策。全面放开养老服务市场，取消养老机构设立许可，实行备案管理。清理养老服务领域妨碍公平的各项规定，积极打造政策优、服务好、效率高、办事快的养老服务营商环境。在资金奖补方面，省级对民办养老机构按自建护理型床位5000元、一般型床位3000元的标准给予一次性建设补贴，租赁减半；各地按照收住失能、半失能老年人每人每月分别不低于200元、100元标准建立运营补贴制度；对纳入城企联动普惠养老试点的养老服务企业，按照每张床位2万元标准给予补助。在税费减免优惠方面，对养老机构人民防空易地建设费、行政事业收费、水电气价格等按规定予以减免或优惠，按规定享受土地使用相关税费减免等政策。

（二）强化资金保障，着力拓宽投融资渠道。加强战略合作，支持××××、××××集团等央企和省属国企专业化、品牌化发展；与建行××分行签订战略合作协议，在创新养老服务金融产品、建设信息化平台等方面广泛开展合作，大部分设区市获得养老服务项目贷款授信，总额达20亿元。积极协调省财投集团、省旅游集团发挥全国首支养老基金作用，通过债权转股权方式直接支持优质养老服务企业发展。加大养老产业专项债券争取力度，××、××、××、××、×××等地采取单项或整体打包项目等方式，争取地方政府专项债支持养老服务项目资金18.2亿元。

（三）强化市场主体，着力丰富业态层次。支持并推动发展医养结合型、护理型、嵌入式、旅居式、候鸟式等多种业态的养老服务。支持××、××、××等地开展国家级医养结合试点，全省35家机构被纳入医保定点支持范围，××市开展长期护理保险试点。聚焦失能失智老年人的长期照护需求，着力提升护理服务能力，积极引进国内专业服务企业。聚焦社区老年人短期照料、喘息服务等刚性服务需求，着力打造家门口的养老院，支持并推动建设社区嵌入式养老院285个,成功申报全国智慧健康养老示范基地、企业和街道14个,首批国家森林康养基地6个,确定首批省级森林康养基地40家。聚焦支付能力较强、消费意愿强烈的健康老年人需求,支持一批养老机构发展候鸟式、旅居式、康体养生等养老服务,全省在建具备养老服务功能的康养综合体项目有68个。

四、坚持安全规范,全面提升养老服务质量

(一)着力推进安全管理制度化。连续四年开展养老院服务质量建设专项行动,将相关经验在全国民政工作会议上交流推广;推动各地建立健全日常管理、消防安全、食品卫生、疫情防控等管理制度;对照国家28项指标开展排查整治,关停养老院160家,整治重点隐患2688处,整治率达99.3%。实施消防安全"三推广",推进养老院智慧消防建设,100多所养老院建成"智慧消防"系统。新冠疫情发生以来,积极落实各项防控措施,有效保障在院老年人的身体健康、生命安全,民政部两次转发我省经验做法。

(二)着力推进养老服务规范化。成立××省养老服务标准化技术委员会,发布《养老机构消防安全管理规范》等4项省级标准,通过政府购买服务方式委托第三方开展12项省级地方标准研制工作。发布养老服务合同(示范文本)并在全省养老机构普及推广。完善信息化监管手段,启动全省统一的养老服务信息化综合管理服务平台建设;打造线上线下相融合的"点单式"养老服务,推动大部分市县建成区域性智慧养老服务信息系统。

(三)着力推进队伍建设专业化。实施养老服务人才培养"领头雁"计划,省级对所有养老院开展轮训。全省10所高校设有护理学本科专业、6所职业院校开设养老服务与管理相关专业;实施"养老护理员素质提升工程",评估认定12个省级养老护理员培训基地。完善从业人员激励政策,省级出台《就业补助资金公益性岗位开发管理暂行办法》《就业补助资金职业培训补贴管理办法》,将符合条件的养老服务岗位纳入公益性岗位和培训范围,对符合条件的从业人员发放职业培训补贴;××、××等地建立为老志愿服务补贴、从业人员持证奖励、从业人员特岗补助等补贴制度。目前，全省养老服务从业人员达到 2 万名。

评析：

这篇材料的价值首先在于它的经验十分可贵：在我国即将进入中度人口老龄化之际，抓住刚需、短板和市场这三个关键点，围绕建立有特色的养老服务体系，提供了可借鉴、可复制的做法与经验。全文脉络清晰，材料充分，特色明显，说服力强，值得一读。

82. 怎样写好学习考察报告？

答：随着对外交往的日益增多，外出学习考察也越来越成为各级党政和部门领导开阔思路、增长见识、借鉴经验、促进工作的一项重要活动，起草考察报告的任务自然不可推卸地落在了随行的"笔杆子"们头上。"笔杆子"们当然是高兴的，因为他们难得出门一回，能开开眼界多好！但最辛苦的也是他们，因为他们除了看还要记，边记还要边思考、边归纳、边构思，为起草考察报告做准备。的确，一次学习考察活动成功不成功，能不能真正起到"借他山之石以攻玉"的作用，与考察报告写得好不好有着密切关系，他们能不认真对待吗？

考察报告一般分为开头概述、考察见闻、启示与意见三个部分。开头概述即介绍考察的对象、主题、时间地点、活动安排等；考察见闻即介绍对方是怎么做的，有什么成效和经验；启示与意见即表达感想与收获，对照别人的做法与经验，看自己下一步怎么做。写作中，有两个关键性问题要把握好：

一是怎样总结反映对方的工作经验？最关键的是要突出针对性和实用性。对方的经验可能有很多条，但有些对你不一定适用，有些经验你还不一定学得到。比如沿海特区发挥特有的地缘优势吸引国外大财团投资，而内陆贫困地区不具备这种优势，能学得到吗？

又如发达地区凭借雄厚的科技实力大办高新技术产业，而以传统农业为主的地区暂时不具备这种实力，能学得到吗？所以，总结对方的经验，要着重总结与自己的工作对得上号的、有借鉴意义的、自己能够学得到的东西，也就是一切以实用、管用为原则。当然，为了全面反映对方的情况，对于那些暂时学不到而又确实弥足珍贵、令人深受教益的经验，也要予以概括引用，但不宜展得太开，重点要放在反映应该学而且可以学到的经验上。为了做到这一点，在考察过程中就要注意：凡对自己有用的经验可以了解得全面、具体一些，包括把有关文字材料和典型事例要到手，材料越丰富越好，起草时就能做到重点突出。如果本来就是对口考察，那更好办，比如我是山区贫困县，你也是山区贫困县，自然条件、经济基础都差不多，但你这几年发展得比我快、变化比我大，那么你的经验肯定对我都有用，我就可以全盘"搬"到材料中来。有些同志不注意把握这种区别，不管对方的经验对自己有没有借鉴价值，这也舍不得那也舍不得，把什么东西都罗列上去，这样就会使材料显得芜杂、松散，更重要的是淹没重点，缺乏针对性和实用性，使读者弄不清究竟要向人家学什么。

二是怎样根据对方的经验提出自己的见解或意见建议？这就需要深入思考，通过对比、分析、归纳，把别人的经验消化好、吸收好。明白一点说就是：某项工作原来我不懂得怎么做、或做得不怎么好，通过这次学习考察，我开窍了，明白该怎么做了、具体是哪几条。写法上要注意三点：第一，要与考察主题和前面反映的经验相衔接，按照"考察的根本目的是什么——别人是怎么做的——下一步我应该怎么做"这样一条主线连贯起来，千万不能脱离前面的内容，像平常写讲话稿或文件那样一、二、三、四地说上一大堆，搞得文不对题。要是这样写的话，那还用得着什么考察？第二，要从当地实际出发学习别人的经验，使之服本地"水土"。虽然我们着重反映的是对自己有用的经验，但并不意味着可以盲目照抄照搬，还是要立足实际需要，弄清楚学什么、怎么学，有的可以全盘

"拿来",有的可以部分"拿来",有些方面还可以在对方经验的基础上进行创新、完善。一句话,"依葫芦画瓢"的写法和做法都是不可取的。第三,观点和内容要力求实在管用。有些考察报告的意见部分,思路平庸,内容陈旧,没点儿新理念、新道道,跟平常写的材料差不多,这就体现不出考察的收获究竟在哪儿。比如写对方的核心经验是狠抓产业转型升级,在意见部分提的也是"要大力推进产业转型升级",但缺少具体内容,就那么笼笼统统几句议论,不去考察也能想得到,这样写有什么意思?应当根据对方的经验和本地本单位的实际情况,提出促进产业转型升级的思路和措施办法,并且要让人觉得可行、可操作,这样的意见建议才管用,这样的学习考察才算不虚此行。

【写作实例之九】

赴上海、杭州学习考察"放管服"改革及下步工作建议的报告

为了学习借鉴外地"放管服"改革方面的好经验、好做法,10月14—17日,××同志率市直有关单位负责人一行11人赴上海自贸区、浙江省杭州市学习考察。考察组先后实地参观了上海自贸区企业服务中心、杭州市行政服务中心和"市民之家",走访了市场监管局窗口、投资项目审批窗口、24小时自助服务区及不动产登记窗口,听取了有关部门的工作经验介绍,并就上述改革工作的有关细节进行了座谈交流。现将有关情况报告如下:

一、两地"放管服"改革的经验做法和成效

上海、杭州是经济发达地区,是改革开放的先行先试区,"请你来找茬""最多跑一次"是两地深化"放管服"改革的重要实践。他们的主要做法和经验有:

（一）高位推动，组织保障力度大。"最多跑一次"改革是浙江省委全面深化改革领导小组确定的重大突破性改革项目，被纳入省政府目标责任制考核、专项督查和市县平安考核范围，省长亲任协调小组组长。杭州市政府成立推进"最多跑一次"深化"四单一网"改革协调小组，由市长担任组长，并增设市"最多跑一次"改革专题组，由市政府副秘书长担任组长。专题组按照不同改革专项领域分设了6个工作专班，由相应职能部门牵头负责；建立反馈沟通的工作机制、工作例会制度和定期通报制度；实施分类考核和每季度考核评分，最终按规定比例计入整体考核。

（二）以点带面，"最多跑一次"改革亮点多。杭州市以"最多跑一次"改革为总抓手，统筹推进便民服务、投资审批、市场准入、"互联网+政务服务"等重点领域改革。不动产交易登记全流程"最多跑一次"，实现城区9个办证点同城通办；以身份证为唯一标识，推进便民服务类事项"一证通办"；建设投资项目全部实现在线审批监管。2018年6月底杭州市公布"最多跑一次"事项1389个，覆盖90%以上办事事项，基本实现"最多跑一次是原则、跑多次为例外"，使人民群众得到了实实在在的便利。

（三）受办分离，集成服务，"一窗式"改革效果好。杭州市着力推动办事渠道集约化，将各个部门在行政服务中心分散设置的服务窗口整合为综合受理窗口，建立"前台综合受理、后台分类审批、综合窗口出件"的全新工作模式，建立第三方对政务服务的全程统筹协调和监督管理机制，形成"统一收件、按责转办、统一督办、统一出件、评价反馈"的业务闭环。上海自贸区企业服务中心围绕企业服务，建立了"一窗受理、分类审批、一口发证"的综合审批服务模式，原来分散在多个窗口办理的审批事项，在每个窗口都能办理，让企业和群众"只进一扇门，只跑一个窗口，只交一套材料"，就能办成所有事。

（四）精准施策，项目审批分类优化提速快。一是实行项目分类管理。上海市、杭州市均将工程建设项目分为若干种政府类投资和企业类投资,进行分类管理,并根据不同类型的项目,简化相应的流程。二是强化并联审批。两地都将审批流程进行了归类整理,并划分为立项用地规划许可、工程建设许可、施工许可、竣工验收等四大阶段。每个审批阶段都确定一个牵头部门,由牵头部门组织协调相关部门严格按照限定时间完成审批。三是精简审批环节。两地均取消了一些审批流程,深化多图联审,推行多测合一,整合各类测量规范,统一建筑工程建筑面积测绘、房产面积测算、土地勘测的技术标准。四是统一审批系统。上海市工程建设项目各阶段、各环节手续统一通过"中国上海"网上政府大厅办理,杭州市的工程建设项目审批管理系统与投资项目在线审批监管平台2.0版互联互通,均实现了各审批阶段"一份办事指南、一张申请表单、一套申报材料、完成多项审批"的运作模式。

(五)打破信息壁垒,政务服务渠道全覆盖。一是搭建了"一窗受理"平台,建成了统一的电子证照平台,实现了大数据库的完全对接;二是实现"一窗受理"平台和部门政务服务业务的对接;三是加快推进政务APP和综合自助办事服务机的开发建设,实现实体大厅、网上大厅两厅深度融合。"杭州办事"APP,可办理查社保、查公积金、交通违法处理、缴学费、出入境办证、新生儿重名查询、教育考试、诊疗挂号等事务。该市还在各级行政服务中心和便民服务站点以及人流密集的公共场所部署400台综合自助办事服务机,为群众提供"24小时不打烊"服务。

(六)服务为本,利企便民措施精细化。杭州市推行"四办":个人办事仅凭身份证的"简化办"、无须前往实体大厅的"网上办"、15分钟生活圈内的"就近办"、手机APP的"移动办"。上海自贸区企业服务中心专门设立了"请您来找茬"窗口,推出了政府服务快速反应机制,"只说YES不说NO":对不属于本部门事项的,不设路障设路标;对不符合申请条件的,不打回票打清单;对法律法规不明确的,不给否决给路径。在网站首页开通"请你来找茬"栏目,不论是民众还是企业,不论在办事过程中遇到什么问题、有任何建议，都可以通过窗口或网络直接反映，在企业、群众与政府之间搭建起畅达的沟通桥梁。

二、借鉴两地经验推进我市"放管服"改革的思考与建议

近年来，我市在"放管服"改革方面做了大量的工作，但与上海、杭州的先进做法、成功经验相比，与广大人民群众的热切期盼相比，还存在较大差距。主要体现在：统筹推进"放管服"改革的体制机制不顺畅，"一次不跑"改革成效不明显，"一窗式"改革推进缓慢，工程建设项目审批提速增效效果不理想，信息共享难度较大。这些问题如不尽快解决，将制约我市"放管服"改革的深入进行。为此，建议借鉴上海、杭州经验，力争下一步我市"放管服"改革取得大的突破。总的思路是：加强组织领导，完善工作机制，以数据共享为基础，以互联网技术为手段，"全面推"和"重点抓"相结合，围绕"只跑一次"改革，梳理办事事项，优化办事流程，探索实践新模式、新方法，完善实体办事大厅设置，大力提升网上办事大厅功能，增强政府与服务对象互动，全面提升"放管服"工作效率和质量。

（一）围绕"一次不跑"，全面推进"放管服"改革。一是成立专门工作组。市级成立加快推进"一次不跑"改革工作组，并按不同改革领域成立若干工作专班，明确牵头单位，按职能分工负责推动本领域"一次不跑"改革工作及监督考核；具有审批职能的各相关部门相应成立本部门"一次不跑"改革工作领导小组，由主要领导担任组长，协调推进本单位"一次不跑"改革工作。二是制订实施方案，健全工作运行机制。由"一次不跑"改革工作组牵头，组织相关部门制订详细实施方案，明确时间表、路线图、责任人。三是开展事项清理。各部门要全面梳理本单位依申请办理的行政权力和公共服务事项，并与杭州市"最多跑一次"事项清单进行比对，逐项对照补缺，明确我市"一次不跑"事项清单。

（二）健全办事大厅功能，提高便民服务水平。一是推行"一门式""一窗式"办理。加快市、县政务服务实体大厅建设，将涉及群众和企业的依申请办理事项按照"应进必进"原则，全部纳入实体大厅办理；严格落实"三集中、三到位"要求，各部门选派综合素质好、有发展潜力的年轻干部到窗口岗位任职或锻炼，并做到充分授权；各部门分管审批业务的领导要定期到窗口坐班，现场审签事项；按业务类型，对现有进驻市行政服务中心的部门窗口进行优化整合，设置多个"综合收件"窗口，审批采取"受审分离"的模式，实行"前台综合受理、后台分类审批、统一窗口出件"。二是提升政务服务效能。梳理与企业和群众日常生产生活密切相关的高频多发事项和特殊、紧急需办理事项，在非工作时间提供延时、预约服务；加大自助办理设备投入，并完善办理结果邮递送达等配套措施。在市、县两级的行政服务中心设置多个综合咨询导办台，聘请导办、代办人员，为群众提供导办帮办服务。程序简单的事项应当场办结，多部门共同审批的实行并联式办理，并积极探索容缺办理模式。加强窗口人员的业务礼仪培训，强化日常巡查检查；在办事大厅明显位置公开投诉举报方式，将企业和群众反映的问题及时核实解决。三是虚心听取企业和群众意见。在行政服务中心和专业分中心大厅，增设"请您来找茬"服务专窗，在网站设置"请您来找茬"栏目，指定专人负责收集线上线下企业和群众反映的问题及建议，经梳理后及时转交相关部门研究处理。

（三）推进"一网通办"，努力建设网上智能办事大厅。一是建立政务信息资源共享机制。按照数据资源"无条件归集、有条件共享"的原则，建设好我市电子证照库、人口综合库、法人综合库等大数据库。出台《政务信息资源共享考核办法》，建立完善定期调度、定期通报和奖优罚劣的工作机制。二是加快实现"互联网+政务服务"。以"一次不跑"为突破口，加快实现"一网通办"系统对接。加大与省直部门的对接力度，协调省级业务系统和数据尽早向市级开放。编制网上办事事项清单，出台加快推进电子证照应用的文件政策，实现网上咨询、申请、受理、审批、查询、反馈、投诉、评价，证书快递送达或在线打印。三是全面推行"移动办公"。整合 OA 系统的办公功能，为全市政务人员提供统一的组织架构、消息必达、通信加密、电话会议、视频会议等各项服务，提升行政效率。四是大力推动"移动办事"。完善教育课堂视频、医疗预约挂号、社保查询缴费、住房公积金还贷提取、交通便捷支付等民生领域应用功能的开发建设，为群众办事提供高效、便捷的服务平台。

（四）优化营商环境，解决企业和群众关心关切的重点问题。一是推进投资项目审批提质增效。改革工程建设项目审批制度，大幅压减项目开工之前的审批时间，其中政府投资项目的被压减至79个工作日以内，企业投资项目的被压减至60个工作日以内。按照"能减则减、能并则并、能优则优"的原则，对投资项目审批事项大力精简和标准化。强化投资项目在线审批监管平台应用，实现除涉密项目外的项目审批"一口受理、统一赋码、网上办理"和全流程可查询、可监督。按照"政策性条件引导、企业信用承诺、监管有效约束"原则，探索企业投资项目承诺制改革。坚持"属地为主、部门联动、企业自愿委托、政府无偿服务"原则，全面推行企业投资项目审批政府代办制，为项目审批提供全过程、个性化、精准化的代办服务。二是深化不动产"登记+交易"一体化改革。加快推进"互联网+不动产登记"，打通信息共享壁垒，有效保障各部门数据的网上推送，实现不动产登记系统与大数据平台、电子证照系统的对接，实现个人身份信息、法人信息网上查验，减少群众需提交的资料，节约行政成本，确保信息准确。进一步推进网上预约、网上受理，实现群众办证"一次都不跑"。

评析：

"放管服"改革是全面深化改革的"先手棋"、转变政府职能的"当头炮"，对于激发经济社会发展的活力意义重大。发达地区敢为人先，有不少先进经验值得学习借鉴。文章紧扣"放管服"改革这条主线，扼要而全面地介绍了上海、杭州等地的做法与成效，剖析了自身存在的问题和差距,并就本市加强"放管服"改革工作提出了总体解决思路和若干具体建议,具有较强的针对性、实用性。看得出,作者对发达地区的先进理念和成功经验进行了认真的消化吸收,对本地区下一步改革怎么做也做了深入思考,这样的学习考察报告就能真正发挥"借他山之石以攻玉"的作用。

83. 怎样写好工作计划?

答:工作计划是一个地方或单位对未来一段时间的工作安排或打算。这里的"时间"或是一个月,或是一个季度,或是半年,或是一年,或是三五年。工作计划可以有不同的表现形式,在党政机关中,有作为工作要点的,如《××市委20××年工作要点》;有作为工作安排的,如《××县农业局20××年一季度工作安排》《××市委宣传部20××年3月份工作安排》;有作为设想、方案的,如《××市妇联关于开展"正家风,扬美德"活动的工作方案》;还有就某项工作做长期安排的,如《××市调整产业结构三年行动计划》。

制订工作计划的目的,在于全面、合理、有序地安排工作,增强工作的预见性、目的性和各环节之间的协调性,避免无计划、无目标、打乱仗;另外,它还带有备忘的性质,把要做的工作都安排到,以便逐项落实并督促检查。凡以"要点"名义出现的,则突出纲要性、指导性,具体怎么做,由所属各单位按照"要点"分头安排落实。

工作计划的结构比较简单,开头部分仅用一两句话引入正题,如"各处室:现将我局一季度工作安排如下",然后一项一项列下去,列完为止,不需结尾。有些连开头都不需要,题目下边直接分项展开内容。如果作为正式文件下发,则需正规一些,有些在开头之后还会提出指导思想、总体目标,然后再提出若干具体任务和要求。在写法上,要把握以下几点:

(一)内容要全面。既然是安排一段时间的工作,那么无论重要的还是次要的，党务方面的还是政务方面的，方方面面都要兼顾到。比如某市委办公室安排一年的工作，文秘、调研、信息、督查、保密、机要、队伍建设、行政事务等各个方面必然都要安排到，漏掉哪一个方面都不行。当然也要突出重点，说明重点抓好哪几项，以便引起大家注意。这就是说，首先是全面，在全面的基础上提示重点。

（二）目标要明确。即对于每一项工作达到什么目标，要提出步骤、进度、质量等方面的具体要求，能够量化的则要量化，不能量化的也要有质的要求。如果没有具体要求，只是笼统地提一两句话，那就不好操作，人们不明白具体目标是什么、该朝什么方向努力，就不会有压力和动力，工作质量和效率就会受到影响。有些目标要求还要落实到责任处室或责任人。如前面这个例子中，办公室各方面的工作都提到了，但要达到哪些要求呢？这就要分项明确，比如信息要上多少条、打字差错率要控制在什么范围以内、文字综合要达到什么水平，等等。有些大的工作目标，如一个市、一个县一定时期的经济发展目标，则要通过调查和测算，以目标值和增长幅度来表达。

（三）文字要简练。工作计划不同于其他文稿，它不需要谈提高认识、弄通思想等方面的问题，不需要鼓动性、号召性的语言，它只需说清楚该做什么、怎么做、达到什么目标。有些同志在起草工作计划时，也像起草讲话稿似的，满篇都是"要怎么样""必须怎么样"，还时不时议论几句，这就毫无必要了。

【写作实例之十】

××市振兴村级集体经济夯实基层基础三年计划

根据中央和省委关于发展壮大村级集体经济文件精神，为扭转我市村级集体经济落后局面，特制订振兴村级集体经济夯实基层基础三年（2019~2021年）计划。

一、用抓脱贫攻坚的力度抓村级集体经济发展

1. 凝聚齐抓共管合力。县（区）要参照市委发展村级集体经济领导小组运行机制，坚持县乡发展村级集体经济目标考评制度，形成"市县统筹、乡镇主抓、镇村联动"的村级集体经济齐抓共管格局。

2. 创新村级振兴思路。以乡村振兴战略为统领，坚持自力更生与政策扶持相结合，大力发展物业经济、服务型经济、股份合作经济，精心做好投资理财、土地生财和绿色聚财三篇文章，全面推进公司化运营，不断增强可持续发展能力，逐步扭转我市村级集体经济落后的被动局面。

3. 科学设置振兴目标。按照"消除空壳村、提升薄弱村、扩充渐强村、培植富裕村"的发展思路，确定全市村级集体经济发展目标。2019年，全市村级集体经济年经营性收入超5万元的村达到50%以上；2020年，实现所有行政村年经营性收入超5万元，其中超10万元的村达到30%，超50万元的村达到60个，超100万元的村达到10个；到2021年底，年经营性收入超10万元的村达到70%，超50万元的村达到100个，"资产超千万、年收入过百万"的经济强村达到30个。

二、走自力更生、自主发展的振兴之路

1. 多渠道发展物业经济。盘活村域闲置资产和低效使用资产，通过招商招租引进经营主体获取租金收入。对村域闲置的学校、仓库、礼堂等公有资产，提倡以无偿划拨方式支持物业经济发展；对村民共有的祠堂、水库等村组资产，通过引进经营主体承租开发，增加集体收入；对村级集体经营性建设用地和闲置建设用地，可规划用于建设有市场需求的物业项目；对旅游资源村，鼓励通过合作经营的形式盘活闲置农房，开发旅游服务项目；鼓励乡镇牵头、村级抱团，通过资金土地入股，合作建设物业项目和休闲养老产业。

认定秀美乡村建设、产业扶贫项目的资产归村级集体所有，纳入物业经营范围。

2. 努力拓展村级集体经济发展空间。围绕全市"两特一游"产业发展，引导村级组织在优质特色种植业、养殖业和乡村休闲旅游业中寻找村级集体经济发展空间。产业特色村可以结合产业发展，在代耕代种代收、统防统治、烘干储藏、冷链物流、集中运输服务中寻找发展空间；景区村可以结合旅游产业发展，在住宿、餐饮、导购、停车等旅游接待服务中寻找发展空间；城关村可以围绕"两区"服务，在家政服务、中介服务、劳务服务中寻找发展空间；村级集体经济组织可以通过承接镇村公路养（管）护、河道清理、秸秆综合利用等服务项目，增加集体经济收入。

3. 积极参与股份合作经济。村集体要避免直接生产经营带来的风险，主要通过招商引进龙头企业或种植大户，实现农业的适度规模经营。村集体要加快推进农村集体产权制度改革，积极探索以要素资源折价入股方式发展村级集体经济。支持村级集体经济组织流转村组土地、山林等资源，对外招租或股份合作发展农业产业；支持村级集体经济组织引进旅游公司，通过合作开发打造乡村旅游品牌；支持村级集体经济组织将山、水、林、田、湖、乡村景观等资源股份化，与旅行社合作，实现共同开发、共同受益。

三、做好土地生财、投资理财、绿色聚财三篇文章

1. 做好土地生财文章。推广××"绿能模式"，让更多的村通过土地流转实现村集体增收；支持经济薄弱村土地整治项目优先安排，新增耕地优先上市交易；稳妥开展闲置宅基地整治，推行宅基地有偿使用、竞价选位。归属于村集体的土地收益，任何组织和个人不得截留。其中，村集体在土地整治、宅基地复垦、高标准农田建设等新增耕地指标上市交易的收益，不得低于30%；增减挂钩试点项目区土地所得收益，每亩返还村集体不少于2万元。土地整治项目验收后，新增耕地全部交还村集体，由村级集体经济组织自行经营或发包获得收入。

2. 做好投资理财文章。鼓励村集体利用闲置资金进行投资理财，所在乡镇要把好合同审核关，确保资金安全及资金收益。要确保村集体投资的本金和收益按要求进入村办公司账户，严防借投资理财之机搞资金体外循环。支持用账面资金进行投资和扩大再生产，增强可持续发展能力。引入合作银行，统一管理村级闲置资金，资金投资理财收益不得低于同期银行贷款基准利率。

3. 做好绿色聚财文章。坚持走绿色发展道路，将森林覆盖率高的优势变成经济优势，探索集生态建设、污染防治、碳汇交易为一体的村级集体经济发展新路径；鼓励村集体植树造林，积累碳汇信用指标；鼓励村集体封育人工林，搞好林地经营。

四、持续提升公司化运营水平

1. 培养高素质村级经营人才。鼓励行政事业单位退休人员到村任职创业，注重从农村致富带头人、专业合作组织负责人、民营企业家、复员退伍军人、外出务工经商人员、大学生村官等优秀人才中发现村级经营管理人才。采取"走出去"和"请进来"相结合的方式，开展有针对性的经营人才培训，提高村级发展能力。

2. 提高村办公司的经营水平。严格实行村企分开，原则上村级公共支出不得直接在村办公司列支。为弥补村级组织经费不足，可将村办公司可用资金划拨到村级账户，再按"村财乡代理"程序进行管理。村级集体经济公司化运营要做到项目科学化、效益最大化、运营合法化、管理规范化、发展持续化。要把能持续经营、有持续收入、有合理收益作为项目评判标准，把能增加村级集体收入、促进产业发展、帮助村民就业、实现村民增收作为努力方向。

3. 完善村办公司财务监管制度。依托农村集体"三资"监管平台，实现全市村级集体经济常态化监管，严格落实村级集体资产资源处置公开招投标制度。加强村级财务审计，将农村集体经济发展纳入村干部任期和离任经济责任审计。严格落实《村办公司运营管理暂行办法》，由乡镇提供统一的财务服务和法律服务，村办公司会计由乡镇委派专业人员兼任，乡镇法律顾问为村办公司提供法律服务。

五、出台务实管用的扶持政策

1. 建立"脱壳消薄"帮扶基金。从 2019 年开始，中央财政将连续五年安排项目扶持我省村级集体经济发展，上级下达我市项目主要用于扶持"脱壳"和"消薄"。从 2020 年开始，市财政每年安排 1000 万元专项资金，按照每村 30 万元的标准，每年扶持 100 个村"脱壳消薄"。市、县（区）财政每年统筹整合一定数量的财政涉农资金，实现统筹资金支持村级集体经济发展三年全覆盖。

2. 严格落实征收土地留地安置政策。征收土地留地比例不得低于征地面积的 5%（最高不超过 20 亩），对无法安排为被征地村预留发展用地的，应以等价置换物业为主、货币补偿为辅的方式安置。村集体使用村内符合土地利用总体规划和城镇规划的土地，办理农用地转用手续，不办理征地手续，涉及的农用地转用指标有优先保障。村集体预留发展用地，允许以村级集体经济组织名义进行权属登记。

3. 打通城乡规划审批梗阻。自然资源部门在制订城乡规划时，应将村集体发展预留地纳入规划，探索多个村集体预留发展用地规划集中安置，形成规模效应。完善乡村规划，探索集中居住点建设以节约用地，提升基础设施使用效率。支持村集体自行开发预留发展用地、土地使用权作价入股、土地使用权对外出租以及申请政府收储等方式进行经营。城乡建设规划审批应支持村集体利用预留发展用地建设物业项目。除法律法规明文禁止的外，不得拒绝办理村集体用地审批。

4. 建立发展村级集体经济项目库。为配合发展村级集体经济项目申报及招商引资工作，建立全市村级集体经济发展项目储备制度。各地应结合村情，因村制宜选择发展项目。村级集体经济发展项目要确保可行，符合国家发展要求和相关法律法规，县、乡要对村级集体经济发展项目进行论证把关，坚决杜绝低效、低水平项目入库。对"薄弱村""空壳村"申报的项目，按照好中择优原则优先扶持。支持"强村带弱村"发展模式，经济强村与经济薄弱村可捆绑申报扶持项目。

5. 创新项目支持方式。鼓励村级集体与市场经营主体融合发展，对各级财政投入扶持市场经营主体的项目，村级集体经济组织可与市场经营主体合作申报，按股受益。

6. 落实财税金融支持。同等条件下，优先安排村集体承接财政惠农项目，财政投入资金形成的资产，可作为村集体独立经营的资产，形成集体积累。落实村级集体经济减税、免税政策。将村集体兴办的各类经济实体纳入银行评级授信范围，并纳入"财政惠农信贷通"支持对象；对符合条件的村集体项目，在信贷支持上计划优先、利率优惠。

六、切实加强组织领导

1. 层层压实责任。以乡（镇）为单位制订村级集体经济发展三年规划及年度计划，并将发展要求落实到村，具体到项目，明确完成时限和责任人。市、县（区）发展村级集体经济领导小组办公室建立定期检查通报制度。

2. 加大帮扶力度。每年选择一批经济实力较强的工业企业帮扶村级集体经济发展。村办公司要结合结对帮扶，学习借鉴工商企业成熟的公司化运营经验，完善运营制度，培养公司化运营人才。鼓励市级龙头企业与村级集体经济组织开展合作。

3. 强化考核督查。落实市、县驻村帮扶小分队发展村级集体经济责任，将帮扶成效纳入驻村考核指标。未完成任务的，派出单位和个人不能评优评先，小分队不能撤离。将村级集体经济发展情况纳入各地年度党建考核内容，纳入县、乡党委书记述职评议内容。

4. 健全激励机制。研究制定村干部发展村级集体经济奖励办法，具体奖励标准及奖励办法另行发文。对发展村级集体经济业绩突出的村干部，在评优评先及推荐参加公开选拔乡镇领导班子成员，考录乡镇公务员、事业编制干部时优先考虑。

评析：

凡事预则立，不预则废。相对于短时间的工作计划，这种时间跨度较大、牵涉面较广的重点工作计划，自然要"预"得更周密、更完善一些，写作的难度也更大一些。本文围绕振兴村级集体经济，从目标任务、方法路径、发展模式、保障措施、政策扶持、工作要求等方面进行了精心设计、统筹安排，不仅体现了决策者的科学谋划，也体现了起草者的精心谋篇，不失为一份清晰、准确的前进"路线图"。

84. 怎样写好会议纪要？

答：会议纪要是在会议记录的基础上经过加工、整理出来的一种记叙性公文，是记载会议主要情况及议定事项的法定公文，也是传达政令、解决问题、推动工作的重要文种之一。但它与正式文件不同。为什么呢？我们先来看看在什么样的情况下要发会议纪要。(1) 领导班子召开会议，就有关事项进行了讨论研究并做出决定，须以会议纪要形式予以明确并传达贯彻。如党委常委会会议纪要、政府常务会议纪要等。(2) 某项工作的开展涉及多个部门，包括职责的划分、政策的衔接、人员的使用等，需要通过协调会议予以明确并形成会议纪要，以便各有关方面有所遵循，避免出现相互推诿扯皮和相互矛盾的现象。(3) 在某项决策的实施过程中，出现了一些不好解决的问题，包括需要细化、调整、规范的问题等，在这种情况下再下文件显然不合适，就须通过一定的会议明确下来并形成会议纪要，作为对决策的补充和完善，便于下级执行。(4) 某些带有现场办公性质的会议，如资金调度会、工业生产调度会、在某企业或某部门举行的办公会等，其议定的事项比较具体，涉及各有关方面，为便于执行和落实，须形成会议纪要。(5) 有些由领导出面召开的座谈会、协商会，其内容既有情况的交流、对工作的探讨，又有需要明确并要求下级执行的事项，在这种情况下也需要形成会议纪要。

总之，凡无须下达文件，但又需要下级掌握和执行的事项；涉及多个部门和多个方面，需要沟通和协调的事项，只要领导通过一定的会议进行了研究确定，都可以用会议纪要这一形式予以记载和传达。所以，它虽然不是正式文件，但也具有一定的行政效力。

会议纪要的结构包括开头、主体两个部分。开头部分要交代清楚会议召开的时间、地点、主题、参加人员及主持人。主体部分记载会议的内容，包括讨论形成的一致意见及议定的具体事项。层次划分有三种方法：一种是条目化，有多少事项就列多少条；一种是非条目化，按自然段排列下去，每段以"会议认为""会议指出""会议强调""会议要求"等语开头；一种是条目化和非条目化兼而有之，即将属于统一认识和看法的"虚"的内容非条目化，用一至几个段落予以表述，然后，将属于议定具体事项的"实"的内容条目化，一项一项表达清楚。主体部分后面是出席、列席会议人员名单。

要写好一份会议纪要，关键在于主体部分，要做到记述清楚、表达准确。对于初学写作者，要注意防止三个方面的不足：

一是不善于概括、归纳，使内容杂乱零散，残缺不全。凡这类会议，一般都是围绕一个或几个议题，与会者先充分发表意见，经过讨论甚至是争论，最后达成共识。如果没有达成共识，就意味着会议无效，当然这种情况一般不会出现。纪要中常见的"会议认为""会议指出"，都是某种共识的反映。这就要把讨论的意见予以梳理归纳，使之集中、明朗并加以条理化，一个问题一个问题地说明白，而不能东一句、西一句，搞得杂乱无章。有的同志以为，议定的具体事项才是实质性的内容，其他都是虚的，写不写或写得好不好都无关紧要，这种看法是不对的。某些问题正因为有争议才需要达成共识，达成了共识才有解决具体问题的思想基础。如果只是干巴巴地写几条具体意见，这样的纪要就是不完整的。

二是把纪要与文件混为一谈，搞得不伦不类。如有些纪要在记述会议内容的时候,也像文件那样一本正经地制作小标题,又是提高认识又是注意方法又是加强领导,看上去很规范、很严谨,其实就不像纪要的样子了。必须明确,所谓纪要,只是通过梳理、归纳,把会议讨论的内容和确定的事项原原本本地记载下来,不需要创造和发挥,也不需要文采,甚至连小标题也未必都要用到。比如表达对某个问题的看法,用"会议认为""会议指出"就可以了;表述议定的具体事项,用"关于"一词带起就可以了,如"1. 关于资金筹措问题"怎样怎样,"2. 关于土地征用问题"怎样怎样。

三是对议定的具体事项记述不具体、不明确。这是会议纪要之大忌。召开会议的根本目的就是解决问题,比如某个事项涉及多个部门,关于各部门分别承担什么责任、要达到什么要求等,都要一一确定;某个重大项目需要多渠道筹措资金,关于怎样筹措、数额多少,也要一一明确。纪要就要全面、具体、准确地把这些内容记述下来。如果笼笼统统、含含糊糊,会后各部门就不好操作,就会失去执行的依据,纪要就起不到它应有的作用。

四是不恰当地突出领导讲话。这类会议上与会领导肯定要发言,特别是主持会议的领导,他既要归纳大家的意见,又要发表个人意见,大多是带有拍板、定夺性质的讲话。会议记录可以记原话,但写纪要时,则应把它作为与会者的共识来写,而不宜写成领导个人的意见。

【写作实例之十一】

育新学校交通安全有关问题协调会议纪要

2020年×月×日上午,受市政府副市长×××委托,市政府副秘书长××在第一会议室主持召开了关于育新学校交通安全有关问题协调会。市政府办公室×××、市教体局×××、市园林绿化局×

××、市城管局×××、市投资公司×××、育新学校××，以及市交警支队相关负责同志参加会议。会议听取了育新学校交通安全有关问题的汇报，就该校交通安全面临的相关问题进行了研究明确。现纪要如下：

会议指出，校园道路交通安全事关社会稳定、家庭幸福，加强校园及学生安全防护、保障师生人身安全是各有关部门和学校的共同责任。当前，育新学校新校区由于所处区域进行建设规划调整，周边交通安全等基础设施配套不完善，存在不少安全隐患，及时解决相关问题，必要而又紧迫。

会议强调，各有关部门要立足自身职责，及时发现并解决校园周边市政配套、安全设施等方面存在的安全隐患，全力保障师生出行安全。育新学校要落实校园安全管理主体责任，切实把维护校园安全稳定工作作为重大任务，摆在突出位置，全面排查、防患校园道路交通安全风险，切实加强师生的安全教育和管理。

会议明确了以下具体事项：

1. 改进学校东门、北门外交通管理，适时拆除部分绿化带，铺设相应的人行道。为改善道路交通，学校东门、北门外需按学校要求拆除部分绿化带并铺设相应的人行道，但鉴于校园周边道路及园林绿化项目系亚行投资项目，目前尚未竣工验收和未移交市园林绿化局及市城管局管理的情况，故请项目责任单位市投资公司抓紧与市园林绿化局和市城管局对接，按要求尽快完成项目验收和移交，移交后再由该两局按学校交通安全的实际需求实施上述部分拆除和增加人行道铺设工程。其间，育新学校要加强与上述单位的衔接和配合。

2. 分步开启学校周边 4 条主干道校园路段照明路灯。由于该路段路灯照明项目尚未竣工验收，未正式移交市城管局管理，故由市投资公司负责，加快路灯项目建设，在最短的时间内完成竣工验收并移交市城管局。在项目移交前，市投资公司要对已具备开启照明条件的××大道延伸段、××大道等路段的路灯，按照现实需求科学确定具体时间段开启照明；对尚不具备开启照明条件的路段，要加快安装控制箱，完善道路照明相关设施，尽早保障夜间道路照明。

3. 建设学校东、南、北门处交通安全配套设施。环绕育新学校的4条主干道均系新建城市道路，且道路修建在前、学校建设在后，当初的道路设计及市政配套项目规划未充分考虑该地段毗邻学校的特殊情况，未规划设计相应的交通警示牌等安全配套设施。鉴于此，由市投资公司负责，需尽快将需要完善的道路交通安全配套设施打包，形成一个单独的招标工程依程序向社会招标，并加快项目实施。市交警支队要与市投资公司配合，提供相关设计意见，共同完成项目规划设计。

4. 适时制订货车绕行学校方案，加强现有隐患路段交通安全疏导。由于目前尚不具备大型货车在学校东门外行驶的替代道路，现货车经学校东门外××大道行驶的路线予以保留，同时请高新区管委会加快××路建设，待该路建成通车后，由市交警支队负责，对货车绕行线路进行科学规划，最大限度让货车避开行经学校东门等周边。另外，市交警支队要对学校北门××大道的车辆出行方案予以指导、优化，与校方共同完善日常师生出行方案。在未实现货车绕行前，市交警支队要加强警力布置，有针对性地加大学校路段的交通疏导力度。

5. 增设××路延伸段与××线交汇处交通指示灯。由××区政府负责，按要求对××路延伸段至××线交汇处的道路交通安全配套设施进行完善，并及时移交交警部门管理。市交警支队要根据实地情况给予专业指导，并抓紧验收，完成移交，尽早使用。在项目移交前，市交警支队要充分挖掘现有交通设施潜力，维护、利用好现有临时指示灯，充分发挥好相关设施的功能效益。

评析：

这份纪要看似简单，其实并不简单。学校交通安全、师生人身安全事关重大，而存在的问题涉及方方面面，解决的难度较大。纪要以周密、准确、简洁的语言，表达会议共识，明确各方责任，提出具体措施和要求，这样就有利于操作执行，促进问题尽快得到解决。

85. 怎样写好通报？

答：通报的意思就是让大家都知道，它适用于表彰先进、批评错误、传达重要精神和告知重要情况。也就是说，它要么"报喜"，表彰先进，鼓舞士气，号召人们向先进看齐；要么"报忧"，披露问题，指出危害，教育人们引以为戒；要么是通报大事要事，让下级知道和掌握。下面分几种类型来谈谈结构和写作方法：

（1）表彰性的通报，即公布某项工作或某项活动创优争先评比结果。如《××市委、市人民政府关于20××年度经济工作考核情况的通报》《××市委组织部关于"十佳"公仆评选结果的通报》《共青团××县委关于授予×××等8名同志"新长征突击手"称号的通报》。这类通报的结构比较简单，开头说明评选的依据、方法和简要过程，接着公布先进集体或个人名单（如名单较多则附于文后），最后写一段简单的结束语，希望获得先进称号者戒骄戒躁、再接再厉，号召大家向先进学习，争做贡献。

（2）批评性的通报，即披露有关典型案件、重大事件，或对某地、某单位的工作提出批评。如《××市纪委关于违反中央八项规定典型案例的通报》《××市安全生产委员会关于××煤矿发生瓦斯爆炸事故的通报》。这类通报的结构稍微复杂一些，方法可灵活多样，常见的有：开头部分概括性地点明通报什么事，相当于导语；第二部分简要介绍事情的经过，指出其性质和危害，分析原因，宣布处理结果；第三部分从总结和吸取教训的角度提出要求，目的在于引导人们举一反三，加强防范，做好工作，以免重蹈覆辙。第三部分在写作上要多动点脑筋，立意要深刻，语言要泼辣，观点要鲜明，对党员干部要能起到教育、警示作用。如通报某领导干部贪污受贿案件，重要的不在于介绍案情本身，而在于分析其根源是什么，应该让各级干部从哪些方面吸取教训。比如：理想信念动摇，放松世界观的改造；平常不注意防微杜渐，以致在错误的道路上越走越远；挣不脱"关系网"、抵不住"说情风"，缺乏自我约束能力；刚愎自用，任性而为，不自觉接受监督，听不进批评意见；等等。对类似这样的内容，可从两个方面着手：既分析当事人违纪违法的原因，又对党员干部提出相应的要求，从而达到教育干部、以一儆百的目的。

（3）重要情况通报，即根据工作需要，将有关重要情况通报给所属单位和各级干部知道，以利于推动工作。如《××市人民政府关于上半年经济形势的通报》《××县委、县人民政府关于贯彻××文件督查情况的通报》。这类通报通常分为两个部分：前一部分是相关情况，后一部分是意见和要求。如通报经济形势，除了肯定成绩，还要指出存在的问题，提出下步工作要求，让各方面看到差距并提出增补措施，确保既定目标的实现。

【写作实例之十二】

关于表彰抗洪救灾先进集体和先进个人的通报

各县区委、人民政府，市委各部门，市直各单位：

今年春末夏初，一场持续特大暴雨袭击我市大部分地区，造成重大洪涝灾害，给人民生命财产和基础设施安全带来严重威胁。面对灾情，各级党委政府沉着应对，精心组织指挥，广大党员干部不顾个人安危，奔赴一线抢险，解放军指战员和消防救援人员冲锋在前，搏风斗浪，打响了一场抗洪抢险的攻坚战、群体战。经过各方共同努力，共转移群众43255人，抢修水毁公路132公里，加固河堤33条、水库大坝38座，取得了"不死一个人、不垮一座坝"的重大胜利，把灾害造成的损失降低到了最低限度。为了激励先进、弘扬正气，根据各地推荐、有关部门审定，特对××县水利局等38

个先进集体、×××等120名先进个人予以表彰（名单附后）。

希望受表彰的先进集体和先进个人再接再厉，在各条战线、各自岗位努力工作，再立新功。希望广大党员干部以先进为榜样，在各项工作中勇挑重担，争创佳绩，充分发挥先锋模范作用。市委、市政府号召，全市上下紧密团结起来，弘扬不畏艰险、敢于胜利、一心为民、无私奉献的抗洪抢险精神，拼搏进取、攻坚克难，大灾之年促大干，奋力谱写我市改革发展新篇章！

评析：

这是一份表彰性通报，脉络很简单也很清楚，表彰的事项和由来、表彰对象、表彰后希望大家怎么做，把这几个方面写到就可以了。这里要注意把握表彰通报与表彰决定的区别，同样是表彰先进，前者属于知晓类文种，后者属于决定类文种；前者属于一般性表彰，后者则是对重大典型的表彰；前者列出表彰对象名单即可，后者则需要对表彰对象的事迹、经验进行概括，让人们知道向受表彰者学习什么。写作实践中很容易出现二者混用的情况，应注意纠正和防止。

86. 怎样写好请示？

答：请示是下级机关向上级机关提出某种事项，要求上级给予批复或解决的一种上行公文。这里的事项包括：本级无法解决，需上级帮助解决的事项，如《关于要求给我县灾区增拨救灾物资的请示》；本级无权批准，需上级批复的事项，如《关于将我市列为海绵城市建设试点的请示》《关于要求批准××机场建设立项的请示》；认为某项政策不好执行、需上级解释和答复的事项，如《关于执行市委×号文件有关问题的请示》；等等。

请示的结构：开头部分说明所请示的事项和由来；主体部分说明该事项的具体情况，包括设想、依据、理由、要求解决什么问题等；结束语一般为"特此请示，请予批复"。有些请示须有附件，如工程立项事项须附有可行性研究报告，以此作为上级审查批准的依据。

请示的写作方法一般也较容易掌握，把请示的事项和理由说清楚就可以了。不过相对来说，也有难易之分。凡按惯例或程序请示的事项，如干部任免、机构设置等，写作较简单，几句话就完；而某些牵涉面较广、政策性较强或带有试验性、探索性的工作，在向上级请示时，就要把情况说全、说准，把理由说足，力求把上级"说服"，这样才有得到批准的可能。比如某地区《关于请求批准撤地设市、实行市管县体制的请示》，主体部分就应包括3个方面：(1) 讲述本地区概况，包括历史沿革、人口、面积、行政区划、经济发展水平等；(2) 按照撤地设市标准，如非农产业人口、国内生产总值及第二、三产业所占比重、地方本级预算内财政收入等应达到什么水平，一条一条照套，说明你这个地方已够得上设市标准；(3) 阐明实行市管县体制的意义，如发挥中心城市的辐射带动作用，推进工业化、城镇化进程，加强政权建设和民主法治建设等。如果不讲足这些情况和理由，上级就可能认为地改市的条件尚不成熟而不予批准，或叫你重写（补报）材料，视情况再定。

在如今发展市场经济，各方竞争十分激烈的情况下，某些重大工作请示往往成为一个地方抓住发展机遇、赢得上级支持的一种"秘密武器"。作为上级来说，他当然希望各地各部门的工作不断有所创造、有所突破、有所前进，所以对下级呈报上来的有关新思路、新举措和重大建设的请示，只要认为切实可行，都会给予包括立项、资金、政策在内的各种支持。但谁能赢得这种支持，又要看谁请示得快、请示的内容对路、请示的理由充分。如某市瞄准外商投资向内陆地区转移的态势，及时向省政府呈报《关于在我市设立省级加工贸易区的请示》，其中谈了3层意思：(1) 我市处于沿海与内陆结合部，独特的地理优势和丰富的劳力资源为众多外商所看好；(2) 建立加工贸易区的设想，包括规模、产品结构、运行机制和制定优惠政策等；(3) 要求省里帮助解决的问题，包括下放有关审批权限、信贷支持、能源供应等。这份请示由于创造性、说服力强，很快得到省里批准，要求支持的事项也基本上得到了解决。可见，请示的写作质量不同，其效果也不一样。

【写作实例之十三】

××市人民政府
关于要求将××国道××至××段列入省
交通重点工程建设计划的请示

省人民政府：

改革开放以来，特别是进入"十五"以来，在省委、省政府的正确领导下，在省交通厅和有关部门的关心支持下，我市的公路建设事业取得了较快的发展，有力促进了经济建设。但由于原有基础太差、欠账太多，公路技术等级和路面等级严重偏低，很难适应公路运输迅速发展的需要。现在我市有省养公路62条，总里程2657.62公里，其中高速公路仅56公里，一级公路仅362.57公里，二级公路也只有757.35公里，其余均为三、四级公路。这种状况明显低于全省水平，明显滞后于经济社会发展的客观要求。

我市是全省的南大门，是内地通往沿海发达地区的主要通道，无论从全市还是从全省的发展要求看，公路现状都亟待改善。目前我市公路急需改造的是××国道××县城至××县城的121公里路段。该路段是我市通往沿海特区的必经路段，是东部6个县市与××铁路衔接的必经之路。然而由于该路段路基狭窄、线形不顺、技术等级低、交通量大等，交通拥挤、车辆阻塞现象日益严重，给我市的对外形象和经济发展带来极为不利的影响。

针对上述路段的实际情况，省市交通、公路部门已按一级公路标准进行勘察设计，工程造价共需×××××多万元。由于上述改造所需费用巨大，市、县财力根本无法承担交通厅补助后尚有缺口的改造经费，为此，恳请省政府针对我市公路建设改造所存在的实际困难，将该改造工程列入省交通重点工程计划，按照重点工程实行预算包干的模式进行改建。

专此请示，盼予批复。

评析：

设想一下：如果你是省领导，看过这份请示后，能不重视并考虑给予支持吗？

这就是说，把情况摆明，把理由说足，才有可能变希望为现实。

87. 怎样写好决议？

答：决议和纪要都是会议的产物，都用于记载、传达会议讨论决定的事项，以便下属单位遵照执行。但二者也有很大的区别：

（1）会议的性质、档次不同。纪要来自班子会及协调会、座谈会、现场办公会等小型会议，决议来自党代会、人大会、职代会等严肃、庄重的大型例会。

（2）记载的内容不同。纪要记载的是属于需要研究、沟通、协调、明确的具体事项，决议记载的是重大决策事项。

（3）行文规则不同。纪要须载明参会单位名称及人员姓名，决议不需要；决议须在标题下边注明什么时间经什么会议通过，纪要不需要。

（4）印发范围不同。纪要一般只需印发相关单位和人员，决议则要印发会议代表及所属各地各单位，有些还要通过媒体向社会公布。

从内容上分，决议有三种类型，其写法也各有不同：

一种是就某个重大决策或某项重要工作形成的决议，即决策性决议。如《××省人民代表大会常务委员会关于推进依法治省的决议》，文中有指导思想、基本原则、目标任务、措施方法，有小标题、序号，这和某些"决定"的写法是一致的。

一种是就会议各项工作报告及相关文件形成的决议，即批准性决议。它根据会议审议和表决结果而产生，带有较强的结论性、权威性，写作上模式化较强。如某市几届几次人民代表大会听取了政府工作报告，人大常委会工作报告和人民法院、人民检察院工作报告，国民经济计划执行情况和财政预算执行情况的报告，经代表们审议后，都要分别形成决议，予以评价，决定批准，然后提出希望、发出号召。

一种是传达会议情况、反映会议成果的决议，即公布性决议。它带有综合性，要将包括会议时间、地点、议程及达成的共识、做出的决定等在内的内容全面反映。写法上，它一般很少用小标题和序号，而较多用到"会议认为""会议指出""会议强调""会议号召"等词，这一点又与纪要的写法有相同之处。

【写作实例之十四】

中国共产党××市第四届委员会
第十次全体（扩大）会议决议（摘要）

〔2020年××月××日中国共产党××市
第××届委员会第××次全体（扩大）会议通过〕

中国共产党××市第四届委员会第十次全体（扩大）会议，于2020年××月××日在××召开。

出席这次全会的有：（略）

全会由市委常委会主持。市委书记××同志讲话。

全会听取和讨论了××同志受市常委会委托所做的工作报告，审议通过了《中共××市委关于制定全市国民经济和社会发展第十四个五年规划和二〇三五年远景目标的建议》。××同志就《建议（讨论稿）》向全会做了说明。

全会充分肯定一年来市委常委会的工作，一致认为，面对突如其来的新冠疫情，在以习近平同志为核心的党中央坚强领导下，市委常委会坚持以习近平新时代中国特色社会主义思想为指导，认真贯彻落实中央和省委工作部署，紧紧围绕"突出五项重点、力求四大突破"工作要求，团结带领全市干部群众奋勇抗疫防疫、决胜全面小康、决战脱贫攻坚，全力做好"六稳""六保"工作，推动经济高质量跨越式发展，经济社会发展和党的建设各项事业取得新成效。

全会一致认为，这些成绩的取得，充分证明市委提出的用新发展理念指导发展、用生态文明建设统领发展的工作思路，完全符合党的十九届五中全会精神，完全符合省委、省政府决策部署，完全符合当地实际。只要我们坚定信心、保持定力，以钉钉子精神久久为功，就一定能走出一条经济发展与生态文明水平提高相辅相成、相得益彰的发展新路，描绘好新时代改革发展新画卷。

全会深入分析了当前和今后一个时期发展环境的基本特征，认为"十四五"时期是加快发展、蓄势赶超的重要战略机遇期，但机遇和挑战都有新的发展变化。全市上下务必增强机遇意识和风险意识，善于在危机中育先机、于变局中开新局，牢牢把握发展主动权，推进高质量跨越式发展，开启全面建设社会主义现代化新征程。

全会提出了到二〇三五年我市基本实现社会主义现代化的远景目标，这就是：全市经济总量和综合发展水平迈上新的台阶，人均国内生产总值基本达到中等发达国家水平，综合竞争力进入长江中下游城市群第一方阵；城市功能更加优化，城乡区域发展差距和居民生活水平差距显著缩小，中等收入群体比例明显提高，公共服务优质化和均等化基本实现；基本实现新型工业化、信息化、城镇化、农业现代化，构筑起以数字经济为引领、以创新发展为动力、以绿色生态为特色的现代经济体系；形成高质量对外开放新格局，深入参与区域经济合作，积极融入内陆开放型经济试验区建设，作为××都市圈重要支撑的城市功能不断增强；生态文明水平处于全国前列，绿水青山向金山银山的双向价值转换通道更加通畅，绿色生产生活方式日趋完善，成为国家生态文明先行示范市；社会事业全面发展，文化品牌享誉国内外，教育强市、人才强市、文化强市建设取得更大成效，居民素质和社会文明程度达到新高度；基本建成法治政府和法治社会，共建共治共享的社会发展新局面基本形成，社会充满活力又和谐有序；人民生活更加美好，人的全面发展、全体人民共同富裕取得更为明显的实质性进展。

全会提出了"十四五"时期全市经济社会发展的总体要求，强调要深入贯彻党的十九大和十九届二中、三中、四中、五中全会精神，坚持以习近平新时代中国特色社会主义思想为指导，坚持以人民为中心，坚持新发展理念，坚持深化改革开放，坚持稳中求进工作总基调，以推动高质量跨越式发展为主题，以深化供给侧结构性改革为主线，以满足人民日益增长的美好生活需要为根本目的，统筹发展和安全，实现经济行稳致远、社会安定和谐，确保全面建设社会主义现代化开好局、起好步。

全会提出了"十四五"时期全市经济社会发展的主要目标，这就是：综合经济实力实现排名进位，主要经济指标增速保持全省中上游水平，人均占有量明显提升，努力成为全省高质量跨越式发展示范市，实现绿色发展取得新突破，产业升级取得新进步，城乡统筹发展取得新进展，民生福祉达到新水平。

全会提出了"十四五"时期全市经济社会发展的重点任务，这就是：实施创新驱动战略，深入推进创新型城市建设。把科技创新作为高质量跨越式发展的战略支撑，优化创新创业生态，建立多层次创新人才队伍，打造高能级创新平台，完善科技创新服务体系，激发企业创新主体活力，形成具有本地特色的区域创新体系。实施数字经济引领战略，加快构建绿色现代产业体系。坚持把发展经济的着力点放在实体经济上，加快培育壮大战略性新兴产业，改造提升优势传统产业，全力实施数字经济发展"一号工程"，全力推动先进制造业高质量发展，推动现代服务业扩容提质，打造高水平现代化产业平台，全面构建数字经济创新引领、先进制造业和现代服务业双轮驱动、融合发展的现代化绿色产业体系。实施扩大内需战略，全面畅通经济循环。牢牢扭住扩大内需这个战略基点，主动融入构建发展新格局，精准扩大有效投资，激发社会消费新潜力，推动外贸出口不断增长，在畅通国内大循环和联通国内国际双循环中展现更大作为。实施双向开放战略，构筑高水平开放格局。以全省建设内陆开放型经济试验区为契机，深度对接重大国家战略，大力发展开放型经济，高水平打造中部地区对外开放战略枢纽城市。实施城乡统筹发展战略，协同推进新型城镇化建设。着力优化空间发展格局，补齐城乡发展短板，全力提升中心城区和县城能级，大力提升城市功能品质，推进城乡规划一体化，加快农业转移人口市民化，推动城乡协调发展。实施乡村振兴战略，优先发展农业农村。坚持把"三农"工作摆在重中之重的位置，打造新时代"五美"乡村，推动形成工农互促、城乡互补、协调发展、共同繁荣的新型城乡关系，努力打造全国乡村振兴示范城市。实施"两山"转化工程，打造生态优先、绿色发展样板。积极推进国家生态产品价值实现机制试点，优化国土空间布局，加强生态建设与环境保护，创新生态产品价值实现机制，完善生态文明体制机制，倡导绿色生活方式，建设人与自然和谐共生的现代化。实施文化传承创新工程，建设全国文化强市。牢牢把握社会主义先进文化前进方向，进一步繁荣文化事业、壮大文化产业、释放文化价值，提高社会文明程度，加快培育文化产业，增强公共文化服务供给，建成具备独特魅力和韵味的文化强市。

全会要求，要健全各项保障体系，这就是：健全改革攻坚体系，切实推动营商环境优化升级。全面深化重点领域改革，充分激发市场主体活力，持续转变政府职能，持续推进供给侧结构性改革，扎实推进财税金融改革，全力打造政策最优、成本最低、服务最好、办事最快的"四最"营商环境。健全民生改善和社会治理体系，不断提升社会建设水平。提高居民收入水平，加强就业创业扶持保障，发展高质量教育，积极应对人口老龄化，健全社会保障，提升社会治理现代化水平，促进人的全面发展和社会全面进步。健全统筹发展和安全体系，高水平推动平安建设。坚持总体国家安全观，实施国家安全战略，加强地方国家安全体系和能力建设，维护经济安全，保障人民生命安全，维护社会稳定和安全。

全会强调，实现"十四五"规划和二〇三五年远景目标，必须坚持和加强党的全面领导，切实增强"四个意识"、坚定"四个自信"、做到"两个维护"，进一步加强党的建设，深入开展反腐败斗争，为实现高质量跨越式发展提供坚强政治保证。

全会号召，全市党员和干部群众要更加紧密地团结在以习近平同志为核心的党中央周围，全面贯彻落实中央、省委决策部署，真抓实干、开拓创新，不断开创我市高质量跨越式发展新局面，奋力描绘好新时代改革发展新画卷。

评析：

脉络清晰的结构，丰富而实在的内容，庄重而凝练的语言，号召式的结尾——这就是这份决议告诉我们的基本写作要领。它还告诉我们：这种决议是对会议精神的高度概括，是与会代表集体意志的结晶，是今后开展工作的重要遵循，所以起草时要力求主旨鲜明，重点突出，表述准确，语气坚定有力。

88. 怎样写好干部考察材料？

答：干部考察材料是一种格式化应用文，题目为"×××同志考察材料"；正文部分三个层次，即德能勤绩廉情况、不足之处、民主推荐和谈话情况；结尾处为考察人落款。

起草考察材料的基本要求，是全面、客观、准确地反映被考察人的情况。要防止出现以下问题：

一是对考察对象政治表现的表述概念化、雷同化。评价某人政治上行不行，几乎千篇一律："该同志能认真贯彻执行……认真学习……理论，与……保持高度一致……"这些当然都是重要的，但除了这些话好像就没有其他的话好说了。本来，政治表现是具体的、多样性的，完全可以用多种方法、从多个角度来表述，比如"政治上忠诚、坚定、可靠""政治意识、大局意识和党风党性观念强，能用共产党员的标准严格要求自己"，这样既避免了千人一面地说套话，又使政治表现更为清晰、具体。

二是对考察对象综合素质的评价失准、失真。评价一个干部，德、能、勤、绩、廉各方面都要涉及，应力求客观、真实。这方面常见的毛病有：（1）空洞，不具体，说服力不强。如这样的评价："能认真履行职责，任劳任怨，埋头苦干，积极完成各项工作任务""能认真学习政治理论和业务知识，不断提高自己的工作能力和水平""能团结同志，助人为乐，热心为群众办好事"。下面没有实际内容，等于只给该同志脸上贴了些漂亮标签，叫人如何信服？（2）抓不住重点，面面俱到，反映不出一个人的主要特点。这与上面说的情况正好相反，写得太具体、太琐碎了，比如"能自觉遵守各项规章制度，不迟到，不早退，有时还主动加班加点"，能做到这一点的人还多着呢，难道就该同志一人够得上提拔？又如"待人和气，平易近人，基层的同志来办事、群众来上访，他都能做到笑脸相迎，让座、敬烟、倒茶水……"看来该同志的确是个难得的好人，但有必要写得这么具体吗？必须明确，写考察材料应当抓重点、抓特点，主要看他的素质与拟任的职务是否相适应，比如决策驾驭能力、分析问题和解决问题的能力、组织协调能力等，对这方面的评价应当有所侧重。（3）言过其实，反映不出真实面貌。比如说该同志"理论功底十分深厚""领导经验非常丰富"，未免评价过高，反而给人不真实的感觉，应加上一定的限制词；又如"在该同志艰苦努力下，经济取得了长足发展"，把集体的功劳记在一个人头上，也是极不恰当的。

三是对考察对象的不足之处缺乏恰如其分的判断和表述。任何人都会有缺点，考察干部更应找准他的缺点，看其性质、程度、表现形式如何，以此作为考虑任用的重要依据。但不少考察材料写到缺点时，要么轻描淡写，如"学习不够""下基层较少"；要么在缺点前面加限制词，如"有时工作不够大胆""有时不注意工作方法"；还有不少考察材料几乎都有这样一句："性子较急，批评同志不注意方式方法。"好像大家都吃了炸药，一天到晚都在那里吹胡子瞪眼睛似的。性子急，说缺点也是缺点，说优点也是优点，有些工作不急一点、快一点，怎么能搞得上去呢？难道凡事慢吞吞、懒洋洋，左请示、右汇报反倒是优点了吗？当然，性子急并不都好，它有不同的表现：工作快节奏、办事讲效率是一种"急"，这当然很好；盲目冲动、草率从事也是一种"急"，这肯定不好。这就要求表述上要恰当，要分清是哪一种"急"，不能笼而统之地把性子急认定为缺点。同样的道理，有些材料指出某考察对象的缺点是"有骄傲情绪"，这也要分清是哪一种骄傲，如果是目中无人、自以为是的骄傲，当然是很严重的缺点；如果是那种有主见、有骨气、不唯书唯上、敢于发表不同意见的所谓"骄傲"，那当然不是缺点，反而是优点，而恰恰又是这种优点容易被某些同志视为缺点。这就需要写作者准确识别，得出正确的结论。

由此看来，考察材料写得好不好，不只是写作水平的问题，更重要的还是对考察对象看得准不准的问题。用得准基于写得准，写得准基于看得准。

【写作实例之十五】

×××同志考察材料

政治素质过硬，对党忠诚可靠。能认真贯彻执行党的路线、方针、政策和上级决策部署，政治敏锐性和政治鉴别力较强。在事关全局性、原则性问题上头脑清醒，立场坚定，自觉遵守党的政治纪律，敢于同损害党的形象的言行做坚决斗争。

事业心和责任感强。工作要求严，标准高。作风扎实，敢于担当，能经常深入基层调查研究，摸实情、谋实策、求实效，不回避矛盾和问题。工作节奏快、效率高，能出色完成各项工作任务。注重为企业办实事，搞服务。为解决××高铁建设的征地拆迁问题，一年多的时间里先后进行了十几次协调，保障了项目建设顺利进行，受到建设单位好评。

组织领导和综合协调能力强。任副县级领导职务的时间较长，有较丰富的领导工作经验，对经济工作较熟悉。考虑问题比较全面，看问题有主见，有深度，处世比较老练。思想解放，思维敏捷，工作中点子办法较多。先后分管过工业、财税、社会保障、城市规划建设等工作，均取得了较好的成绩。在企业改革发展上，大胆推行所有制结构和产品结构的调整，转换经营机制和用人机制；争取中央财政的贴息支持，为水泥、煤炭企业连续三年较大幅度减亏和恢复性增长奠定了良好的基础。在财税工作中，组织财税部门努力开拓税源，科学征管，保证了全县地方财政收入实现稳定增长，连续两年被评为全市第一名。在组织实施社会保障体系建设中，想方设法调整支出，筹措资金，建立了城镇居民最低生活保障线、国有下岗职工最低生活保障线、企业离退休人员社会养老最低保障线，同时有力推进了再就业工作。在近两年的城市规划建设工作中，坚持高起点规划，高标准建设，专业化招标，国家一级企业施工，提高了质量，节约了资金，使城市面貌得到较大改观。

组织纪律性强，有大局意识。维护班子团结，遵守集体决定，支持、配合县委、县政府主要领导的工作，积极出主意、想办法，提出工作意见建议。为人正派，待人坦诚。对自己要求严格，能自觉遵守廉洁自律各项规定。

不足之处：工作中与其他班子成员沟通较少；有时不太注意工

作方法，有急躁情绪。

民主推荐情况：20××年10月，××县120名科级以上干部推荐县长人选，他得96票，占80%，列第一。20××年12月考察中，共找29名县级干部和65名科级干部个别谈话，均同意他任县长职务。

考察人：×××　×××
20××年12月

评析：

这份材料运用写实的办法反映该考察对象的全貌，既有综合评价又有具体事实，既有明显的优点又有具体的不足，其性格特点跃然纸上。我们所需要看到的正是这样一个有血有肉的活生生的形象。另外，考察材料的层次如何安排，内容应包括哪些方面，这份材料也为我们提供了范例。

89. 怎样写好会议主持词？

答：在一些同志看来，会议主持词简直太"小儿科"、太缺少"技术含量"了，他不费吹灰之力就能写好。其实主持词也不是随便凑几句话就能成的，是需要花心思认真对待的。主持词起着介绍会议概况、串联会议议程、掌控会议秩序、引导听众情绪的重要作用，好的主持词还能以精彩的开头和结尾、清新流畅的串词、恰到好处的补充和发挥，吸引听众注意力，营造良好氛围，提高会议质量，增强会议效果。这就像主持文艺晚会一样，同样的节目由不同水平、不同风格的人来主持，其效果是不一样的。

主持词有部署工作会议主持词、总结表彰会议主持词、座谈交流会议主持词、庆典或纪念仪式主持词等不同类型。其结构大同小异，不外乎开头、介绍议程、结尾三部分。起草中要注意把握以下几点：

一、开头要直接、清爽。这部分一般包括介绍会议背景及目的、参会人员、议程安排，有时还会强调会议纪律，开门见山交代清楚即可。须防止出现三个问题。一是语言松散、拖沓，套话、废话太多，造成"前奏"过长，浪费时间。比如有的介绍会议背景就是一连串的"在……下"，介绍开会的目的、意义就是一连串的"为了……"，有的还习惯用"在这春回大地、万木争荣、百花盛开的美好时刻"之类的文学语言作开头，这些都应视需要而写，语言还是尽量简洁朴实为好。二是有些表述与"主角"讲话相矛盾或重复，造成"喧宾夺主"。会议主题和某些重要的、关键性的话语，如果应该由"主角"讲话去表达，主持词就不应抢先说。如有的合作交流会、招商引资推介会，主持词对来宾抢先表达问候、欢迎，后面的领导致辞又按稿子重复问候和欢迎一遍，弄得听众还要鼓两次掌，这就显得有点滑稽。三是介绍有关情况不当。比如介绍主席台就座的领导和有关重要人士，在人数较多的情况下，本来介绍主要的，或用恰当的模糊语言予以表达就行，而有的主持词为了体现尊重，把所有人一一点到，这就毫无必要，而且浪费时间。

二、议程衔接要紧凑、自然。有些会议是单项议程，仅一位领导讲话，这就比较简单，讲话完后，主持人讲几条贯彻意见就结束。而有些会议有多项议程，如经济工作会议，一般有传达上级经济工作会议精神、政府主要领导讲话、部门负责人发言、党委书记讲话等议程；又如某个表彰会，有宣读表彰决定、颁奖、获奖代表发言、领导讲话等议程。议程多了，就需要有恰当的串词把它们"串"起来，使之紧密、和谐、前后呼应。有些串词是程序性、礼貌性的，如"谢谢××同志的精彩发言""让我们再次以热烈的掌声，对受到表彰的先进集体和先进个人表示祝贺"，这个大家都会写。而有些串词还真的需要动点儿脑筋，要有点儿"技术含量"。比如某个会议典型发言的议程结束之后，要用几句话进行归纳概括，以示褒扬激励，并号召大家向先进学习，这几句话就要好好琢磨，既要简洁，又要准确、精彩，能够打动人心、鼓舞士气。有的主持词勉强凑合几句寡淡无味、文不对题的空话套话，那还不如不说好。又如务虚会、经济形势分析会、征求意见会等，当与会人员发言完毕，转入领导讲话议程时，主持人也应有一段恰当的话对讨论发言情况进行归纳、肯定，为下一议程做好铺垫。

三、结尾要简洁、得体。根据会议类型的不同，主持词的结尾也有所不同。有些结尾比较简单，如表彰会、座谈会、纪念会等，议程进行完毕，最后用一段话作结即可，不必多说。而有些结尾则复杂一些，如布置工作的会议，在没有安排专人做会议小结的情况下，主持词的结尾实际上就承担了"小结"的任务，所以它必须概括会议情况，然后就会议精神的贯彻落实提出意见和要求。这里要注意几点：一是篇幅要尽可能短，收尾要干净利索，不能婆婆妈妈唠叨个没完，否则不仅冲淡主题，还会让听众不耐烦。二是要注意维护、突出"主角"的讲话精神，始终围绕"理解、落实"来展开，只可拾遗补缺，不可横生枝节，同时又要尽量避免与之重复，把人家说过的东西又搬过来说一遍。三是提出贯彻意见要实在、明确、可操作，能够推动会议精神得到贯彻落实，不能随意拼凑个一二三，提几句不着边际的要求和希望，从而变成毫无意义的"尾巴"。

此外还要注意一点：所有主持词都会涉及对"主角"讲话如何评价的问题。做正面评价是必需的，这是维护领导威信的需要，也是推动工作的需要，但一定要力求准确、实在、得体，不要评价过了头。有些主持词的评价语变成了千篇一律的套话、奉承话，如"高瞻远瞩""博大精深""高屋建瓴""振聋发聩""具有很强的思想性、指导性、针对性和可操作性"等，听多了就觉得有点"腻"。漫说未必每篇讲话都有这么好，即使有这么好，也完全可以根据不同的内容，用不同的语言来表达，而不必每次都套用这些言不由衷的话。

【写作实例之十六】

"发展县域经济三年竞赛"总结表彰大会主持词

同志们：

现在开始开会。经市委、市政府研究决定，召开今天的"发展县域经济三年竞赛"总结表彰大会，目的是检阅成果、总结经验、树立典型、激励先进，推动县域经济和全市经济更好更快发展，为全面建成小康社会打下坚实基础。

出席今天会议的有市四套班子成员、各县区委党政主要领导，市委各部门、市直各单位主要负责人，部分骨干龙头企业负责人。

会议有四项议程：1. 请市委书记×××同志讲话；2. 宣读表彰决定；3. 颁奖；4. 典型发言。

现在进行第一项议程：请市委书记×××同志讲话，大家欢迎！

……

刚才，××书记的讲话回顾了我市开展县域经济竞赛三年来走过的历程，肯定了取得的成效和积累的经验，指出了存在的问题和不足，指明了下一步的努力方向。讲话通篇贯穿着实事求是的精神，以客观的态度评价过去，以理性的眼光谋划未来，特别是就如何贯彻新发展理念、推进高质量发展，进一步打造我市经济特色和区域核心竞争力，提出了富有创意的指导意见，请大家认真领会和落实。

下面进行第二项议程：请市委副书记××同志宣读县域经济三年竞赛考评结果和表彰决定，大家欢迎！

……

下面进行第三项议程：颁奖。请先进集体和先进个人代表上台领奖，大家欢迎！

……

颁奖完毕。让我们再次以热烈的掌声向获奖的先进集体和先进个人表示祝贺!

下面进行第四项议程:典型发言。首先请××县县委书记×××同志发言,他发言的题目是:《打好特色牌,提升竞争力》,大家欢迎!

……

下面请××县政府县长×××同志发言,他发言的题目是:"坚持生态立县,永续绿水青山",大家欢迎!

……

下面请市发改委主任×××同志发言,他发言的题目是:"全力以赴抓项目,当好发展县域经济服务员",大家欢迎!

……

下面请××区兴农集团董事长××同志发言,他发言的题目是:"当好现代农业拓荒牛,撑起县域经济一片天",大家欢迎!

……

典型发言完毕。我们还有很多好的典型、好的经验,由于时间关系,不能在这里一一介绍。从上述典型发言中我们可以看到,所谓县域经济竞赛,实际上就是思想观念的竞赛,是思路、方法、智慧、才干的竞赛,是担当精神、改革创新精神的竞赛,也是事业心、责任心和奉献精神的竞赛。正因如此,我们才战胜了一次次挑战,攻克了一道道难关,取得今天的发展进步;也正因如此,我们收获的不仅仅是统计报表上好看的数字,还有思想、精神、经验方面的累累果实。我们要很好地珍惜和利用这些"果实",把今后的工作做得更好。

同志们,"发展县域经济三年竞赛"活动结束了,但发展县域经济的工作没有结束,也不会结束。今天的会议,就标志着我市发展县域经济不是达到了"终点线",而是站在一条新的"起跑线"。下面,我就会议的贯彻问题讲几点意见,具体是"三看":

一是"向后看"。看什么?就是通过回顾总结,看本县区近年来发展县域经济做了哪些工作，取得了什么成效，有什么经验，还存在哪些问题。特别要注重找差距、查欠账，这才是最重要的。事实也是这样，通过几年来的努力，我市县域经济发展的确迈上了一个新的台阶，区域竞争力明显增强，更可喜的是还有一个县进入了全国"百强"，但毕竟还存在一个各地发展不平衡的问题，存在拥有同样的资源条件而发展有快有慢、有好有差的问题；进一步说，即使是发展快的地方，也不是十全十美，也还存在该做的没有做、可以做得更好而没有做到更好的问题。正如××书记刚才在讲话中指出的"成绩不是止步的理由，问题才是前进的向导"，只有找准问题、重视问题，才不至于被一时的胜利冲昏头脑，才会始终保持清醒的头脑和继续前进的强大动力。

二是"向左右看"。看什么？就是通过横向比较，看看兄弟县区哪些方面做得比自己好，有哪些先进的、成功的做法经验值得自己学。俗话说"不怕不识货，就怕货比货"，把成绩晒出来，比一比，谁好谁差就很清楚了。这个道理我相信大家都懂得，怕的是不习惯跟别人比，只习惯自己跟自己比，陶醉于自己那点小小的进步而不思进取，或者虽然跟别人比了，但心里老大不服气，总以为别人占了什么便宜，为自己落后找这样那样的理由。这几种心理都是非常要不得的。这次大会专门安排几个典型发言，其实就是给大家提供一个"向左右看"的机会，也是分享经验的机会。当然，机会还多的是，会后各县区还可以互相走动走动、交流交流，特别是到发展快的地方去实地取经，借他山之石以攻玉。

三是"向前看"。看什么？就是按照上级指示精神和××书记的讲话要求，看清楚今后的路子怎么走。我觉得这里首先要明确一点：无论乡村振兴也好，实现小康也好，都离不开县域经济的充分发展、高效发展、持续发展。而从县域经济的本质属性来看，它作为一种具有特定地理空间的区域经济，由县级政府作为市场调控主体，既具独立性又具开放性的市场经济，依托各自历史人文、区位交通、资源条件而形成的特色经济，其发展程度高低，又直接关系到乡村振兴、全面小康的目标能否实现。因此，各地要在巩固三年竞赛成果的基础上，通过深入细致的调查研究，拓宽眼界、优化思路、增补措施，促进县域经济更好更快发展。我们也相信，有过去三年的实践经验，有全市干部群众的共同努力，我市县域经济一定能乘势而上，顺势而进，再创佳绩，再攀新高！

会议到此结束，散会。

评析：

这次会议由市长主持，看得出这份主持词是下了一番工夫的。开头开门见山，串词自然流畅，语言简洁平实，对书记讲话的评价朴实而得体，对典型发言的点评准确而深刻，提出的贯彻意见全面而实在。特别是后面的"三看"，显然不是随意拼凑而成，而是经过精心思考、高度概括的，既严谨周密，又新颖生动，体现了较高的"技术含量"。

90. 怎样写好公函？

答：公函，即公务信函，属常用应用文之一，适用于不相隶属的机关之间商洽工作、询问和答复问题、请求批准和答复审批事项。它有不同的种类，包括互通信息、告知有关工作举措，希望得到对方理解支持的通报函；交换想法和意见，希望就某项工作达成共识、协同合作的商洽函；工作中遇到困难和问题，需要对方给予帮助或审批的求助函；召开有关会议或举办有关活动，请对方参加的邀请函；介绍有关人员外出公务活动，需请对方给予接洽帮助的联系函；出台有关政策举措，需向有关单位咨询或听取意见的征求意见函；此外还有涉及有关事项的转办函、催办函，等等。可见，函的适用范围非常广，所有跨部门、跨系统、跨区域的横向公务活动都离不开它，所有不能通过领导与被领导、管辖与被管辖关系去解决的问题和办理的事项都需要它。从行文关系看，它作为平行文，与上行文、下行文一样，每日每时大量地产生着、运行着，在政务活动中发挥着十分重要的作用。

函分为发函和复函，发函即就有关事项主动发出的函，复函即就发函事项做出回复的函。也有一些函是不需回复的，如邀请函、联系函等。

函的写作有相对固定的格式。首先是标题，需要写明发文机关、事由和文种，文种还需要注明是函还是复函。其次是主体，一般由三部分构成。一是开头，发函的开头简述缘由和目的，或者直接进入主体；复函的开头引述发函的标题或文号以引出下文。二是事项的具体内容，发函写明联系、商洽或请求解决的事项，包括想法、要求、依据或理由；复函针对发函事项给予答复，或同意，或不同意（如不同意应说明理由），或提出意见建议。三是结尾语，发函通常用"请予函复""盼复"等，复函通常用"此复""特此函复"等。

函的写作要把握以下要点：第一，有的放矢，一事一函，不牵扯其他事项，不一次性提出多个事项；第二，表达清楚、准确，发函要直陈其事、不弯弯绕绕，复函要态度明确、不含糊其词；第三，把握好函的语言特点，注意敬辞、谦辞、盼辞的使用，体现双方的平等地位和相互尊重、相互理解、相互支持。

【写作实例之十七】

关于《"××12345"政务热线运行管理暂行办法》及《"××12345"政务热线平台督查考核暂行办法》征求意见的函

市委办公室：

我局遵照省、市有关要求，在参照兄弟市有关经验做法的基础上，结合本地实际制定了《"××12345"政务热线运行管理暂行办法》及《"××12345"政务热线平台督查考核暂行办法》的征求意见稿。现发给贵办，请提出意见建议。

真诚感谢贵办长期以来对我局工作的大力支持！

请予函复。

××市政务管理局

2019 年 11 月 15 日

附件：略

关于对《"××12345"政务热线运行管理暂行办法》及《"××12345"政务热线平台督查考核暂行办法》提出意见的复函

市政务管理局：

你局关于征求意见的函收悉。我办专门召开会议，对两个文件征求意见稿进行了研讨，形成了若干意见建议回复给你们，供参考。

特此函复。

中共××市委办公室

2019 年 11 月 19 日

附件：略

评析：

发函、复函一呼一应、一问一答，问题就此得到解决，这就是平行机关商洽事务、处理问题的重要方式之一。格式明朗，文字平实，看上去纯属公文往来、公事公办，但必不可少的谦辞、敬语，也可以有温度、暖人心。

第八章 写作中的相关问题

91. 格式和模式有何区别？写作中应怎样把握？

答：格式、模式都是"式"，看似差别不大，实则有很大不同。格式即一定的规格样式，公文格式即公文的规格样式，包括版头、主体、版式三大要素，其中版头包括份号、密级和保密期限、紧急程度、发文机关标志、发文字号、签发人等，主体包括标题、主送机关、正文、附件说明、发文机关署名、成文日期、印章、附注、附件、抄送机关、印发机关和印发日期等，版式包括公文用纸、排版、印刷装订等。对此，《党政机关公文处理条例》《党政机关公文格式》都有明确、具体的规定，是党政机关公文规范化的重要依据，是文秘人员拟制公文的根本遵循。

所谓模式，即某种事物的标准形式，或是可模仿、复制的标准样式。写作模式指的是写作的套路和规律，比如文件怎么写，讲话稿怎么写，调研文章、经验介绍材料、工作汇报等怎么写，包括怎样立意、怎样结构、先写什么后写什么、应注意哪些问题，等等，都有一定的规律、方法可循。这些模式，都是文秘人员（当然也包括领导者）在长期的公文写作实践中探索、总结出来的，也是被人们所认可和接受了的，成为一种约定俗成的东西，如果不按这样的模式写，就会被视为不像样、不规范。很多初学者正是通过研读他人的文稿而了解模式、掌握模式，从而逐渐成熟起来的。

但是，模式又不是一成不变的，而是可以依据不同情况而有所变化的。怎么变呢？比如每年人代会上的"一府两院"工作报告，它的基本结构是回顾过去一年工作、部署新的一年工作，但内部构造又各有不同，有的分两大部分，有的分若干部分；有的在回顾之后附带写工作体会，有的则专门拿出一个大部分来写体会。又如调研文章，它的基本结构是谈情况、做分析、提对策，但写法又各有不同，有的先叙后议，有的夹叙夹议。再如领导讲话，变化就更多了，虽然同样是谈认识、谈思路、谈措施要求，但具体的章法、笔法各不相同，有的全面讲，有的突出重点讲；有的从这个角度切入，有的从那个角度切入；有的长篇大论，有的简短凝练。正是因为有这些变化，机关文稿写作才避免了千篇一律，呈现出千姿百态。而这些变化又是基于基本模式的变化，脱离基本模式，就难免变形走样。

由以上分析可以看出：格式是外在的、可视的规格样式，模式是内在的、不可视的标准形式；格式来自统一制定，模式来自实践探索的共性规律；格式是死的、不可变的，模式是活的、可变的。由此，我们在写作中就应把握好。一是不能把格式当模式，随意搞变通。要熟悉各种公文格式并准确、熟练运用，同时严格把关审核，防止出现差错。二是不能把模式当格式，把自己捆死。这正是写作中容易出现的通病，有些同志受模式的束缚，打不开思路，放不开手脚，习惯于"依样画葫芦"，以致写出来的稿子面目雷同，缺少新意。特别是进入电脑时代，网络上各种所谓"万能写作模板"相继出现，它既为人们掌握写作套路提供了方便，也为惰性、依赖性的滋生提供了土壤。这一点，不仅初学写作者，包括到了相当水平的写手都应切实注意，既要从总体上把握模式、遵从模式，又要善于根据不同的内容、不同的表达需要驾驭模式、创新模式，使文稿写作不断推陈出新。

92. 素材与题材有何异同？怎样把素材上升为题材？

答：素材与题材，这两个概念的确容易混淆。按照词典的解释，素材是文学、艺术的原始材料，即未经总括和提炼的实际生活现象；题材是构成文学和艺术作品的材料，即作品中具体描写的生活事件和生活现象。公文写作中素材与题材的含义与此大致相同，素材就是平时和起草文稿前收集的原始材料，包括经济社会发展的实际情况和有关知识、资料等；题材就是从素材中提炼出来的可用材料，即文稿中需要用到的各种材料。显然，二者的区别就在于：素材是原汁原味的初级材料，题材是经过处理的高级材料，二者有着质的不同。

至于说怎样把素材上升为题材，我觉得首先要看素材充分不充分、丰富不丰富。如果回答是肯定的，题材的来源就宽，选择的空间就大，质量就高；反之，题材的来源就窄，选择的空间就小，质量就差。比方说，领导布置我们起草一份关于加强基层党组织建设的讲话稿，不用领导提要求，我们都会主动收集这方面的素材，包括基层党建工作的现状，有哪些成效、哪些问题和不足、哪些典型和经验，基层有哪些意见和建议，以及上级对这项工作有何要求，报刊网络上有何可借鉴的精彩言论等。但对这些素材掌握得够不够、全不全呢？这就要看各人的功课做得怎样了。大致上说，素材有两个来源：一是直接获得，即亲身实践、亲眼所见、亲耳所闻；二是间接获得，即通过有关媒体、会议、汇报材料等，掌握所需要的东西。不管用哪种方式方法，收集素材应该要宁多毋少，多多益善。或许很多同志都有过这样的体验：在梳理素材、进入构思阶段时，突然发现某方面的素材不好用，或不够典型，或不够具体、生动，或不足以支撑主题和观点，在这种情况下就只好"补课"，找到比这更好用的素材。如果勉强把原有的素材作为题材，或许不会有太大的问题，但题材的质量必然有所降低，由此也必然带来文稿质量的降低。

附带还要说到一个问题。有的同志以为，讲话稿、调研文章、经验交流材料等，通过摆事实、举例子来印证观点和说明问题，这才需要收集素材，难道起草所有文稿都需要事先收集素材吗？比如决策部署性文件，它们大都是从正面提出目标任务、政策措施和方法要求，而且有上级文件作为依据和参照，要素材何用？这种看法显然是幼稚的。文件虽然不大量引用事实，但它提出的所有任务和要求都应以实际情况为依据，都要针对事实和问题而言，否则它就会与实际相脱离，变成缺乏针对性、实用性的一纸空文。仍以部署基层党建工作为例，如果所要起草的不是讲话稿而是文件，它同样需要全面了解该项工作的现状，掌握足够的素材，要不然，你稿子上提出那些思路、观点、举措以什么为依据呢？提出来了又有何作用呢？何况，这种稿子虽然不需要讲故事、举例子，但它可以在有关部分分析现状、指出问题以阐明目的意义，这也离不开了解实际、掌握素材。

掌握了足够素材，接下来就是选取题材。怎么选呢？这里用大家耳熟能详的几句话：一是去粗取精，通过梳理筛选，把多余的、不可用的东西去掉，把可用的东西留下来；二是去伪存真，通过分析鉴别，把事实搞准，确保与实际相符；三是由此及彼，用事物相互联系的观点处理和运用素材，防止片面性；四是由表及里，通过对素材的归纳、挖掘，抓住事物的本质。这四个方面，前两个方面相对容易些，后两个方面则不能停留于素材本身，而要通过理性思考对素材进行提炼、升华，做成"熟料"，即可用、有用的题材。其实，所谓题材，就是主题需要之材，我们要做的就是围绕主题挑选材料，而挑选方法的不同又决定了"材质"的优劣。

93. 怎样提高写作成功率？

答：成功率，指的是做某事获得成功的比例、概率。我们爬格子的人，当然希望写作的成功率能高一些，即使达不到90%，能达到80%、70%，那也是相当可观的了。这就意味着自己的心血没有白费，劳动成果得到承认，自我价值得以实现，多美的事呢！

但现实往往让我们碰得"头破血流"。很多稿子，无论我们怎样精心构思、精心起草，它们总是达不到领导的要求，被退回来修改，或者重写。于是，有的同志就泄气了、浮躁了，畏难情绪也随之产生了。

起草文稿追求高成功率，这是好事，是有责任心、上进心的表现。但对于成功率的问题，要有一个正确的认识和态度。除了勤学苦练、循序渐进以外，我觉得要把握好三点：

首先，要保持沉着、淡定的心态。谁也不是生来就会写材料，文字基础再好、悟性再高的人初到这个岗位，也有一个逐步适应、逐步提高的过程。进一步说，即使经过了一定时期的历练，达到了一定的写作水平，也不可能"百发百中"，总会有"偏离靶心"或"脱靶"的时候。所以，我们既要追求成功，又不能让成功率成为沉重的心理负担，放松心情，沉着应对，尽主观努力正常发挥，效果可能更好。反之，如果对自己的期望值太高，就会造成心理紧张，越紧张越放不开、写不好。这同歌唱家、演奏家表演是同样的道理，放松、自然才能发挥出最佳水平。

其次，成功率高并不等于一次性成功。机关文稿有多种类型，有些文稿短小、简单，且有现成格式可循，起草成功率一般都较高。而有些文稿块头大、分量重，写作有一定难度，且无格式可循，成功率高不高就很难说。比如制定重大决策、长远规划、法律规章等方面的稿子，它往往很难一次性成功，而要交由领导层层把关、会议审议讨论，乃至向全社会公开征求意见，经过反复斟酌、多次修改才能定稿。最后一看，初稿被改得"遍体鳞伤"，甚至"全军覆没"，但我们犯不着心疼、惋惜，因为这类文稿本来就是领导意图和集体意志的产物，我们只是执笔者，大家说怎么改就怎么改，能够改得好、改到位就算成功，而不能以初稿成功率高低来衡量执笔者水平高低。当然了,这并不是说我们可以不尽主观努力,而要在起草阶段就树立质量意识、"成品"意识,严肃认真,一丝不苟,尽可能降低不成功的可能性。只要我们坚持这样做了,即使初稿不成功,那也不必愧疚自责,认真修改完善就是了。

再次,要想提高成功率,就要珍惜每一次不成功。这话好像有点令人费解,其实就是"失败是成功之母"的道理。初稿没过关,千万不要恨恨地把它撕掉、烧掉或者揉成一团扔进废纸篓,而要珍惜它、善待它,认真地审视、分析它,看看它不成功的原因在哪里,它存在的问题、不足告诉我们什么,它与最后改定的稿子差距有多远,然后在下次起草时注意避免出现同样的问题和不足。这样,每失败一次,总结、吸收一次,我们就会清醒、成熟一分,离成功就会接近一步。另外,有些稿子不成功,未必是文字上有什么明显问题,而是与掌握该篇稿子"生杀大权"的领导者的风格爱好有关,这也是值得我们仔细分析并努力适应的。

当然,提高写作成功率是个复杂的、综合性的问题,它涉及起草者的知识积累、实践经验、写作功底和工作态度等多个方面,需要经过长期的、多方面的努力,才能逐步见到效果。

94. 提高写作能力要经过哪几个阶段?

答:提高写作能力是一个循序渐进的过程,而不是界限截然分明的几个阶段。很多人都有这种体会:写呀写呀,几个年头熬下来,不知不觉中,突然发现自己越写越顺手了、轻松了,领导对稿子的改动也越来越少了。这就说明自己长进了。当然,如果非要划分成几个阶段的话,也未尝不可,但只是大致的、模糊的,是从文字堆里摸爬滚打过来的人才能体会得到的。下面我用四句古诗来描述造就写作能力的四重境界:

第一重境界是"路漫漫其修远兮,吾将上下而求索"。初上文秘岗位,就像孩童牙牙学语、蹒跚学步,必然有一个从不熟悉到熟悉、从不适应到适应的过程。这时候我们紧张、惶惑，感到力不从心，特别是当所写的稿子一次次被领导"枪毙"时，难免感到沮丧、愧疚，深深地自责。但正是这种巨大的压力，逼着我们不畏艰难，艰苦求索，逐步掌握写作要领。

第二重境界是"山重水复疑无路，柳暗花明又一村"。工作一段时间之后，情况基本熟悉了，写作套路也基本掌握了，一般性材料基本上能对付，但还是觉得有点吃力，思路不开阔，笔法不灵活，质量不稳定，常常为某些难题所困。这时就需要有锲而不舍、迎难而上的韧劲和狠劲，找准原因、选准路径，于山重水复之中寻求柳暗花明的转机。

第三重境界是"百尺竿头思更进，策马扬鞭自奋蹄"。这时就进入了较为熟练的阶段，熟悉各种文稿写作要领，写得较为轻松、顺手，基本合乎文章规范和领导要求，不会出现明显问题。但严格说来，还处于"过得去"阶段，未达到"过得硬"水平。在这种情况下就要注意克服"差不多"思想，自我加压，精益求精，向着更高水平奋勇迈进。

第四重境界是"会当凌绝顶，一览众山小"。显然，这就进入出类拔萃的境界了，思想水平、政策水平、观察问题和处理问题的能力都达到了相当的高度，起草文稿驾轻就熟，不仅立意高远、观点鲜明、切合实际，而且结构严谨、文字流畅、笔法灵活、又快又好，因此深得领导倚重和同事羡慕。能达到这等水平，当然非"大手笔"莫属。

上述划分当然不是绝对的，只是力图说明：唯有坚持不懈，方能渐入佳境。有人说过："山再高，往上攀，总能登顶；路再长，朝前走，总能到达。"写作能力的提高也是这个道理。我们应当有这样的决心、信心和恒心。

95. 写作中为什么要重视审题立意？具体应注意什么问题？

答：我们先来看看什么叫审题立意。简单说，就是六个字：明题义，立主旨。具体说，审题就是根据领导给出的题目进行分析思考，弄清楚这篇稿子该用什么体裁、组织哪些材料、解决什么问题；立意就是明确主题，也就是确立稿子的中心思想，以它来统帅全文、引领方向。由此可见，审题立意是起草之前最重要的准备工作，也是事关写作成败的头道工序。

当然，并不是所有的文稿都需要苦心孤诣地审题立意，比如纪要、请示、公告、信息等，写什么、怎么写，一切明明白白，无须考虑太多，直接起草就行。而有些稿子则没这么简单，如讲话稿、文件、调研文章等，就得在审题立意方面下一番工夫。举例来说，领导交代就进一步改进干部工作作风下个文件，重点解决少数干部不作为、慢作为、乱作为和形式主义等问题，那么我们就要搞清楚：以什么文种下发为好呢，决定、意见还是通知？解决这几个方面的问题应确立什么样的中心思想、组织哪些材料、提出哪些措施办法？又如讲话稿，领导准备在经济工作会议上发表讲话，交代重点谈转变发展方式、提高发展质量的问题，我们就要搞清楚：这个题目针对的是什么？目的意义是什么？怎样从理论上、实践上把这个问题讲深讲透？把这些问题想清楚、搞明白了，才好动手起草。

但有时我们会碰到比这更复杂的情况：领导出的题目比较笼统，具体指向不明确，或者他提供了一系列需要解决的矛盾和问题，却没有明确交代思路和办法，这时审题立意就要靠智慧和悟性。特别是后面这种情况，它有点像申论考试，应考人员根据试卷给定的材料进行分析、概括、提炼、加工，检验的首先是他的阅读理解能力、综合分析能力、认识问题和解决问题的能力，然后才是文字表达能力。举个例子：某领导带领调研小组就加强班子思想政治建设进行调研，通过明察暗访掌握了大量第一手资料，发现了不少值得关注的问题,特别是少数班子中存在的不团结、民主集中制贯彻不力、党内生活不和谐、干部缺乏安全感和积极性、用人导向不正等问题,引起了高度警觉,要求调研组在形成调研文章时重点剖析这方面问题,并提出解决的办法,要写得有点高度和深度。显然,审题立意首先要解决的就是确立什么样的主题,因为了解到的只是具体的、零散的现象,那么这些现象集中说明了什么呢?隐藏在这些现象背后的是一个什么性质的问题呢?应该从哪里入手解决好这些问题呢?经过综合研究分析,大家认为:产生这些问题的根子在于政治生态不良,解决这些问题的根本也在于建立风清气正的政治生态,让各级班子及其成员在一个健康的、良性的政治环境中干事创业。这个意见得到领导充分肯定,文章形成后也产生了很好的反响。

审题立意,一审一立,审要审得准,立要立得住,文章才会有"骨"和"魂"。这一步如果没走好,后面的一切就都是徒劳。

96. 起草文稿有哪些共性要求?

答:对这个问题很难说得全面、准确,只能说一些基本的、粗线条的东西。概括地讲就是"五个符合":

符合党中央大政方针和上级党政决策部署。这是讲政治、守规矩、顾大局的必然要求,是文秘工作者必须遵守的铁的纪律。任何文稿的起草,都应当坚定不移贯彻上级精神,严防出现相违背的现象。

符合国家政策和法律法规。政策法律的严肃性、权威性不容侵犯,特别是在推进全面依法治国的新形势下,文稿起草必须贯彻法治精神,体现法治原则,严防出现与法律相悖的观点和言辞。涉及政策方面的表述,必须与上级总的政策相吻合,不允许自行其是,搞"上有政策,下有对策"那一套。

符合发文机关和领导同志的意图。前者是集体意图,后者是个人意图，实际上除了会议讨论形成的集体意见外，领导个人意图往往也代表着集体意图，这种意图就是我们起草文稿的依据和根本遵循。直白地说，领导意图体现的就是"写什么"，文秘人员要做的就是"怎么写"，后者必须围绕前者来进行，而不是文秘人员由着个人兴趣想怎么写就怎么写。当然，这二者往往是结合进行的，领导交代意图有时也会指示"怎么写"，文秘人员起草时也会帮助完善"写什么"，但主辅关系是清楚的。

符合客观实际和实践需求。符合客观实际，即坚持一切从实际出发，反映情况、指出问题、提出意见等要与本地本单位实际情况相符，不能脱离实际说空话、大话、假话；符合实践需求，即发挥以文辅政的作用，胸怀大局，能写善谋，能够提出解决问题、促进发展的科学可行的思路和办法。能否做到这两点，决定了文稿是否有实用价值。

符合公文写作规范。写作规范包括多个方面，最基本的就是：主题鲜明，结构严谨，材料充实，层次分明，重点突出，语言朴素简洁，适用文种正确。如果再往细处说，那就多了，因为后面还将涉及，这里就不赘述。

数年前，我和年轻文友们交流写作体会时，编过一段"写作十要"顺口溜，在此不揣浅陋献给读者：

一要好学求上进，勤于积累勤实践，
博闻强记见识广，厚积薄发才情现。
二要勤于摸下情，大局了然在心间，
要想下笔如有神，多作思考多调研。
三要换位作思考，把握全面站高端，
领导意图细领悟，适应风格和习惯。
四要精心立主题，做好标题成一半，
语不惊人誓不休，既求新颖又自然。
五要精心谋结构，完整紧凑又连贯，

打破陈旧"三段式",因稿而异善应变。
六要推陈又出新,切忌照抄又照搬,
找准角度抓亮点,各展特色出新篇。
七要多讲实在话,空话套话讨人嫌,
切合实际出"干货",实用价值最关键。
八要精练而充实,文约意丰贵为先,
单刀直入奔主题,突出重点兼一般。
九要讲究文笔活,八股腔调须防范,
咬文嚼字不可取,生动明快求新鲜。
十要用心勤练笔,不怕失败和麻烦,
笔杆如剑多磨砺,稿纸作山勤登攀。

97. 当前机关文稿写作存在哪些突出问题?

答:首先应当肯定,绝大多数文秘人员工作是努力的、出色的,很多文稿都写得挺有水平的。但也的确有些文稿质量较差,人们议论较多。概括地说,我认为问题集中表现为10个字:

一是长。你也长,我也长,该长的长,不该长的也长。长,成了习惯、成了时尚,似乎不长就不过瘾,不长就埋没了才能、显不出水平。于是,文思如涌,流水行云,少则上千数千言,多则上万逾万言。主题若娇羞少女,莲步轻移,霓裳半掩,千呼万唤始出来;文句如八十老妪,唠唠叨叨,琐琐碎碎,左缠右绕没有完。殊不知,听者昏昏欲睡,阅者不胜其烦,岂不白辛苦一场!

二是空。不管需要不需要,凡事必谈理论,开篇就是认识,振振有词,滔滔不绝,看上去博大精深,实则空洞无物。认认真真说空话,辛辛苦苦讲套话,到头来没有几句管用的话,还被人斥之为正确的废话、唬人的屁话。

三是旧。年年岁岁花相似,岁岁年年貌相同。说过多少次的话，还在不厌其烦地说；用过多少次的观点，还在堂而皇之地用；提过多少次的措施，还在颠三倒四地提。不察时势，不近实际，不动脑筋，不善创新。或人云亦云，拾人牙慧；或照抄照搬，只管"拿来"；或唯书唯上，谨小慎微，不敢越雷池一步。

四是杂。主题不鲜明，重点不突出，面面俱到，婆婆妈妈，大事小事一锅煮，眉毛胡子一把抓。一二三四，甲乙丙丁，交代了又交代，叮嘱了又叮嘱，像教小学生一样，生怕人家不明白。看起来什么都重要，实际上什么都变成不重要的；什么都讲到了，但什么都没讲清楚。

五是假。有道是"说真话，生怕上级不高兴；说假话，生怕群众不高兴；说笑话，大家都高兴"，此话未必对，但说假话的文稿的确屡见不鲜。假赞美，为博上级一笑；假数字，为报"形势大好"；假典型，为显工作有方；假政绩，为求日后"进步"。把"说了"写成"做了"，把"做了"写成"做成了"，把"做完了"写成"做好了"，"成功做法"一套套，"宝贵经验"一条条，真个是妙笔生"花"，"美"不胜收。

六是艳。花花哨哨，华而不实，文绉绉一派书生腔，酸溜溜满纸八股调。对仗句，生拼硬凑，扭捏做作，满篇皆是；形容词，叠床架屋，着意装扮，花枝招展。字斟句酌，文不可谓不美；引经据典，理不可谓不深，而思路不清晰、观点不鲜明、内容不实在，文字游戏而已，有谁喜欢？

七是虚。脱离实际，闭门造车，放无的之矢，作无效之文。提思路，貌似清晰而不服"水土"；定目标，貌似宏伟而难以实现；定措施，貌似严密而不好操作；献对策，貌似奇妙而于事无补。一言以蔽之：不实则虚，虚而无用。

八是散。观点与主题若远若近，内容与观点貌合神离，闹哄哄群龙无首，乱糟糟主线不明。同样的意思，这里又说，那里又说，东一榔头，西一棒子，敲来敲去敲不到点子上；同一个层次，一句朝东，一句朝西，各吹各的号，各唱各的调，让人不知所云。

九是平。平铺直叙，平平淡淡，读来无味，味同嚼蜡。虽占有丰富材料，但不做分析，不善提炼，原样照搬，文稿变成了流水账。叙不完的事实，议不完的道理，就事论事，不得要领，只见平地，不见高山。立意平平，有失高远；标题平平，有失特色；语言平平，有失生动——终至文章平平，有失亮色，有失鲜活，有失实用价值。

十是粗。粗枝大叶，粗制滥造，心浮气躁，不讲质量，以致观点偏颇者有之，提法失准者有之，事实不符者有之，颠倒重复者有之，文不对题者有之，自相矛盾者有之，至于层次不顺、用词不当、文理不通、表述不清以及错字别字漏字，等等，更是处处可见。

上述种种，尤以长、空、假、旧积弊最深，影响最大，危害最烈。长而不实，无端浪费别人的时间；空而无物，对实际工作毫无指导和推动作用；假而失真，掩盖事实真相，助长不实之风；旧而平庸，缺乏创新精神，不利于事业发展。难怪疾呼之声不绝于耳：机关文风已经到了非改进不可的时候了！

98. 改进机关文风，文秘人员应从哪些方面努力？

答：首先，要牢固树立"文稿是为解决问题而写"的观念。起草机关文稿，无论何种文体，无论部署工作、建章立制还是反映情况、建言献策，都是为了解决某一个或几个问题，为了达到一定的工作目标。舍此，要文稿何用？而我们有些同志正是缺乏这种观念，为写文稿而写文稿，着力"做"出很规范、很"正确"、很漂亮的文章，不管对实际工作有无用处。有些同志虽然意识到要着眼于解决实际问题，但一旦拿起笔来，又自觉不自觉地脱离了实际，别人怎么说也跟着怎么说，空话套话连篇，拿不出自己的主见，拿不出管用的措施和办法。于是，不少文稿纯粹成为一种摆设，成为既没人喜欢看也没人喜欢听的空头文章，最终成为废纸篓中物。要解决这个问题，我觉得要实行三个转变。一是观念上要转变。坚决克服形式主义，无论起草什么文稿，都要着眼于解决实际问题。不能解决问题的文稿，宁可不写；与解决问题无关的段落，宁可删掉。二是习惯上要转变。坚决克服本本主义和教条主义，既要看上面是怎么说的，还要看实际情况是怎样的，善于找准"上情"与"下情"的结合点，写出实在管用的文字。三是方法上要转变。深入基层，深入群众，从改革发展的火热实践中收集素材、汲取营养，从对实际问题的理性思考中找到解决问题的办法。写作实践证明：一接触实际就深入、就生动、就新鲜、就豁然开朗。离开实践，写作就失去了源泉。

其次，从现在做起，从每一个人做起，从每一篇文稿的写作做起。现在的问题是，在某些机关，起草文稿似乎成了一种机械的、无可奈何的文字游戏，人人都讨厌长文章，但有些人又在那儿写长文章；人人都讨厌说空话套话，但有些人又在那儿说空话套话；人人都讨厌照抄照搬，但有些人又在那儿照抄照搬。一句话，好像大家都被一只无形的手左右着，说着违心的话，做着违心的文章，大家都在随波逐流。如果老是抱着这样一种无奈的心理，都在那儿自作自受、等待观望，那么机关文风何时才能改进？只有大家共同努力，大家都从自我做起，对每一篇文稿都精心起草，严格要求，确保质量，逐步形成"气候"，方能奏效。当然，还需要实行上下联动、左右协同，上级机关与下级机关之间、综合部门与职能部门之间、领导与秘书之间达成共识，形成合力。单靠哪一个层次、哪一个部门、哪几个人的努力是解决不了问题的。

再次，要在改进文风方面为领导当好助手。应当说，多数领导同志并不喜欢那种长而空、"正确"而无用的文章，但有时出于某种习惯、某种需要，或者出于对秘书劳动的尊重，睁只眼闭只眼也就签了"同意"二字。但有的领导也会离开稿子"另搞一套"，稿子照印，到了会上讲的都是他自己的东西；或者小标题和主要观点是稿子上的，内容是他自己的。这就说明，改进文风，秘书负有重要的责任，而不是像有些同志所认为的那样，文风不好仅仅是领导的责任，是政风不好所致。为此，我们在构思和起草阶段就要把握好，自觉戒除不良文风的影响，尽可能把稿子写得实一些、精一些、质量高一些，为领导解围、减压。当然，也有的领导对不良文风已经习惯成自然了，很难适应突然的改变，这就要靠我们积极建议，善于应对，让领导逐步适应，坚持下去，必有效果。

99. 文稿写作如何做到与时俱进？

答：的确，我们应当从时代的变化、形势与任务的需求来考虑如何提高写作质量的问题。机关文稿写作总是带着一定的时代烙印，而不可能是一成不变的。如今我们已进入全面建设社会主义现代化国家的新时代，人们的思想观念在变，工作和生活方式在变，我们写作的方式方法也要变。不变，就适应不了新形势、新任务的需要；不变，就不能充分发挥以文辅政的作用，就将影响领导机关工作效率的提高。

（1）适应现代社会快节奏前进的需要，由冗长、沉闷向精短、明快转变。搞现代化建设，时间就是金钱，效率就是生命，人们不可能再像过去那样，一切按部就班、不慌不忙，好像天塌下来也不要紧，而总是步履匆匆地走向每一个岗位，去捕捉信息，去抢抓机遇，去解决各种实际问题。在这种情况下，机关文稿如果仍是一副冗长沉闷的老面孔，让人们把大量时间和精力耗费在没完没了地学文件、听讲话上，岂不让人厌烦至极？更何况，机遇稍纵即逝，胜败常常在一步之间，各级干部如果沉溺于文山会海，岂不坐失许多发展良机？某地最近做出硬性规定：除党代会、人大会、政协会等大型会议以外，其他所有会议的时间不得超过半天，领导讲话不得超过一小时。此令一出，干部群众无不拍手叫好。可见，开短会、写短文、讲短话，实在是时势所趋、人心所向、发展所需。

（2）适应建立和完善社会主义市场经济体制的需要，由唯书唯上向创新求新转变。相比搞计划经济，搞市场经济的最大不同，就是在坚决执行中央大政方针的前提下，一切从实际出发，因地制宜，因事制宜，主动决策，分区突破，创造性地开展工作。如果仍然抱着唯书唯上的旧观念不放，喊的是市场经济新口号，走的是计划经济老路子，那就谈不上搞市场经济，甚至可能比计划经济还要计划经济。同样，机关文稿如果不能摆脱照抄照搬、空话套话连篇的不良文风，那就只能与发展市场经济的要求格格不入，变得一文不值。创新，是加快发展的需要，也是提高文稿质量的需要。不断研究新情况，谋划新思路，提出新举措，解决新问题，才会有实用价值。

（3）适应深化改革、攻坚克难的需要，由虚华不实向务实求真转变。我们正处于一个大变革、大转型的时代，情况从来没有像现在这样复杂多变，挑战从来没有像现在这样严峻，过去小心翼翼、有意无意绕开的矛盾和问题都在这一阶段集中暴露了出来，体制问题、结构问题、发展与环保问题、公平与效率问题，等等，想绕绕不开，想躲躲不过，唯有直面现实，忍受阵痛，思谋良策，迎难而上。由此，文稿写作也必须与之相适应，不坐而论道，不泛泛而谈，不回避矛盾和问题，而要强化改革意识，突出问题导向，急领导之所急，帮实践之所需，说实话，谋实招，求实效。

（4）适应推进决策民主化、科学化的需要，由被动表述决策向主动服务决策转变。随着社会主义民主政治建设的不断深入，随着国家治理体系和治理能力现代化的逐步推进，领导决策也面临着更高更严的要求。决策机关必须坚决纠正和防止关起门来搞决策、仅凭长官意志做决策的不良倾向，要改进领导方法和决策方式，通过调查研究、集思广益，使决策能够反映群众意愿，符合实践需求，推动事业发展。机关文稿作为决策的载体，既要全面准确反映领导决策，又要充分发挥起草者个人的主观能动性，积极主动地提供决策依据、提出决策建议、跟踪决策效应，为优化决策、完善决策贡献聪明才智。

（5）适应信息时代事业发展的需要，由传统写作方式向现代写作方式转变。正在全球范围内兴起的信息化浪潮和信息技术革命，正以前所未有的方式推动着社会变革、动能转换和产业升级，改变着党政机关的决策方式、领导方式和办公方式，同时也深刻影响着文秘人员的思维和写作方式。因此，除了熟练掌握必需的电脑操作技术以外，我们还要学会通过"互联网+"整合信息资源，丰富知识学养，提高写作效率和质量，从而更好地发挥以文辅政的作用。

100. 你从事公文写作多年，有哪些最深切的感受？

答：这个问题很难一下子说得清。这里摘取几段写作之余随笔记下的小感想，以表心迹。

——公文写作，就是为"公"写作，就要公而忘私，不图个人名利；就要出以公心，反映公众心声，维护公众利益；就要客观公正，讲求质量，经得起公众的检验。

——庸人当不好秘书，因为他不学无术、能力缺失；懒人当不好秘书，因为他怕苦畏难、马虎应付；小人不可能当好秘书，因为他心术不正，偷奸耍滑。真正能当好秘书的，是好人加能人。

——不想当将军的士兵不是好士兵，不想当"大手笔"的秘书不是出色的秘书。纵有千难万难，既然我干上了这一行，就要力争在这一行中出类拔萃！

——对于"大手笔"的正确态度，不是盲目崇拜，不是羡慕嫉妒，而是：学习你的优点，回避你的缺点，然后把你甩在后面。

——经验如同美丽而矜持的恋人，任我们"众里寻他千百度"，她总是"千呼万唤始出来"。

——当某些自以为是的人手舞足蹈高谈阔论的时候，真正有知识的人却坐在角落里，面露微笑，沉默不语。

——曾经自得于"腹有诗书气自华"，却不料"书到用时方恨少"。把知识的流泉不断注入心中，才不至于在干渴的时候满山寻找：泉水在哪儿？

——"海不辞水，故能成其大；山不辞土石，故能成其高"，学习和积累就需要有这种"贪婪"，"贪"心不足，"贪"得无厌，"贪"得越多越好。

——勤于用知识充实自己的人，才是真正漂亮的人、真正富有的人、真正坚强有力的人。

——既然我们的使命是做一片默默无闻的绿叶，就不要嫉妒花朵的艳丽、果实的华贵。

——成功是美好的、令人向往的。但是，以微笑对待失败之作吧，因为每一次失败都是一级通向成功的阶梯。

——如果你面对的是波涛汹涌的大海，最好别说"我不会游泳"，而应该说"我试试看"。

——我们埋头写作的时候，别忘了打开窗子，让阳光照进来，让清新的风吹进来，让那片盛开的桃花告诉我们春天的消息。

——夜深人静，孤灯一盏，但我们并不寂寞：思想的风暴正呼啸而起，思考的犁铧在稿纸上唰唰耕翻，丰收的远景在眼前频频闪现。

——重复别人是轻松的，但同时也是残酷地扼杀自己。

——对自己最不负责任的表现是：一次再次地原谅自己的错误。

——修改如同美容，要想获得"高颜值"，唯一的办法就是：向自己的缺陷宣战！

——我们常常为文稿写作的道道难关而苦恼、而纠结、而冥思苦想、而搜肠刮肚、而辗转难眠、而身心疲累，但如果没有这些难关，能获得征服的快感吗？

——朴素无华是一种自然的美，华而不实只相当于廉价的脂粉。

——如果不想让思维之树结出苦涩的果实，最好的办法是：第一，实事求是；第二，实事求是；第三，还是实事求是。

——站在坚实的大地上，就不愁没有说真话实话的勇气。让那些毫无意义的空话套话、大话假话统统见鬼去吧！

——掌握技巧就像剥板栗，剥开扎手的刺，才能得到香甜的核。

——我们的写作素材不应当只有阳光、欢笑和鲜花，还应当有贫困农户的泪水、下岗工人的叹息和留守儿童期盼的眼神。

——我们手中的笔其实是沉重的，握起它，不仅需要知识和技巧，还需要人格和良心。

——当我们提笔写作的时候，最好先默想5分钟：假如我是听众或读者，我最希望听到什么、看到什么？

——文稿需要"亮色"。没有"亮色"的文稿，一如灰暗的天空，令人觉得压抑、沉闷。让思想的彩虹在稿纸上升起吧！

——不要追求表面的高深玄奥，最深刻的东西常常也是最朴素、最实在的东西。

——思维的天空浩瀚无垠、繁星万点，不要被案头上的"本本"束缚住了。

——其实我们并不缺少浪漫的思绪和奔放的激情，只不过它们都隐藏在文字的后面而不是流露于文字本身。

——在灰色的办公室里种点什么吧！比如，一盆仙人球、一盆万年青、几枝君子兰，说不定能从它们身上获得灵感呢！

——成功的时候想想失败的苦恼，失败的时候想想成功的喜悦。

——我们的词汇不只来自《辞海》和"本本"，还应来自普通老百姓那些散发着泥土气息的语言。

——实在写不下去的时候就到田野上去走走，让热气腾腾的泥土、盛开的油菜花、欢唱着的布谷鸟告诉我们该写点什么。

——牛，这老实、勤劳而沉默的生灵，它在耕作之余反刍着生命的养料之时，为什么也显得像个思想者呢？

——拒绝别人的批评与挑剔，无异于拒绝进步和成功。

——谁不爱听表扬、赞美？哪怕明知是溢美、恭维之辞，听来也是舒服受用的。但，经常对你说"不"的人，可能是真正的良师益友。

——进步如同长跑，当你气喘吁吁、汗流浃背地到达终点线时，当人们向你欢呼喝彩时，你要提醒自己说：不，这是又一条起跑线。

——对于群众，那些可敬、可亲的群众，其实我们应该跪着写作。

——我们无不希望在稿纸上留下思想的足迹，但要防止：写尽万语千言，仍是一片空白。

——给予我们的最高奖赏，其实不是领导笔下的"同意"二字，也不是赞美和掌声，而是荒原上萌生的新绿、废墟上崛起的楼群、解冻的河流里疾进的风帆。